डॉ आंबेडकर के जीवन के कुछ रंग कमल और एन जी उके के संग

वर्षा उके नागपाल

notionpress.com

INDIA • SINGAPORE • MALAYSIA

ISBN
Paperback 979-8-90540-146-6
Hardcase 979-8-90540-147-3

A story worth telling

मैं यह किताब इन सभी के वंशजों को समर्पित करती हूँ:

जी. जेड. उके (1875-1955)

और रेणुकाबाई

(कोखडी की सरजूबाई मेश्राम) (1891-1962)

मेरे दादा-दादी।

और

जी.टी. मेश्राम (1894- 1953)

(राय साहब) और

सारुबाई मेश्राम (कामठी की राशि डोंगरे)

(1900-1966)

मेरे नाना-नानी।

उनकी कहानियाँ बताई जानी चाहिए और उनके वंशजों को यह पता होना चाहिए कि

कि वे कौन हैं।

वह ज़माना, उनका जीवन और उनके संघर्ष बहुत अलग थे।

Contents

आभार

मेरे माता पिता को लेखन प्रिय था और वे अपने अनुभवों को शब्दों में उतारना जानते थे। मेरे पिता नारायण हमेशा एक छोटी काली पॉकेट डायरी अपने पास रखते थे, जिसमें वे दिन भर की सभी आवश्यक बातें लिखते रहते थे। मेरी माँ कमल भी लिखने की शौकीन थीं। वे एक डायरी रखती थीं, जिसमें रोज़ के खर्च का पूरा हिसाब बहुत सलीके से लिखा जाता था। इस डायरी को घर में *"हिसाब की कॉपी"* कहा जाता था। माँ चिट्ठियाँ भी बहुत सुंदर लिखती थीं और उनकी चिट्ठियों में हर बात साफ़ और विस्तार से होती थी। वर्ष 1970 में जब वे लंदन गईं, तब उन्होंने हम बच्चों को पत्र लिखकर बताया कि उन्होंने वहाँ क्या देखा और क्या अनुभव किया। बाद के वर्षों में उन्होंने एक बड़े रजिस्टर में अपने जीवन और अपने परिवार से जुड़ी बातें लिखनी शुरू कीं। उसी रजिस्टर से मुझे इस कहानी की अधिकतर जानकारी मिली और वहीं से मैंने कमल और एन जी उके की यह कहानी लिखना आरंभ किया। यह लेख उन दोनों के प्रति मेरी श्रद्धांजलि है।

इस पुस्तक के पहले पेज पर बनी पेंटिंग के लिए मैं अपनी पोती आरिया नागपाल के प्रति आभार व्यक्त करती हूँ।

साहिल उके को उनके मार्गदर्शक सुझावों के लिए धन्यवाद। प्रत्येक अध्याय को धैर्य से पढ़कर उपयोगी सलाह देने और मुझे हर दिन आगे बढ़ने की प्रेरणा देने के लिए मैं सुनील उके का हृदय से आभार प्रकट करती हूँ। अपने स्नेह और सहयोग के लिए मीना और तान्या को भी धन्यवाद।

उज्ज्वल उके, आपकी सोच, आपकी यादों से भरी कहानियाँ और हर समय मुझे आगे देखने की ताकत देने के लिए मैं दिल से आभारी हूँ। आपने मुझे हमेशा बेहतर की उम्मीद रखना सिखाया और कभी भी निराश होने नहीं दिया, इसके लिए आपका सच्चा धन्यवाद।

शायरी, प्रायोस्का और आदर्श, आपके पूर्वजों के बारे में आपकी जिज्ञासा और गहरी रुचि ने मुझे आगे लिखने की प्रेरणा दी। हर समय सहायता के लिए तत्पर रहने और समाधान सुझाने के लिए अर्चना उके के प्रति मैं हृदय से आभार व्यक्त करती हूँ।

मेरे चाचा विठोबा और ताराचंद द्वारा सुनाई गई कहानियों के बिना नारायण के जीवन के कई महत्वपूर्ण पहलू यहाँ सामने नहीं आ पाते। उनकी यादों और अनुभवों ने इस कथा

को पूरा रूप दिया। आवश्यक जानकारी और सहयोग देने के लिए मैं सुधा उके, संदीप उके, जयंत उके, हीरालाल लांडगे, ज्योति वंजारी, शीला पाटिल, सिद्धार्थ, आशा और जयंत मेश्राम के प्रति हृदय से आभार व्यक्त करती हूँ।

मेरे बच्चे अनुराग और चैताली हमेशा मेरे लिए मजबूती का आधार बने रहे हैं और मैंने हर कदम पर उनकी उम्मीदों पर खरा उतरने का प्रयास किया है। चैताली और अनुराग ने मुझे कभी रुकने नहीं दिया और हर समय आगे बढ़ते रहने की शक्ति दी। मेरे दामाद राजा हीरेकर, धैर्य से पढ़ने, उपयोगी सुझाव देने और मेरी पुस्तक की गुणवत्ता को इतना समृद्ध बनाने के लिए आपका हृदय से धन्यवाद। मेरी बहू झरना मदान, आपके निरंतर समर्थन, प्रोत्साहन और मुझमें उम्मीद जगाकर मुझे हमेशा आगे बढ़ने की प्रेरणा देने के लिए मैं सच्चे मन से आभारी हूँ।

कुणाल हीरेकर, आलिया हीरेकर और आरिया नागपाल, मेरी यही आशा है कि आप इसे पढ़ेंगे और अपनी जड़ों, अपनी पहचान और अपने परिवार की कहानी से गहराई से जुड़ पाएँगे।

त्रिलोकीनाथ नागपाल ने मेरी हर निराशा को धैर्य से सहा, अनगिनत कप कॉफी के साथ मेरा साथ निभाया और हर कठिन पल में मुझे संभाले रखा। किताब की छोटी से छोटी बात पर ध्यान दिया बाहर के सभी कामों की जिम्मेदारी उठाई और हर तरह से मदद किया। सच कहूँ तो आपके लिए मेरे पास धन्यवाद कहने के लिए भी पर्याप्त शब्द नहीं हैं।

धन्यवाद मेरे पाठकों, मेरे परिवार और इस पूरे ब्रह्मांड को, जिसने इस यात्रा में हर कदम पर मेरा साथ दिया।

मैं यह पुस्तक आपको सादर समर्पित करती हूँ। अब यह पूरी तरह से आपकी है।

08.08.2024

वर्षा उके नागपाल

भूमिका

आज मैं जो कहानी आपके साथ साझा कर रही हूँ, वह दो ऐसे लोगों की है जो मेरे दिल के बहुत पास हैं। उन्होंने अपनी ज़िंदगी का रास्ता खुद चुना और किस्मत के भरोसे नहीं बैठे। मेहनत और हिम्मत के सहारे वे अपनी मंज़िल तक पहुँचे। उनके नाम हैं नारायण और कमल।

वे दोनों स्वभाव और जीवनशैली में एक दूसरे से बिल्कुल अलग थे। नारायण कुरूड नाम के एक छोटे से गाँव में पले बढ़े थे, जबकि कमल नागपुर और बाद में नई दिल्ली जैसे बड़े शहरों में रहती थीं। नारायण का जन्म 1924 में कुरूड में हुआ था और उन्हें स्कूल जाने के लिए रोज पैदल चलना पड़ता था। कई बार उन्हें वैनगंगा नदी पार करनी पड़ती थी और कभी कभी नदी पर बने रेलवे पुल से होकर जाना पड़ता था। उसी समय कमल आराम से कार में बैठकर स्कूल जाया करती थीं। नारायण गाँव के घर में साधारण भोजन खाते थे, जबकि कमल सजी हुई मेज़ पर अच्छे बर्तनों में खाना खाने की आदी थीं, जहाँ बटलर भी मौजूद रहता था।

नारायण नास्तिक थे और भगवान के अस्तित्व पर वे किसी से भी, कहीं भी खुलकर वाद विवाद करते थे। कमल की सोच भी तर्क संगत थी।

जैसे जैसे आप यह कहानी पढ़ेंगे, आप देखेंगे कि जिस तरह उनके जीवन की पृष्ठभूमि में बड़ा अंतर था, उसी तरह इस कहानी के भी अलग अलग पहलु है। इसी कारण इसे तीन भागों में बाँटा गया है। ये कथाएँ मैंने वैसे ही फिर से दोहराई हैं, जैसा मैंने उन्हें सुना या अपने माता पिता की डायरियों में पढ़ा। कहानी की शुरुआत में कई पात्र सामने आते हैं, क्योंकि हम सब एक दूसरे से जुड़े हुए हैं और भले ही हम एक दूसरे से कितनी ही दूर क्यों न रहते हों, परिवार बने रहते हैं। हर पात्र महत्वपूर्ण है, क्योंकि सभी ने किसी न किसी रूप में नारायण और कमल के जीवन को दिशा देने में योगदान दिया है। उनका परिचय शुरू में दिया गया है और उसके बाद कहानी आगे बढ़ते हुए उनके बिना भी अपनी राह पकड़ लेती है।

यह कहानी लगभग एक सदी के लंबे समय को समेटे हुए है, इसलिए मैंने कुछ अतिरिक्त बातें जोड़ने की स्वतंत्रता ली है। इससे आपको बीसवीं सदी के ग्रामीण और शहरी भारत में लोगों के जीवन और उस समय के माहौल को साफ़ और सहज रूप से समझने में मदद मिलेगी।

"उके हियर"

दयालु और करुणामय

एन.जी. उके की कहानी

08-08-1924 से 04-11-2006

1

इति

हर रोज़ की तरह वो एक सुहानी सुबह थी, जब सूरज पूरब से सुंदर आभा के साथ निकला। पहले आसमान हल्का गुलाबी हुआ, फिर नारंगी रंग में ढल गया और फिर सुनहरी रोशनी चारों तरफ़ फैल गई। तभी क्षितिज से सूरज का गोल रूप उभरा और पूरी दुनिया को उसने बता दिया कि एक नया दिन फिर शुरू हो गया है। चारों ओर पक्षियों की चहचहाहट गूंज रही थी। ऐसे में मैंने अपने गाँव कुरूड की ओर यात्रा पर निकलने का मन बना लिया।

20 अप्रैल 2022 को मैंने दिल्ली के इंदिरा गांधी अंतर्राष्ट्रीय हवाई अड्डे से उड़ान भरी और नागपुर के डॉ. अंबेडकर अंतर्राष्ट्रीय हवाई अड्डे पहुँची। वहाँ से मैंने एक जीप किराए पर ली, जो मुझे कस्बों और गाँवों से गुजरते हुए, नदियों और घाटियों को पार करते हुए और विदर्भ के घने जंगलों के बीच से मेरी तय की हुई मंज़िल तक ले जाने वाली थी। यह नागपुर से मेरे पैतृक गाँव तक की मेरी दूसरी सड़क यात्रा थी। उस दिन मौसम गर्म और उमस भरा था और मैं इस सफर पर निकल पड़ी। खूबसूरती से बने नेशनल हाईवे 353C पर चलते हुए मैं कई अनजानी जगहों से गुज़री और धीरे धीरे कुरूड की ओर बढ़ती चली गई। संभव है कि आप भारत के नक्शे पर कुरूड को आसानी से न ढूँढ पाएँ, क्योंकि यह एक बहुत छोटा सा गाँव है, जो महाराष्ट्र के नक्सल प्रभावित गढ़चिरौली जिले में स्थित है और नागपुर से लगभग 130 किलोमीटर दूर है। दूरी भले ही अधिक नहीं थी, फिर भी यह यात्रा मेरे लिए लंबी और भावनाओं से भरी थी, क्योंकि मैं उस ज़मीन तक पहुँचने जा रही थी जहाँ कभी मेरे पूर्वज रहते थे।

मैं जिस रास्ते से आगे बढ़ रही थी, वह चारों ओर घने जंगल से घिरा हुआ था। खुली जीप में बैठकर गाड़ी चलाते हुए मैं उस हरियाली को महसूस कर पा रही थी। सूरज सिर के ऊपर पूरी ताकत से चमक रहा था, फिर भी सड़क पर गर्मी नहीं थी। वजह साफ़ थी, सड़क के दोनों ओर खड़े विशाल पेड़, जिनकी फैली हुई डालियाँ और बड़े बड़े पत्ते ऊपर छत की तरह छा गए थे। उन पत्तों में कोई सजावटी सुंदरता नहीं थी, वे भारी थे, कुछ रूखे से और कई जगह हरे से अधिक पीले नज़र आ रहे थे। दिल्ली में बिताए अपने लंबे जीवन में मैंने ऐसे पेड़

कभी नहीं देखे थे। मन में लगातार यही सवाल चलता रहा कि ये किस तरह के पेड़ हैं, और तभी अचानक समझ में आया कि मैं उन्हीं प्रसिद्ध सागौन के जंगलों से गुजर रही हूँ, जिनकी पहचान नागपुर और चंद्रपुर के इलाके से जुड़ी है।

सागौन

मैं नई दिल्ली की डिफेंस कॉलोनी के लकड़ी बाज़ार में लगे उन विशाल बिलबोर्ड को कैसे भूल सकती थी, जिन पर बड़े बड़े अक्षरों में साफ लिखा होता था कि यहाँ नागपुर और चंद्रपुर का सागौन बेचा जाता है।

थोड़ी ही देर में दृश्य बदलने लगा। सड़क के किनारे मुझे छोटी छोटी झाड़ियाँ दिखीं, जो दूर से देखने पर कैंडी फ्लॉस(बुढ़िया के बाल) जैसी लग रही थीं। मैं पास गई और ध्यान से देखा तो समझ आया कि वे कपास के पौधे हैं, जिन पर कपास के छोटे छोटे गोले लगे हुए थे। नीचे की मिट्टी गहरी काली थी, जो इस इलाके की पहचान साफ बता रही थी।

जैसे ही मैं एक पुल से होकर गुज़री, मेरी नज़र उस पट्टिका पर पड़ी जिस पर लिखा था कि यह वैनगंगा नदी पर बना है। यह नाम मेरे लिए बिल्कुल जाना पहचाना था। इसे पढ़ते ही मुझे बचपन की वे सारी कहानियाँ याद आ गईं, जो मेरे पिता नारायण मुझे अपने प्यारे से गाँव कुरूड के बारे में सुनाया करते थे, जो इसी सुंदर नदी के किनारे बसा हुआ है। यह नदी हमेशा मेरे मन में खास जगह रखती रही है। कहा जाता है कि यह उत्तर भारत की प्रसिद्ध

गंगा नदी की बहन है। मराठी भाषा में वैन शब्द का अर्थ बहन होता है और गंगा तो गंगा है, जिसे आप पहले से ही उत्तर भारत की पवित्र और प्रसिद्ध नदी के रूप में जानते हैं।

मैंने कुछ देर के लिए ताडोबा अंधारी टाइगर रिजर्व के पास रुकने का निर्णय लिया। चारों ओर घना जंगल था, हरियाली फैली हुई थी और माहौल बेहद शांत और सुकून देने वाला लग रहा था। वहाँ मौजूद गाइड ने मुझे बताया कि कभी इस पूरे क्षेत्र में कई गाँव बसे हुए थे, जिन्हें बाद में खाली करा दिया गया था। उन गाँवों में रहने वाले लोगों को यहाँ से इसलिए हटाया गया, ताकि बाघों के लिए सुरक्षित जगह बनाई जा सके, क्योंकि वे अब लुप्तप्राय प्रजाति में गिने जाते हैं। जंगल के भीतर चलते हुए मैंने कुछ ऐसे हिस्से भी देखे, जो हरे भरे जंगल के बीच बंजर से लग रहे थे। गाइड ने बताया कि कुछ समय पहले तक उन जगहों पर लोग रहते थे और अब वहाँ सिर्फ़ उनकी यादें ही बची हैं।

इस इलाके में बाघ, हिरण, तेंदुए और गौर एक ही जगह पर रहते हैं और झीलों तथा छोटी नदियों का पानी आपस में साझा करते हैं। जब तक शिकारी को भूख नहीं लगती, तब तक जंगल में शांति बनी रहती है। कुरूड इस पूरे क्षेत्र से अधिक दूर नहीं है।

2

पूर्वज

लगभग दो सौ पचहत्तर साल पहले, यानी करीब 1740 ईस्वी के आसपास, काहो और उनके दो भाई वैनगंगा नदी के किनारे बसे भंडारा जिला के कोंढा कोसरा गांव को छोड़कर काम की तलाश में दक्षिण दिशा की ओर निकल पड़े। वे नदी के बहाव के साथ साथ आगे बढ़ते गए। जिस इलाके से वे गुजरे, उसे लोग आम भाषा में झाड़ी कहते थे, जिसका सीधा अर्थ है झाड़ियों से भरा क्षेत्र। यह इलाका घने जंगलों से ढका हुआ था। वहां बहुत से जंगली जानवर रहते थे, जिनमें सबसे अधिक बाघ पाए जाते थे। आज उसी पुराने झाड़ी क्षेत्र का एक भाग बाघों के लिए संरक्षित कर दिया गया है। इसमें ताडोबा अंधारी टाइगर रिजर्व, नागजीरा टाइगर रिजर्व और नवेगांव राष्ट्रीय उद्यान जैसे संरक्षित वन क्षेत्र शामिल हैं।

जब दोनों भाई वैनगंगा नदी के किनारे झाड़ी क्षेत्र से गुजरते हुए कुरूड नाम की बस्ती पर पहुँचे, तब सूर्य पश्चिम दिशा में डूबने लगा था। शाम हो चुकी थी, इसलिए उन्होंने वहीं रात बिताने का निश्चय किया। कुछ दिनों तक वहाँ रुकने के बाद काहो को उस गाँव का वातावरण अच्छा लगने लगा। उसे वह स्थान इतना पसंद आया कि उसने आगे न जाकर वहीं बसने का निर्णय ले लिया। उसके भाई आगे की ओर बढ़ते हुए नदी के किनारे और नीचे की दिशा में चले गए। समय के साथ काहो को गाँव में काम भी मिल गया और वह अपने नए काम में व्यस्त हो गया। धीरे धीरे वह उस स्थान पर पूरी तरह बस गया। बाद में उसने विवाह किया और वर्षों के बीतने के साथ उसका परिवार भी बढ़ता चला गया।

कुरूड के आसपास के क्षेत्र में धान की फसल के साथ साथ कपास की खेती भी होती थी, क्योंकि यहाँ की काली मिट्टी कपास उगाने के लिए सबसे अधिक उपयुक्त मानी जाती थी। इस इलाके में जिन लोगों के पास जमीन नहीं थी, वे सामान्य रूप से बुनाई का काम अपनाते थे। काहो भी भूमिहीन थे, इसलिए वे जल्द ही पेशेवर बुनकर बन गए।

लगभग वर्ष 1820 के आसपास का समय रहा होगा, जब काहो के परपोते डुकरू का जन्म हुआ। उस समय जन्म और मृत्यु का कोई लिखित रिकॉर्ड नहीं रखा जाता था, इसलिए उनके जन्म वर्ष को केवल अनुमान के आधार पर माना जाता है। डुकरू आगे चलकर एक

बहुत कुशल बुनकर बन गया। वह अपनी असाधारण बुनाई की कला के लिए दूर दूर तक पहचाना जाने लगा। कहा जाता है कि वह एक दिन में दो रुपये मूल्य की कपास कात लेते थे। वर्ष 1840 के आसपास दो रुपये भी बहुत बड़ी राशि मानी जाती थी, जिससे काफी मात्रा में कपास खरीदी जा सकती थी। मास्टर कताईकार डुकरू ने अपनी अतिरिक्त आय का उपयोग करते हुए कुरूड में धान की खेती के लिए जमीन खरीदना शुरू किया, क्योंकि उस क्षेत्र की मुख्य फसल धान ही थी। डुकरू उके के तीन बेटे थे, जिनके नाम दयाल, हनुवंत और ज़िंगरू थे। ये तीनों अपने पिता के साथ खेतों में काम किया करते थे।

एक किसान को अपने खेतों की जुताई के लिए अच्छे बैल रखने पड़ते हैं। अच्छी फसल पाने के लिए आवश्यक खाद के लिए गायें भी पालनी पड़ती हैं। उन दिनों खेती में रासायनिक खाद का उपयोग नहीं होता था। संभव है कि गाँव के लोगों को रासायनिक उर्वरकों के बारे में जानकारी भी न रही हो। जब एक अच्छी फसल के बाद कुछ अतिरिक्त धन प्राप्त हुआ, तब ज़िंगरू ने बैलों की एक बहुत बढ़िया जोड़ी खरीदी। उन बैलों के सींग सुंदर घुमावदार थे और उनकी जोड़ी का रंग भूरा और सफेद था।

ईस्ट इंडिया कंपनी सोलहवीं शताब्दी के दौरान जहांगीर के शासन काल में व्यापारियों के रूप में भारत आई थी। धीरे धीरे समय बीतने के साथ, उन्नीसवीं शताब्दी तक पहुँचते पहुँचते उन्होंने केवल व्यापार तक सीमित रहना छोड़ दिया और भूमि के वास्तविक शासकों की तरह प्रभाव स्थापित कर लिया। इस कंपनी ने पूरे देश में अपना प्रभाव फैला लिया था। लगभग हर क्षेत्र में कर व्यवस्था और स्थानीय प्रशासन पर उसी का नियंत्रण था। भूमि से मिलने वाला सारा राजस्व कंपनी के लिए राजस्व निरीक्षकों द्वारा एकत्र किया जाता था। ये अधिकारी समय समय पर अलग अलग गाँवों का दौरा करते थे और कर वसूली का कार्य संभालते थे।

एक दिन डुकरू उके का दूसरा बेटा हनुवंत, जो इस इलाके का जाना माना पहलवान था, अखाड़े से लौट रहा था जहाँ वह कुश्ती का अभ्यास करता था। रास्ते में उसने देखा कि उसके गाँव का कोतवाल दो बैलों के आगे आगे चल रहा है। वे बैल बिल्कुल उसके भाई ज़िंगरू के बैलों जैसे दिखाई दे रहे थे, जिन्हें रेंगी नाम की बैलगाड़ी में जोता गया था। वह बैलगाड़ी भी वैसी ही लग रही थी जैसी गाँव के पाटिल के पास हुआ करती थी।

हनुवंत ने कोतवाल को रोका और पूछा, "कोतवाल, क्या ये मेरे भाई ज़िंगरू के बैल हैं?"

"हाँ हनुवंता, क्या ये बहुत सुंदर और मजबूत नहीं हैं?" कोतवाल ने पूछा।

हनुवंत ने पूछा, "कोतवाल, इन्हें कहाँ ले जा रहे हो?"

कोतवाल ने कहा, "अरे, राजस्व निरीक्षक कर वसूली के लिए आए हैं, इसलिए मैं ये बैल और रेंगी निरीक्षक को भेंट देने ले जा रहा हूँ।"

यह सुनकर हनुवंत बहुत क्रोधित हो गए। उन्होंने तुरंत बैलों की रस्सियाँ अपने हाथ में ले लीं और उन्हें मोड़कर अपने घर की ओर ले जाने लगे। साथ ही उन्होंने सख्त चेतावनी दी, "कोतवाल, भविष्य में मेरे घर से कुछ भी लेने की हिम्मत मत करना, जब तक कि मैं स्वयं तुम्हें न बुलाऊँ।"

कोतवाल पर अपना प्रभाव दिखाने के बाद हनुवंत गाँव के साधारण लोगों की नज़र में एक नायक बन गए। इस घटना के बाद किसी ने भी हनुवंत के परिवार से जुड़े किसी व्यक्ति का अपमान करने की हिम्मत नहीं की।

3

ज़िंगरू
मेरे परदादा

ज़िंगरू के दो बेटे गोमाजी और रामनाथ अपने पिता के साथ खेतों में काम करते थे, जबकि उनका तीसरा बेटा डोमाजी भारतीय रेलवे में मेट के रूप में नौकरी करने लगा। बंगाल नागपुर रेलवे की नैरो गेज रेल लाइन वर्ष 1895 में वड़सा तक पहुँची। वड़सा रेलवे स्टेशन गोंदिया से चांदा फोर्ट की दिशा में पड़ता था और कुरूड से लगभग सात किलोमीटर की दूरी पर स्थित था। यह भी रोचक है कि वड़सा को देसाईगंज नाम से भी जाना जाता है, क्योंकि श्री देसाई एक समय इस क्षेत्र में राजस्व अधिकारी के रूप में कार्यरत थे और उन्होंने वड़सा के विकास में महत्वपूर्ण योगदान दिया था। उनके कार्यों से प्रसन्न होकर नगरवासियों ने शहर के एक हिस्से का नाम उनके सम्मान में देसाईगंज रख दिया। 16 अप्रैल 1853 को भारत ने रेल यात्रा का पहला अनुभव किया, जब बॉम्बे और ठाणे के बीच पहली रेलगाड़ी दौड़ी और देश में रेलवे के इतिहास की शुरुआत हुई। उस पहली रेल यात्रा में ट्रेन ने लगभग बत्तीस किलोमीटर की दूरी सत्तावन मिनट में पूरी की थी।

गोमाजी ने जीवन में दो शादियाँ की थीं। उनकी पहली पत्नी सावित्री मेश्राम थीं, जो ठाणेगाँव के पास वासेरगाँव की रहने वाली थीं। इस विवाह से उनकी दो बेटियाँ गोदुबाई और कासूबाई हुईं, और एक बेटा हुआ, जिसका नाम बाला था।

कहा जाता है कि बाद में सावित्री अपने बेटे बाला को साथ लेकर वरहाड चली गईं। आगे चलकर अंग्रेज़ों ने वरहाड नाम को बदल दिया और ब्रिटिश शासन के समय इस पूरे क्षेत्र को बेरार कहा जाने लगा। काफी वर्षों बाद बाला वापस अपने पिता की ज़मीन पर लौटा और कुरूड में आकर बस गया।

गोमाजी की दूसरी पत्नी कोखड़ी गाँव की सरजूबाई मेश्राम थीं, जो कुरूड से अधिक दूर नहीं था। उनके पिता कोखड़ी के कोतवाल थे। उस समय की परंपरा के अनुसार विवाह के बाद सरजूबाई का नाम बदलकर रेणुका रख दिया गया। गोमाजी और रेणुका के चार बेटे और दो बेटियाँ थीं। उनके बच्चों में जनार्दन थे, फिर रुक्मिणी जिनका दस वर्ष की आयु में

निधन हो गया, इसके बाद विठोबा और नारायण हुए। उनके बाद एक बेटी हुई जिसका नाम सुल्काबाई रखा गया और फिर एक बेटा हुआ, जिसका नाम किसी भगवान के नाम पर नहीं रखा गया, उसे ताराचंद नाम दिया गया। उन दिनों बच्चों का नाम भगवान के नाम पर रखने की परंपरा थी, ताकि जब भी बच्चे को पुकारा जाए, माता पिता के मुख से अपने आप भगवान का नाम लिया जाता था।

रामनाथ ने भी जीवन में दो शादियाँ की थीं। जब ज़िंगरू के तीसरे बेटे रामनाथ का विवाह पिंपलगाँव की सावित्री गोंडाने से हुआ, उस समय उनके बड़े भाई गोमाजी काफी संपन्न हो चुके थे। इसी कारण रामनाथ की शादी की दावत में घी के दो पूरे कनस्तर इस्तेमाल किए गए थे। उन दिनों किसी की अमीरी का अंदाज़ा उसकी ज़मीन की मात्रा, फसलों की पैदावार, पशुओं की संख्या और दावत में खर्च होने वाले घी से लगाया जाता था। रामनाथ और सावित्री की पाँच बेटियाँ थीं, जिनके नाम निंबाबाई, अंजनाबाई, फूलझेबी, गुल बकावली और अनुसूया थे।

4

गोमाजी मेरे दादा

गोमाजी मेरे दादाजी थे और ज़िंगरू के सबसे बड़े पुत्र थे। उनका जन्म 1875 में हुआ और 12 मार्च 1955 को उनका देहांत हुआ।

उस समय पूरे देश में अशिक्षा बहुत अधिक थी, क्योंकि पढ़ने लिखने का अधिकार केवल ब्राह्मणों और ऊँची जातियों तक सीमित था। दूसरी जातियों के लोगों और महिलाओं को शिक्षा लेने की अनुमति नहीं थी, क्योंकि उनके लिए धार्मिक ग्रंथ पढ़ना पाप समझा जाता था। अनुसूचित जाति के लोगों को तो धार्मिक ग्रंथ सुनने तक का अधिकार नहीं दिया जाता था। बाद में अंग्रेजों ने, जिन्होंने 1858 से 1947 तक भारत पर शासन किया, जाति, धर्म या स्त्री पुरुष के भेद के बिना सभी के लिए शिक्षा के द्वार खोल दिए। यह बदलाव धीरे धीरे हुआ, इसलिए अनेक गाँव लंबे समय तक शिक्षा की सुविधा से वंचित रहे और ग्रामीण भारत में अधिकांश लोग अनपढ़ ही रहे। साथ ही लोगों की पारंपरिक सोच को बदलना भी बहुत कठिन था। रीति रिवाजों और परंपराओं का कड़ाई से पालन किया जाता था। उस समय अनपढ़ होना कोई कमी नहीं माना जाता था और अधिकतर किसान तथा गाँव के लोग बिना किसी परेशानी के अपना जीवन जीते थे।

उस समय सवाल करना या किसी बात पर संदेह जताना बिल्कुल स्वीकार नहीं था। यह आम बात थी कि जब कोई बच्चा किसी प्रथा, रीति रिवाज या धार्मिक कर्मकांड के बारे में सवाल पूछता, शंका करता या कारण जानना चाहता, तो माता पिता और बड़े लोग हैरान हो जाते और उसे यही कहते थे कि यह सब ऐसा ही है, हमें भी यही सिखाया गया है और तुम्हें भी बिना सवाल किए इसे मानना होगा। गोमाजी इस सोच से अलग थे। जो कुछ भी उन्हें बताया जाता था, उसे वे आँख बंद करके स्वीकार नहीं करते थे। उनके सामने जो भी बात आती, वे उसे ध्यान से देखते, उस पर सोचते, तर्क करते और फिर सवाल उठाते थे।

वे एक गैर परंपरावादी सोच के साथ बड़े हुए थे। उनका जिज्ञासु स्वभाव और हर बात पर सवाल करने की आदत ने उन्हें समझदार और दूरदर्शी बना दिया। समय के साथ उनका

निष्पक्ष और न्यायपूर्ण व्यवहार न केवल उनके गाँव में, बल्कि आस पास के गाँवों में भी पहचाना जाने लगा। लोग उन्हें झगड़ों और विवादों को सुलझाने के लिए बुलाते थे, क्योंकि उनकी सलाह और फैसले दोनों पक्षों को स्वीकार होते थे। उनके निर्णय सोच समझकर लिए जाते थे और उस समय की प्रचलित प्रथाओं, रीति रिवाजों या अंधविश्वास पर आधारित नहीं होते थे। इसी कारण लोग खुशी से उनके फैसलों का पालन करते थे। वे बुद्धिमान थे, शारीरिक रूप से मजबूत थे और उनमें गहरी हिम्मत भी थी। एक बार उन्हें पास के एक गाँव में दो झगड़ते समूहों के बीच समझौता कराने के लिए बुलाया गया। वहाँ पहुँचने के लिए जंगल से होकर जाना पड़ता था। यह इलाका बाघों के लिए जाना जाता था और खेतों तथा रास्तों पर बाघ दिख जाना कोई असामान्य बात नहीं थी, खासकर सुबह के समय जब किसान अंधेरे में ही खेतों में पहुँच जाते थे। फिर भी निडर गोमाजी उस गाँव की ओर निकल पड़े, जो अधिक दूर नहीं था। उनका वफादार कुत्ता मोती भी उनके साथ था। रास्ते में अचानक मोती जोर जोर से भौंकने लगा और एक दिशा में घूरने लगा। गोमाजी ने उधर देखा तो पाया कि वे सीधे एक विशाल बाघ की आँखों में देख रहे हैं। उनके पास केवल एक लाठी थी, लेकिन हिम्मत भरपूर थी। बिना घबराए उन्होंने बाघ की आँखों में आँखें डालकर उसे घूरा और लाठी की मदद से उसे पीछे हटने पर मजबूर कर दिया। बाघ बिना कोई आवाज़ किए चुपचाप मुड़ गया और जंगल में ओझल हो गया।

गोमाजी अपने दोनों भाइयों डोमाजी और रामनाथ के साथ पास पास बने घरों में रहते थे, जिनके बीच एक साझा दीवार थी। तीनों का मुख्य पेशा खेती था, लेकिन समय के साथ रामनाथ साहूकार भी बन गए थे। गोमाजी एक बेहद मेहनती किसान थे और कुरूड और उसके आसपास ज़मीन ख़रीदते रहे। उनकी मेहनत, लगन और उद्यमी सोच के कारण लोग उन्हें गोमा साहूकार के नाम से जानने लगे। उन्होंने अपने जीवनकाल में कुल 125 एकड़ ज़मीन खरीदी। इसमें से 18 एकड़ ज़मीन उन्होंने डोमाजी को और 17 एकड़ ज़मीन रामनाथ को दी। उन्होंने श्री भट्ट से 14 एकड़ और श्री चिटनवीस से 6.5 एकड़ ज़मीन खरीदी, जिसमें से 3.5 एकड़ ज़मीन पानी में डूबी हुई थी, जिसे वडखाई बोडी कहा जाता था, और 7.21 एकड़ समतल ज़मीन थी, जिसे वावर कहा जाता था। इसके अलावा उन्होंने अवाडी में 8 एकड़ ज़मीन भी खरीदी थी, जिसका सौदा उनकी मृत्यु के बाद 1956 में उनके बेटों ने पूरा किया।

एक किसान अच्छी फसल पाने के लिए हमेशा ज़रूरी साधनों में निवेश करता है, इसी सोच के साथ गोमाजी ने अपने खेतों की जुताई के लिए बेहतरीन नस्ल के 10 बैल खरीदे।

उनके बैल पूरे गाँव और आसपास के इलाकों में प्रसिद्ध थे, क्योंकि नस्ल, सुंदरता, ऊँचाई और ताकत के मामले में उस क्षेत्र में उनके बराबर कोई और बैल नहीं थे। गोमाजी के पास 20 गायें भी थीं, जिनके गोबर का उपयोग खेतों में खाद के रूप में और उपले बनाकर चूल्हे में ईंधन के तौर पर किया जाता था। इसके अलावा उनके पास अपने घर के उपयोग के लिए दूध देने वाली 2 गायें भी थीं। सभी गायों और बैलों की देखभाल एक चरवाहा करता था, जो रोज़ सुबह उन्हें चराने के लिए चरागाह ले जाता था। अपनी मेहनत और समझदारी से गोमाजी एक समृद्ध किसान बन गए थे और उन्हें हर साल लगभग 250 खंडी धान की पैदावार होती थी, जो लगभग 186 टन धान के बराबर थी।

ज़मीन के सौदों और दीवानी या फौजदारी मामलों से जुड़े झगड़ों को सुलझाने में उनकी समझ और दूर की सोच पर लोगों को पूरा भरोसा था। गाँव के लोग तो शादी का रिश्ता तय करने से पहले भी उनसे सलाह लिया करते थे। एक बार पास के गाँव से कुछ लोग अपनी बेटी की शादी कुरूड के रहने वाले सुदामा नाम के युवक से तय करने आए। उस समय परंपरा के अनुसार ऐसे मौकों पर गाँव के बड़े बुजुर्गों को बातचीत में शामिल किया जाता था, इसलिए सुदामा के पिता ने गोमाजी को भी बुलाया। लड़के के पास पक्की नौकरी थी, इसलिए रिश्ता ठुकराने की कोई खास वजह नहीं थी। फिर भी जब लड़की के पिता को पता चला कि सुदामा के नाम पर कोई ज़मीन नहीं है, तो वे निराश हो गए। ज़मीन का मालिक होना हमेशा से व्यक्ति की सामाजिक और आर्थिक स्थिति का पैमाना माना जाता रहा है। ज़मीन न होने के कारण सुदामा की आर्थिक स्थिति पर सवाल खड़े हो गए और एक बार फिर ऐसा लगा कि उसकी शादी तय नहीं हो पाएगी।

जब गोमाजी ने देखा कि दुल्हन के पिता आगे बातचीत करने को तैयार नहीं हैं, तो उन्होंने बिना देर किए अपनी 2.5 एकड़ ज़मीन लड़के को उपहार में दे दी, ताकि विवाह तय हो सके।

एक अच्छे किसान होने के साथ साथ गोमाजी दूर की सोच रखने वाले व्यक्ति भी थे। उन्होंने अपने घर के सामने ही एक कुआँ खुदवाया, ताकि घर की महिलाओं को पानी के लिए दूर तक न जाना पड़े। वे समाज के लिए काम करने वाले व्यक्ति थे और समाज सुधारक मंडल से जुड़े हुए थे। समाज के उत्थान के लिए उन्होंने अमरावती के विधायक पांडुरंग भटकर और आर्मोरी क्षेत्र के स्थानीय राजनीतिक नेता नारायण नेरल के साथ मिलकर काम किया।

गोमाजी को एक पुरानी मराठी कहावत बार बार दोहराना बहुत पसंद था। वह कहावत इस प्रकार थी:

"उत्तम शेती, मध्यम रोजगार, कनिष्ठ चाकरी।"

इस कहावत में गोमाजी अपनी ओर से एक पंक्ति और जोड़ते थे। वे कहते थे:

"निदानची भीख, नाहीतर वैद्यकी शीख।"

इस कहावत का आशय यह था कि खेती सबसे श्रेष्ठ काम है, व्यापार उससे नीचे आता है और नौकरी को सबसे कमतर माना गया है।

यदि इंसान कुछ भी करने में सक्षम न हो, तो उसे भीख माँगने की नौबत आ सकती है, इसलिए बेहतर है कि कम से कम वैद्य का ज्ञान सीख लिया जाए, ताकि आत्मनिर्भर बना जा सके और दूसरों पर निर्भर न रहना पड़े।

महाराष्ट्र के कुछ इलाकों में जादू टोना करने वाले लोगों को भी वैद्य कहा जाता है।

इन पंक्तियों के बारे में और जानकारी जुटाने की कोशिश करते हुए मुझे पता चला कि इन्हें वास्तव में उत्तर भारत के महाकवि घाघ ने लिखा था। वे अकबर के शासनकाल 1556 ईस्वी से 1605 ईस्वी के दौरान कन्नौज में रहते थे।

उन्होंने यह लिखा था:

"उत्तम खेती, मध्यम बान, निकृष्ट चाकरी, भीख निदान।"

यह सचमुच रोचक बात है कि सोलहवीं सदी में कन्नौज से निकली यह कहावत समय के साथ कितनी दूर तक पहुँची और कैसे ग्रामीण महाराष्ट्र की बोलचाल की भाषा का भी हिस्सा बन गई।

गोमाजी और उनके भाई रामनाथ को अच्छे कपड़े पहनने का शौक था। इसी कारण वे अपनी फेटा यानी पगड़ी बाँधने के लिए विदर्भ क्षेत्र में हाथ से बुना हुआ कोसा रेशम खरीदते थे।

गोमाजी शिक्षा का महत्व समझ चुके थे और वे चाहते थे कि उनके बच्चे पढ़ना लिखना सीखें। इसी कारण उन्होंने अपने सभी बच्चों को प्राइमरी स्कूल भेजने के लिए प्रोत्साहित किया। उनके दो बड़े बेटे जनार्दन और विठोबा पढ़ाई में अधिक रुचि नहीं रखते थे, लेकिन उनका तीसरा बेटा नारायण पढ़ना चाहता था। वह अपने बड़े भाई विठोबा के पीछे स्कूल जाता और उसी के साथ कक्षा में बैठने की कोशिश करता था। उम्र कम होने के कारण

उसका स्कूल में दाखिला संभव नहीं था, इसलिए गोमाजी ने कक्षा अध्यापक से अनुरोध किया कि नारायण को विठोबा के साथ बैठने दिया जाए। परिवार की एकमात्र बेटी सुल्काबाई को नारायण ने घर पर ही पढ़ना लिखना सिखाया, उसे भी पढ़ाई में विशेष रुचि नहीं थी और उस समय कुरूड में लड़कियों के लिए कोई स्कूल भी नहीं था।

लगभग तीन साल बाद, जब नारायण ने कुरूड के प्राइमरी स्कूल से अपनी पढ़ाई पूरी की, तो वह स्कूल बंद हो गया। स्थानीय लोगों से सुनी गई कहानियों से मुझे पता चला कि उस स्कूल पर ब्राह्मणों का नियंत्रण था। वे यह देखकर खुश नहीं थे कि एक गैर ब्राह्मण बच्चा शिक्षा के क्षेत्र में आगे बढ़ रहा है। इसी वजह से स्कूल को बंद करवा दिया गया। उस समय ऊँची जातियों के लिए निचली जाति के किसी व्यक्ति की प्रगति को स्वीकार करना आसान नहीं था और ऐसी तरक्की को अक्सर रोका जाता था।

कुछ वर्षों बाद, जब नारायण ने स्नातक की पढ़ाई पूरी की और आगे की शिक्षा के लिए विदेश चले गए, तब उन्होंने कुरूड में स्कूल दोबारा शुरू करवाने के प्रयास किए। लंदन से उन्होंने सरकारी अधिकारियों को पत्र लिखकर अनुरोध किया कि कुरूड में फिर से स्कूल खोला जाए, ताकि वहाँ के बच्चे शिक्षा से वंचित न रहें। उन्होंने यह बात साफ शब्दों में रखी कि यदि वह स्वयं कुरूड के स्कूल का छात्र होकर उच्च शिक्षा के लिए लंदन तक पहुँच सके हैं, तो कुरूड के अन्य बच्चे भी शिक्षा का लाभ लेकर अपने जीवन में बेहतर अवसर पा सकते हैं।

जब अधिकारियों से कोई उत्तर नहीं मिला, तो नारायण ने अपने पिता को यह काम आगे बढ़ाने के लिए प्रेरित किया और उन्हें समझाया कि इसके लिए कौन से कदम उठाने होंगे। नारायण ने कई पत्र लिखकर अपने पिता को भेजे, ताकि वे उन पत्रों के साथ सरकारी अधिकारियों से मिल सकें और अपनी बात रख सकें। गोमाजी ने इस प्रयास में चांदा के एक संपन्न जंगल ठेकेदार देवाजी खोबरागड़े की सहायता ली, जिनके बेटे बैरिस्टर खोबरागड़े नारायण के घनिष्ठ मित्र थे। इतनी कोशिशों के बाद भी गोमाजी को कड़े विरोध का सामना करना पड़ा और अंत में उन्हें यह समझ आ गया कि सरकार कुरूड में स्कूल दोबारा खोलने के पक्ष में नहीं है।

इसलिए गोमाजी ने यह ज़िम्मेदारी खुद उठा ली। उन्होंने गाँव के उन लोगों को साथ जोड़ा, जो कुरूड में स्कूल खोलना चाहते थे। दान देने की क्षमता के अनुसार लोगों से पैसे या सामान इकट्ठा किया गया। किसी ने ईंटें दीं, किसी ने छत के लिए खपरेल दी और किसी

ने अपनी मेहनत लगाई। सबके सहयोग से प्राइमरी स्कूल की इमारत तैयार हो गई। इसके बाद एक स्थानीय शिक्षक को रखा गया और गाँव वालों ने मिलकर हर महीने 15 रुपये शिक्षक के वेतन के लिए जमा करने का निश्चय किया। नारायण जैसे एक स्थानीय बच्चे और उसके पिता गोमाजी, जो शिक्षा के महत्व को गहराई से समझते थे, उनके निरंतर प्रयासों से कुरूड के बच्चों के लिए बेहतर भविष्य के रास्ते खुल पाए।

कुरूड में बालिकाओं के लिए पहला स्कूल स्थापित करने का सम्मान भी गोमाजी और नारायण को प्राप्त है।

गोमाजी और रेणुका उके

5

रेणुका
मेरी दादी

रेणुका गोमाजी की दूसरी पत्नी थीं। वह लंबी कद काठी और पतली शरीर वाली महिला थीं। वह गोमा मेश्राम की बेटी थीं, जो वड़सा के पास कोखड़ी गाँव के कोतवाल थे। उनका जन्म 1891 में हुआ था और 3 जुलाई 1962 को उनका निधन हुआ। गोमा मेश्राम की 3 बेटियाँ मथुरा, गिरिजा और सरजूबाई थीं, तथा 1 बेटा बाजीराव था। बाजीराव कहानियाँ लिखते थे, गीत रचते थे और बहुत अच्छा गाते भी थे, लेकिन कम उम्र में ही उनका देहांत हो गया। मथुरा का विवाह टोला मंडोखल के लांडगे परिवार में हुआ था, पर बाद में वह अपने परिवार के साथ पिता की ज़मीन की देखभाल के लिए कोखड़ी वापस आ गईं। गिरिजा की शादी चालना पोस्ट ऑफिस बकाटी के डोंगरे परिवार में हुई। सरजूबाई का विवाह कुरूड के गोमाजी उके से हुआ, जिसके बाद परंपरा के अनुसार उनका नाम बदलकर रेणुका रख दिया गया।

रेणुका हमेशा पारंपरिक नौ गज की साड़ी पहनती थीं। उनके साज श्रृंगार में बड़ी नथ, कानों में कई छोटी छोटी बालियाँ और गले में काला पोत शामिल रहता था, जो धागे या मोतियों से बना होता था। उनके हाथों में चूड़ियाँ और कड़े रहते थे और कोहनी के ऊपर वे बाजूबंद नाम का गहना पहनती थीं। पैरों में वे चाँदी के ठोस तोड़े पहनती थीं और पैर की उंगलियों में बिछुए भी पहनती थीं। उनका पूरा पहनावा उनकी पारंपरिक सोच और ग्रामीण संस्कृति को साफ दर्शाता था।

मुझे अपनी दादी माँ उन सभी गहनों के साथ आज भी साफ याद हैं। जब वह मुझे प्यार से गले लगाती थीं, तब मैं उनके गले में पहने काले मोतियों के हार में लगे छोटे छोटे लटकन को ध्यान से निहारा करती थी।

उनका बाजूबंद आकार में काफी बड़ा था और टखनों में पहनी ठोस चाँदी की पायलें भी भारी होती थीं। कई बार मैं यह सोचती हूँ कि क्या टखनों के आसपास इतना वज़न पहनना उस समय की महिलाओं की रोज़मर्रा की फिटनेस का ही एक हिस्सा रहा होगा। आज के

समय में लोग व्यायाम के लिए टखनों पर वज़न बाँधते हैं, जबकि तब की महिलाएँ बिना किसी योजना के अपने पहनावे के ज़रिये ही शरीर को मजबूत बनाए रखती थीं।

रेणुका स्वतंत्र विचारों वाली महिला थीं। वे एक भी अक्षर पढ़ना नहीं जानती थीं, लेकिन उनकी आवाज़ में गहरी मिठास थी। वे गीत रचती थीं, उन्हें धुन देती थीं और स्वयं गाती थीं। एक किसान की पत्नी होने के कारण उनका पूरा जीवन मौसम के बदलाव, फसलों, खेती के काम, अपने परिवार और खेत जोतने वाली गायों और बैलों के आसपास ही घूमता था। ग्रामीण जीवन में धान की रोपाई हमेशा से महिलाओं की ज़िम्मेदारी रही है। यह काम बेहद अनुशासन और तालमेल के साथ किया जाता था। महिलाएँ घुटनों तक पानी में खड़ी होकर धान की पौध लगाती थीं और हर कतार पूरी होने के बाद एक साथ एक कदम पीछे हटती थीं, ताकि पूरी रोपाई एक समान बनी रहे। तेज़ धूप में, झुकी हुई कमर और पानी में डूबे पैरों के साथ यह काम बहुत कठिन होता था। इस मेहनत को हल्का और लयबद्ध बनाने के लिए रेणुका अपने बनाए गीत गाया करती थीं, जिससे सभी महिलाएँ एक साथ कदम मिलाकर काम कर सकें। वे गीत कभी लिखे नहीं गए, इसलिए समय के साथ अधिकांश रचनाएँ खो गईं। केवल कुछ गीत ही उनके बच्चों की स्मृतियों में जीवित रह पाए, जो इस अध्याय के अंत में आप पढ़ सकते हैं।

उनकी मधुर और मन को छू लेने वाली आवाज़ की विरासत उनके बेटों नारायण और ताराचंद तक पहुँची। समय के साथ यही गायन का गुण आगे बढ़ता गया और उनके पोते उज्ज्वल, परपोते आदर्श, प्रपौत्री प्रायोस्का, और आरिया में भी दिखाई देने लगा।

हर शाम जब पुरुष खेतों से लौटकर घर आते थे, तो पढ़ने वाले बच्चों से कहा जाता था कि वे रामचरितमानस, पांडव प्रताप और महाभारत के अध्याय ऊँची आवाज़ में पढ़ें। कभी कभी घर का कोई बड़ा सदस्य नल दमयंती, सत्यवादी हरिश्चंद्र, राम के वनवास या सीता कि व्यथा से जुड़ी कोई विशेष कथा सुनाने को कह देता था। रेणुका उन कहानियों को पूरे मन से ध्यान लगाकर सुनती थीं। फिर उसी कथा से प्रेरणा लेकर वह एक गीत गढ़ लेती थीं, जिसे वह अगले दिन खेत में काम करते हुए गाया करती थीं।

गाँवों में महिलाओं के काम न सिर्फ़ बहुत अधिक होते हैं, बल्कि तरह तरह के भी होते हैं। उन दिनों बाज़ार में आटा या पिसा हुआ चावल जैसा कुछ तैयार नहीं मिलता था, इसलिए रोज़ के भोजन के लिए अनाज पीसने से लेकर खाना बनाने तक सब कुछ महिलाओं को ही करना पड़ता था। हर घर में सुबह बहुत जल्दी पिसाई का काम शुरू हो जाता था। जब चक्की

पर अनाज पिसता था, तब रेणुका काम करते हुए गाया करती थीं। उनकी आवाज़ में मिठास थी और सुर ऊँचे थे, इसलिए जो पुरुष सुबह सवेरे खेतों की ओर जाते थे, वे रास्ते में रुककर उनके गीत सुनते थे और गीत समाप्त होने के बाद ही आगे बढ़ते थे। उन्हें शादियों में गाने के लिए भी बुलाया जाता था और उनकी सुरीली आवाज़ तथा मौके के अनुसार रचे गए भावपूर्ण बोल सुनकर लोग कई बार भावुक हो उठते थे। भारत में हर अवसर के साथ गीत जुड़ा होता है। मौसम बदलने पर, त्योहारों में, जन्म और विवाह के समय, बीज बोते हुए, फसल काटते समय, बरसात के आगमन पर या पेड़ों पर झूले डालकर झूलते हुए भी गीत गाए जाते हैं। रेणुका इन सभी अवसरों के लिए गीत गढ़ने और उन्हें गाने में असाधारण रूप से निपुण थीं।

गाँव के लोग अपने बच्चों का नाम रखने के लिए भी उन्हें बुलाते थे, क्योंकि रेणुका को एक समझदार और सूझबूझ वाली महिला माना जाता था। वे अपने घर का पूरा प्रबंधन बहुत सलीके और अनुशासन के साथ संभालती थीं। उनके अपने चार बेटे और एक बेटी थीं, साथ ही दो सौतेली बेटियों की ज़िम्मेदारी भी उन्हीं पर थी। जब उनके सबसे बड़े बेटे जनार्दन का विवाह पार्वती से और दूसरे बेटे विठोबा का विवाह द्रौपदी से हुआ, तो घर में दो बहुएँ आईं। रेणुका ने उन्हें कड़ी निगरानी और पैनी दृष्टि के साथ घर संभालने की पूरी ट्रेनिंग दी। वे आम तौर पर आँगन के बीच रखी एक आराम कुर्सी पर बैठती थीं। यह जगह रात में मवेशियों को बाँधने वाली जगह, यानी गोइठा के पास ही थी। घर की हर गतिविधि उनकी नज़र में रहती थी और पूरे परिसर पर उनका नियंत्रण रहता था। वे अनुशासन को लेकर बहुत सख्त थीं और यह सुनिश्चित करती थीं कि घर का हर काम व्यवस्थित और सुचारू रूप से चलता रहे।

एक किसान के घर में काम कभी ख़त्म नहीं होता और रेणुका ने घर चलाने के लिए एक बहुत सुव्यवस्थित तरीका बना रखा था। उन्होंने कामों का बँटवारा ऐसे किया था कि हर महीने के पंद्रह दिन एक बहू रसोई का काम और बर्तन धोने की ज़िम्मेदारी संभालती, जबकि दूसरी बहू कुएँ से पानी भरने, मवेशियों को चारा देने, पशुशाला साफ करने, घर की सफाई और कपड़े धोने का काम करती थी। हर पंद्रह दिन में काम बदल जाने से किसी को भी शिकायत का मौका नहीं मिलता था। पानी भरना सबसे थकाने वाला काम था, क्योंकि इतने बड़े परिवार के लिए नहाने, पीने, खाना बनाने, बर्तन धोने और घर की सफाई के लिए बहुत अधिक पानी चाहिए होता था। इसके साथ ही बैलों और गायों के लिए नाद भरना भी एक भारी काम था। सारा पानी घर के सामने बने कुएँ से ही निकालना पड़ता था। कपड़े धोने के

लिए गाँव के तालाब तक जाना पड़ता था, जहाँ कपड़े धोए जाते, धूप में सुखाए जाते, तह किए जाते और फिर घर वापस लाए जाते थे।

उस समय घरों में यह परंपरा थी कि पहले पुरुष भोजन करते थे और उसके बाद महिलाएँ अपने पति की थाली में बचा हुआ खाना खाती थीं। पुरुषों को भरपेट भोजन परोसा जाता था, इसलिए कई बार महिलाओं के हिस्से में खाना कम पड़ जाता था। जब कभी मटन बनता था, तो कुछ समझदार पति अपनी पत्नी के लिए थाली में बचे चावल के नीचे मटन के कुछ टुकड़े छुपा देते थे, ताकि उन्हें भी थोड़ा अच्छा भोजन मिल सके।

उन दिनों आंबिल नाम का एक पेय बहुत प्रचलित था। यह रोज़ बड़ी मात्रा में तैयार किया जाता था। आंबिल ज्वार के आटे को पानी में मिलाकर पकाकर बनाया जाता था। यह एक पौष्टिक और ठंडक देने वाला पेय माना जाता था, जिसे रोज़ घर के सभी लोगों और आने वाले मेहमानों को पिलाया जाता था। इसमें ताकत देने वाले गुण होते थे, इसलिए इसे रोज़ाना पशुओं को भी दिया जाता था।

जब 1945 में उनके तीसरे बेटे नारायण को ब्रिटिश भारत सरकार की ओर से उच्च शिक्षा के लिए लंदन जाने की छात्रवृत्ति मिली, तो रेणुका बहुत व्याकुल हो गईं। इसका अर्थ था कि वे लगभग तीन साल तक अपने बेटे को न देख पाएँगी और न ही उससे सीधे बात कर सकेंगी। उन दिनों संवाद के साधन बेहद सीमित थे, क्योंकि संपर्क का एकमात्र तरीका चिट्ठी लिखना ही था। पहले किसी से चिट्ठी लिखवानी पड़ती थी, फिर उसे भेजने के लिए डाक टिकट के पैसे जुटाने पड़ते थे। विदेश चिट्ठी भेजना महँगा भी था और उसे अपने गंतव्य तक पहुँचने में काफी समय लगता था। गाँवों में तो उस समय टेलीफ़ोन का नाम तक लोगों ने नहीं सुना था।

रेणुका उस समय बेहद भावुक हो उठीं और मन के डर तथा चिंता के कारण बहुत रोईं। उन्हें यह सोचकर गहरा दुख हो रहा था कि उनका बेटा उनसे इतनी दूर चला जाएगा। जब नारायण को लंदन जाने वाले जहाज़ में बैठने के लिए बॉम्बे रवाना होना था, तो उनके पिता ने कहा कि वे रेणुका को नागपुर नहीं ले जाएँगे, क्योंकि उनका रोना नारायण को और अधिक व्यथित कर देगा, क्योंकि वह पहले ही अपना देश, परिवार और घर छोड़कर एक लंबी यात्रा पर निकल रहा था। रेणुका ने आग्रह किया कि उन्हें नागपुर साथ ले जाया जाए और यह वचन दिया कि विदा के समय वे एक भी आँसू नहीं बहाएँगी। इस वादे के बाद गोमाजी उन्हें अपने साथ ले गए। बेटे की विदाई के क्षण में रेणुका ने अपने मन को कठोर किया और अपने वचन

के अनुसार स्वयं को संभाले रखा। नारायण का एक मित्र सुरेंद्र माटे भी अपनी माँ के साथ उसे छोड़ने नागपुर स्टेशन आया था। स्टेशन पर माटे की माँ अपने भावनाओं को रोक न सकीं और रोते हुए बोलीं, "मेरे घर अब कौन आएगा और मुझसे आंबिल माँगेगा, मुझे तुम्हारी बहुत याद आएगी, मेरे बेटे।" चारों ओर भावनाओं का सैलाब था, लेकिन उस माहौल में भी नारायण की माँ ने अपना वचन निभाया और एक भी आँसू नहीं गिरने दिया।

नारायण के लंदन चले जाने के बाद रेणुका ने अपने दुख को शब्दों में ढालते हुए एक गीत रचा। उस गीत में उसने ट्रेन को अपनी सौत कहा, जो उसके लाड़ले बेटे को उससे दूर ले जा रही थी।

उसने यह गीत गाया:

"कुठे गेला रे नारबा , नाही गेला तो सांगून,
त्याच्या कंठीले, कंठीले, मोती दोन बाई।"

इसका सरल भावार्थ इस तरह है:
"मेरा बेटा नारबा कहाँ चला गया,
उसने मुझे यह भी नहीं बताया कि वह कहाँ जा रहा है।
वही मेरा बेटा है, जिसके गले में दो मोती झिलमिलाते हैं।"

उन्हें अपने बेटे की बहुत याद सताती थी और वह मन ही मन यह कल्पना करती थीं कि अगर छत पर शीशे लगाए जाये तो वह दूर से अपने बेटे को आता हुआ शायद देख पाएँगी

"गोरे साहेबाच्या गावी पाहून ये रे सारसा,
माडी वर किती कुलपाचा बांधू मी आरसा,
की दुरून दिसेल येताना माझा नारबा

"सारस पक्षी, कृपया गोरे लोगों की ज़मीन पर जाओ,
पता लगाओ कि मुझे छत पर कितने शीशे लगाने चाहिए,
ताकि मैं अपने नारबा को दूर से घर आते हुए देख सकूँ।"

रेणुकाबाई द्वारा रचित मराठी गीत, जिसका हिंदी अनुवाद वर्षा ने किया है।

1. मराठी

   "सूर्य उगवला तरी चंद्राची ज्योती,
   माझ्या सड्याचा अंगणात भरतो माझी ओटी।"

   हिंदी अनुवाद:

   सूरज निकल आया है, फिर भी चाँदनी अब भी मेरे मिट्टी से सजे आँगन में बनी हुई है और मुझे अपने आशीर्वाद से भर रही है।

2. मराठी

   सूर्य उगविला जशी गड्याची भोवारी,
   नेयिल चालवून सारी पृथ्वी एवढी?

   हिंदी अनुवाद:

   सूरज ऐसे उग आया है जैसे कुएँ की चरखी घूम रही हो,
   क्या सूरज इतनी शक्ति से पूरी धरती को चला पाएगाा?

3. मराठी

   सूर्य उगविला जशी सूर्याची लाली,
   दादा माझया नारायण, तशी घेजो माला चोली,

हिंदी अनुवादः

सूरज उग आया है और सुबह की लालिमा चारों ओर फैल गई है।

मेरे बेटे नारायण, मेरे लिए उसी रंग की एक चोली ले आना।

4. मराठी

सूर्य उगविला जशी सूर्याचा तेज,

दादा माझया नारायण तशी घेजो माला साड़ी।

हिंदी अनुवादः

सूरज आग के गोले की तरह उग आया है।

मेरे बेटे नारायण, मेरे लिए उसी जैसी चमक वाली एक साड़ी खरीद लाना।

2. अपनी माँ के घर के बारे में कविताएँ

1. मराठी

काय सांगु शेजीबाई माझ्या माहेरची आंगधुनि,

बाढ लावला लिम्बु झाडाची , आढी आणि टेढ़ी।

हिंदी अनुवादः

मैं अपनी सखी को अपने मायके की उस नहाने की जगह के बारे में क्या क्या बताऊँ।

उसके चारों ओर नींबू के पेड़ की आड़ी तिरछी बाड़ लगी हुई है।

2. मराठी

काय सांगु शेजीबाई माझ्या माहेरची रीति,

आरशयावर कुंकु माझ्या भावजया घेति।

हिंदी अनुवाद:

मैं अपनी सखी को अपने मायके की रीत रिवाजों के बारे में क्या बताऊँ।

मेरी भाभी अपनी बिंदी ठीक करने के लिए शीशे में देखती है।

3. मराठी

भांग माझ्या सुनेची जशी चवडीची शेंग,

दादा माझा नारायण, सून माझी कमल।

हिंदी अनुवाद:

मेरी बहू की माँग सेम की फली जैसी है,

नारायण मेरा बेटा है और बहू कमल है।

3. रामायण पर

1. मराठी

कैकेयी रानी बोलली, "चला युद्धाला जाउ राजा माझा दशरथ,"

राजा दशरथ बोलता , "तू तर स्त्रीचि जात, कशी जाशील युद्धस?"

हिंदी अनुवाद:

रानी कैकेयी बोलीं, "चलो युद्धभूमि में चलें, मेरे राजा दशरथ।"

राजा दशरथ ने उत्तर दिया, "तुम तो एक स्त्री हो, भला युद्ध के लिए कैसे जाओगी।"

2. मराठी

युध्दात कैकेयी नी मोडली रथचि काठी, नंतर बोलली

राम जाइल वनात, गादि मिडेल माझ्या भरतले।

हिंदी अनुवाद:

जब वे युद्ध में गये तो कैकेयी ने रथ के पहिये की मरम्मत की और दो वरदान मांगे, राम वनवास को जायेंगे और मेरे पुत्र भरत को राजगद्दी मिलेगी।

कुरुड का घर

6

मेरे पिता - नारायण

मेरे पुश्तैनी घर का प्रवेश द्वार कभी बहुत भव्य हुआ करता था। आज वही हिस्सा टूटा फूटा दिखाई देता है और जालीदार रेलिंग वाली सुंदर पहली मंज़िल भी अब ढह चुकी है। घर का यह भाग उन पैसों से बनाया गया था, जो मेरे पिता नारायण ने 1947 और 1948 के दौरान लंदन से भेजे थे। उन्हें वहाँ पढ़ाई के लिए छात्रवृत्ति मिलती थी और वे उसी छात्रवृत्ति से बचत करके अपने पिता को घर पर पैसे भेज दिया करते थे।

बचपन में जब मैं कुरूड गई थी, तो वहाँ एक बड़ा सा खाली हॉल हुआ करता था, जिसमें एक आराम कुर्सी रखी थी। उसी हॉल के दाईं ओर गाय का गोएठा था। वहीं बैठकर मेरी दादी रेणुका घर की हर गतिविधि पर नज़र रखती थी, पूरे घर को संभालती थी और अपने छोटे से संसार पर दृढ़ता से राज करती थी।

घर के भीतर ही गाय का गोएठा बना हुआ था, जिसमें पानी के बड़े बड़े कुंड रखे थे। इससे साफ़ समझ में आता था कि एक किसान के जीवन में गाय और बैलों का कितना महत्व होता है। बाईं ओर बने कमरे आकार में छोटे थे। उनकी दीवारें मिट्टी की थीं और छत फूस की बनी थी, जिस पर ऊपर से सुंदर लाल कवेलू टाइलें लगी हुई थीं।

भारत के इसी ग्रामीण संसार में नारायण का जन्म 8 अगस्त 1924 को हुआ था। वे गोमाजी और रेणुका उके के तीसरे बेटे थे। संभव है कि यह उनकी सही जन्मतिथि न रही हो, क्योंकि उनकी माँ बताया करती थीं कि उनका जन्म उस दिन हुआ था, जब शिवरात्रि का पर्व मनाकर लोग नागभीड़ के महादेव मेले से लौट रहे थे। मेरे भाई सुनील का मानना है कि उनकी वास्तविक जन्मतिथि शायद 25 फरवरी 1925 रही होगी। चूँकि नारायण अपने बड़े भाई विठोबा के साथ स्कूल जाने की ज़िद करते थे, इसलिए संभव है कि उनकी जन्मतिथि आगे की दर्ज कर दी गई हो, ताकि वे स्कूल में प्रवेश के योग्य माने जाएँ।

1925 के आसपास गाँवों की दुनिया बिल्कुल अलग थी। न बिजली थी, न घरों में पानी की व्यवस्था, न पक्की सड़कें, न अस्पताल। केवल एक छोटा सा प्राइमरी स्कूल था, जहाँ जातिवाद का भेदभाव खुलकर दिखाई देता था। अनुसूचित जाति के बच्चों को दूसरी जाति

के बच्चों के साथ बैठने की अनुमति नहीं थी। उन्हें कक्षा के बाहर बैठना पड़ता था। यह व्यवस्था वर्षों से चली आ रही थी, इसलिए बहुत से लोगों को इसमें कुछ भी गलत नहीं लगता था। स्कूल में पीने के पानी के लिए जातीवाद के आधार पर दो अलग घड़े रखे जाते थे और बच्चों को दूसरे घड़े से पानी लेने की अनुमति नहीं थी। एक बार एक जाती के प्यासे बच्चे ने दूसरे घड़े से पानी पी लिया। शिक्षक को यह बात पता चली तो उन्होंने उसे कठोर दंड दिया। नारायण ने यह सब देखा और घर जाकर अपने पिता से पूछा कि यदि कोई बच्चा दूसरे घड़े से पानी पी ले तो इसमें गलत क्या है। इससे किसी का क्या नुकसान होता है। गोमाजी ने धैर्य से उसे पूरी बात समझाई। नारायण पढ़ाई में तेज था। वह हमेशा कक्षा में प्रथम आता था और शिक्षक भी उसे पसंद करते थे, क्योंकि वह जल्दी समझ जाता था। कुरूड का स्कूल केवल तीसरी कक्षा तक था। आगे की पढ़ाई के लिए उसे लगभग 7 किलोमीटर दूर वडसा के स्कूल में जाना पड़ा। 1932 से, जब वह लगभग 8 वर्ष का था, वह रोज़ इतनी दूरी पैदल तय करता था। इतनी कम उम्र में ही उसने आगे पढ़ने का निश्चय कर लिया था। उस समय अधिकतर बच्चे प्राथमिक शिक्षा के बाद अपने पिता के साथ खेतों में लग जाते थे। परिवार में निर्णय पिता ही लेते थे और उनकी बात ही अंतिम मानी जाती थी।

नारायण आगे पढ़ना चाहते थे और उस समय के सामान्य रिवाज के विरुद्ध अपना रास्ता चुनना चाहते थे, इसलिए उन्होंने साहस जुटाया और अपने पिता से इस विषय में बात की।

"बाबा, मैं प्राइमरी स्कूल पूरा करने के बाद आगे भी पढ़ना चाहता हूँ।"

उनके पिता ने कहा, "क्यों? हमारे गाँव में तीसरी कक्षा तक स्कूल है और अब तुम आगे पढ़ने के लिए वडसा भी जा रहे हो। इतनी पढ़ाई तुम्हारे लिए काफी है। अब और क्या सीखोगे?"

"बाबा, एक मिडिल और हाई स्कूल है, जहाँ आगे की पढ़ाई होती है। मैं भी वही पढ़ना चाहता हूँ जो वहाँ सिखाया जाता है," नारायण ने कहा।

उनके पिता ने उत्तर दिया, "तुम्हें ब्रह्मपुरी में रहना पड़ेगा, जो यहाँ से बहुत दूर है। तुम यह सब कैसे संभालोगे और इतनी कठिनाई उठाने की क्या ज़रूरत है? हमारी खेती बाड़ी के बारे में जो कुछ जानना आवश्यक है, वह सब मैं तुम्हें सिखा दूँगा। स्कूल में तुम्हें ऐसा क्या मिलेगा जो यहाँ नहीं मिल सकता?"

नारायण ने शांत स्वर में कहा, "बाबा, स्कूल में और भी बहुत कुछ पढ़ाया जाता है। मैं भी वही सीखना चाहता हूँ जो वहाँ सिखाया जाता है।"

बाबा ने कुछ कठोर स्वर में कहा, “तुम्हें इससे क्या हासिल होगा? इतनी दूर जाकर पढ़ना तो केवल पैसों की बर्बादी है।”

नारायण ने दृढ़ स्वर में कहा, “बाबा, हमें अभी बहुत कुछ नहीं पता। मैं दुनिया के बारे में और जानना चाहता हूँ। कुरूड के बाहर क्या होता है, यह समझना चाहता हूँ।”

उनके पिता ने कहा, “इतने पैसे खर्च करने से तुम्हें कोई खास लाभ नहीं होगा।”

“बाबा, कृपया मेरी 8वीं कक्षा तक की पढ़ाई का खर्च उठा लीजिए। उसके बाद मुझे छात्रवृत्ति मिलती रहेगी, क्योंकि सरकार उन विद्यार्थियों को छात्रवृत्ति देती है जो मेहनत करते हैं और आगे पढ़ना चाहते हैं।”

इतनी छोटी उम्र के एक दृढ़ निश्चयी बच्चे और उसके पिता के बीच इस तरह की गंभीर बातचीत असामान्य थी। फिर भी नारायण की आगे पढ़ने की चाह इतनी प्रबल थी कि वह अपनी बात पर डटे रहे और बार बार अपने तर्क रखते रहे। बेटे का अटल इरादा और अपने सपने के लिए खड़े होने का साहस देखकर अंततः गोमाजी पिघल गए। उन्होंने नारायण से कहा कि वे उसका साथ देंगे और उसे कम से कम आठवीं कक्षा तक अवश्य पढ़ाएँगे। जून 1933 में नारायण कुरूड से लगभग 17 किलोमीटर दूर ब्रह्मपुरी के इंग्लिश मीडियम स्कूल में पढ़ने चले गए। उस समय वे केवल 9 वर्ष के थे। उनके रहने की व्यवस्था ब्रह्मपुरी से करीब 8 किलोमीटर दूर बोंडगांव में की गई, जहाँ उनकी चचेरी बहन लाडूबाई शेंडे रहती थीं, जो उनके चाचा डोमाजी की बेटी थीं।

गोमाजी ने लाडूबाई के घर चावल और दाल से भरी एक बोरी रखवा दी थी, ताकि उनके ऊपर एक और बच्चे का बोझ न महसूस हो। एक दिन दोपहर के भोजन में सूअर का मांस बना। नारायण ने पहले कभी सूअर का मांस नहीं खाया था, इसलिए उस दिन वे भूखे ही रह गए। संयोग से उसी दिन गोमाजी अपने बेटे से मिलने पहुँचे। अपने प्रिय बेटे को भूखा देखकर उनका मन भर आया। उन्होंने तुरंत निर्णय लिया और नारायण को मुलगांव में गोदूबाई कांबले के घर भेज दिया। गोदूबाई नारायण कि बुआ की बेटी थीं।बाद में ब्रह्मपुरी मे चहांदे ने लड़कों के लिए एक छात्रावास शुरू किया और नारायण उस छात्रावास में प्रवेश लेने वाले पहले विद्यार्थी बने।

ब्रह्मपुरी में एक बार किसी त्योहार के कारण स्कूल में दो दिन की छुट्टी हो गई। तब नारायण के मित्र महमूद, जो कुरूड का ही एक मुस्लिम लड़का था, ने उत्साह से कहा,

"नारायण, क्यों न इन दो दिनों की छुट्टी में हम दोनों घर कुरूड चलें। जब स्कूल बंद है, तो घर होकर आना अच्छा रहेगा।"

नारायण ने एक क्षण सोचा और फिर अपने मित्र के साथ चलने के लिए तैयार हो गए। दोनों उत्साह से भरे कुरूड की दिशा में बढ़ चले। रास्ते भर वे हँसते, बातें करते आगे बढ़ते रहे, जब तक कि वे उस लंबे रेलवे पुल तक नहीं पहुँचे, जो वैनगंगा नदी के ऊपर बना था। पुल पार करते समय पहले तो वे खुशी से उछलते कूदते रहे, लेकिन बीच में पहुँचते ही नारायण का मन घबराने लगा। उन्होंने रुककर कहा, "महमूद, चलो वापस लौट चलते हैं। मुझे लगता है बाबा मुझसे बहुत नाराज़ होंगे, क्योंकि मैंने घर आने की अनुमति नहीं ली है।"

महमूद ने उसे ढाँढस बँधाया और कहा कि चिंता की कोई बात नहीं है। उसने नारायण को समझाया कि अब लौटने के बजाय घर की ओर बढ़ना ही ठीक रहेगा। दोनों आगे बढ़ते रहे और जब घर पहुँचे, तो नारायण अपनी माँ और छोटी बहन सुलकाबाई को देखकर बहुत प्रसन्न हुए। शाम को जब गोमाजी खेतों से लौटे और उनकी नज़र नारायण पर पड़ी, तो वे चकित हुए और बोले, "बापू, तुम यहाँ कैसे?"

नारायण ने शांत स्वर में उत्तर दिया, "आज और कल स्कूल में छुट्टियाँ हैं, इसलिए मैं घर आ गया।"

यह सुनते ही गोमाजी क्रोधित हो उठे। कठोर स्वर में उन्होंने कहा, "क्यों? छुट्टियाँ थीं तो तुम्हें घर आने की क्या आवश्यकता थी? क्या यहाँ कोई तुम्हारा इंतज़ार कर रहा था? अपना समय क्यों नष्ट कर रहे हो? ब्रह्मपुरी में रहकर पढ़ाई क्यों नहीं करते? तुम मेरे बेटे नहीं हो, तुम नाग हो जो मुझे डसने चला आया है।"

नारायण इस डाँट से बहुत आहत हुए। पूरी रात वे और उनके पिता दोनों जागते रहे। नारायण चुपचाप रोते रहे और गोमाजी भीतर ही भीतर व्याकुल होते रहे। अगली सुबह नारायण अपनी दो दिन की छुट्टी बीच में ही छोड़कर ब्रह्मपुरी लौट गए।

गोमाजी की सख्ती अंततः नारायण के लिए लाभकारी सिद्ध हुई। अप्रैल 1937 में नारायण आठवीं कक्षा की परीक्षा में प्रथम आए और उन्हें आगे हाई स्कूल में प्रवेश लेकर पढ़ाई जारी रखने के लिए हर महीने 10 रूपये की छात्रवृत्ति मिली। अपने पिता से आठवीं तक पढ़ाने का उनका आग्रह सफल रहा और नौवीं कक्षा से आगे की पूरी शिक्षा उन्होंने योग्यता आधारित छात्रवृत्ति के सहारे पूरी की।

नारायण चांदा ज़िले से मैट्रिक की परीक्षा प्रथम श्रेणी में उत्तीर्ण करने वाले पहले व्यक्ति बने। वे कुरूड से नागपुर विश्वविद्यालय में प्रवेश लेकर स्नातक की पढ़ाई पूरी करने वाले भी पहले व्यक्ति थे।

1944 में नारायण पूरे चांदा ज़िले से पहले और एकमात्र विद्यार्थी थे, जिन्हें ब्रिटिश भारत सरकार ने योग्यता के आधार पर इंजीनियरिंग की पढ़ाई के लिए छात्रवृत्ति देकर लंदन भेजा।

अपनी पढ़ाई के विषय में दिए एक साक्षात्कार में नारायण ने कहा थाः

"आप जानना चाहते थे कि मैं सीधा सादा था या दृढ़, और क्या मेरे साथ भेदभाव हुआ। बचपन में मैं शारीरिक रूप से भी मजबूत था और पढ़ाई में भी आगे रहता था। मैं प्रायः अपनी कक्षा में ऊँचा स्थान प्राप्त करता था। कुछ ब्राह्मण विद्यार्थियों को कक्षा में मेरी स्थिति पसंद नहीं थी और तीसरी कक्षा पास करने के बाद प्राथमिक स्कूल बंद कर दिया गया। चौथी कक्षा के लिए मुझे पास के एक गाँव में जाना पड़ा, जो हमारे गाँव से लगभग तीन मील दूर था। वहाँ से मैंने चौथी कक्षा उत्तीर्ण की और उत्कृष्ट परिणाम प्राप्त किया।

मैंने अपने पिता से अनुरोध किया था कि वे मुझे कम से कम आठवीं कक्षा तक पढ़ने में सहायता करें। इसके लिए मुझे ब्रह्मपुरी के इंग्लिश मिडिल स्कूल में जाना पड़ा, जो मेरे गाँव से लगभग दस मील दूर था। मैंने आठवीं कक्षा अच्छे अंकों से उत्तीर्ण की और नौवीं से मुझे सरकारी छात्रवृत्ति मिलनी शुरू हो गई। आगे चलकर मैंने नागपुर के पटवर्धन हाई स्कूल में प्रवेश लिया। उच्च शिक्षा नागपुर के कॉलेज ऑफ साइंस में प्राप्त की। बाद में मुझे लंदन में उच्च अध्ययन के लिए ब्रिटिश गवर्नमेंट ऑफ इंडिया की छात्रवृत्ति मिली।"

7

जनार्दन

इस अवसर पर मैं आपको इस परिवार के अन्य सदस्यों से भी परिचित कराना चाहती हूँ। मेरे पिता अक्सर अपने भाई बहनों के बारे में बड़े स्नेह से बात किया करते थे। उनके सबसे बड़े भाई का नाम जनार्दन था। वे गोरे रंग के, आकर्षक व्यक्तित्व वाले और बहुत ही उदार स्वभाव के व्यक्ति माने जाते थे। उनका विवाह पार्वती मेश्राम से हुआ था। उनकी सेहत अधिक मजबूत नहीं थी, इसलिए खेतों में कठिन परिश्रम वाला काम उन्हें अनुकूल नहीं लगता था। उन्होंने कपड़े सिलना सीखा और दरजी का काम शुरू किया। दरजी होने के साथ साथ वे धान और बाजरा के व्यापार में भी जुड़े थे। वे अपने पिता की ओर से अनाज वडसा की मंडी में ले जाते और वहाँ दुकानदारों से समझदारी से सौदा करते थे।

1945 में जब नारायण लंदन जाने की तैयारी कर रहे थे, तब जनार्दन ने उनके लिए अपने हाथों से एक बढ़िया ऊनी कोट सिला। लंदन को बहुत ठंडा स्थान माना जाता था और वे जानते थे कि नारायण को वहाँ की सर्दी का सामना करने के लिए पूरी तैयारी करनी होगी। जब नारायण लंदन के लिए रवाना हुए, तो जनार्दन उन्हें विदा करने बॉम्बे तक साथ गए।

जनार्दन की तबीयत अक्सर ठीक नहीं रहती थी, इसलिए नारायण यह सुनिश्चित करते थे कि उन्हें समय समय पर अस्पताल ले जाया जाए और उचित इलाज मिले। 1956 में जब उनके पिता का निधन हुआ और उनकी माँ भी बीमार रहने लगीं, तब उन्होंने विठोबा काका और ताराचंद काका से विशेष रूप से कहा कि वे जनार्दन और उनकी माँ दोनों की अच्छी देखभाल करें। इस ज़िम्मेदारी को निभाने के लिए नारायण नियमित रूप से घर पैसे भेजते रहते थे।

जनार्दन के चार बेटे और दो बेटियाँ थीं, जिनके नाम सुलोचना, प्रहलाद, पुष्पसेन, एकनाथ, चंद्रप्रभा और प्रेमदास थे। उनकी सबसे बड़ी बेटी सुलोचना का विवाह आरमोरी के दिनकर रामटेके से हुआ था, जो नारायण के मित्र थे। चंद्रप्रभा स्वभाव से मेहनती और पढ़ाई में रुचि रखने वाली थीं। उनका विवाह एन. पी. कांबले से हुआ, जो भारतीय रेलवे में कार्यरत थे और बाद में कार्यालय अधीक्षक के पद से सेवानिवृत्त हुए।

जनार्दन स्वयं खेतों में काम नहीं करते थे, इसलिए उनके हिस्से की ज़मीन उनके बेटों को खेती के लिए दे दी गई। उनके बेटे प्रहलाद, पुष्पसेन और प्रेमदास कुरूड में ही रहकर अपने खेतों की देखभाल करते रहे। एकनाथ राजस्थान के खेतड़ी में हिंदुस्तान कॉपर माइंस में कार्यरत थे। बाद में उन्होंने नौकरी छोड़ दी, कुरूड लौट आए और खेती संभाल ली। उनकी बेटियों सारिका, धारा और विदिशा की पढ़ाई के लिए उनका परिवार नागपुर में रहा। एकनाथ और चंद्रप्रभा ने नागपुर के एक ही मोहल्ले में अपने घर बनवाए। चंद्रप्रभा की सबसे बड़ी और सबसे छोटी बेटियाँ जयश्री और ज्योति स्टेट बैंक ऑफ इंडिया में नौकरी करने लगीं, जबकि उनकी दूसरी बेटी राजश्री ने कोई नौकरी नहीं की।

8

विठोबा

विठोबा काका, जो नारायण के दूसरे बड़े भाई थे, हर बार हमें लेने के लिए लगभग सात मील दूर वडसा के छोटे से रेलवे स्टेशन तक आते थे। उन दिनों मेरे पिता हीराकुड बाँध परियोजना में कार्यरत थे और हर वर्ष गर्मियों की छुट्टियों में हमारा पूरा परिवार कुरूड लौटता था। ओडिशा के झारसुगुड़ा से हम पहले ब्रॉड गेज ट्रेन द्वारा नागपुर पहुँचते, फिर वहाँ से नैरो गेज की छोटी ट्रेन पकड़ते, जो नागभीड़ होते हुए हमें लगभग 116 किलोमीटर दूर वडसा तक ले जाती थी। उस संकरी पटरी की धीमी चलती ट्रेन से उतरते ही सामने दो ढकी हुई बैलगाड़ियाँ हमारा इंतज़ार करती दिखाई देतीं, जिन्हें दामनी या खाचर कहा जाता था। उनके चारों ओर पर्दे लगे होते और भीतर बैठने के लिए गद्दे बिछे रहते, हमारे सफर को आरामदायक बनाने के लिए। सामान के लिए एक अलग खुली रेंगी भी साथ चलती थी। इसी प्रसंग में याद आता है कि एक और प्रकार की बैलगाड़ी होती है, जिसे छकड़ा कहते हैं, और जिसका उपयोग हर वर्ष होने वाली पाट या बैलगाड़ी दौड़ में किया जाता था।

वडसा से कुरूड तक बैलगाड़ी में तय होने वाला सफर सबसे यादगार और सबसे कठिन होता था। रास्ते कच्चे थे, वर्षों से चलते पहियों ने उनमें गहरे निशान बना दिए थे, और गाड़ी के हर झटके के साथ लगता था मानो धरती की धड़कन हमारे भीतर उतर रही हो।

जैसे ही हम गाँव की सीमा में पहुँचते सड़क के दोनों ओर फैले खेत दिखाई देते।वे केवल खेत नहीं थे, वे मेरी अपनी ज़मीनें थीं, मेरे पुरखों की मेहनत और स्मृतियों से भरी हुई धरती थीं। ये वो स्थान था जिससे मेरा गहरा संबंध था। मेरे पूर्वज यहीं आकर बसे थे, उन्होंने यही ज़मीन खरीदी, यहीं अपना घर बसाया और अपने बच्चों का पालन पोषण किया। समय के साथ उनमें से अधिकतर लोग गाँव छोड़कर आगे बढ़ गए, पर कुछ अब भी वहीं टिके रहे। वे आज भी उन पुरखों की ज़मीन की देखभाल करते हैं, धान उगाते हैं और उसी मिट्टी से जुड़े हुए हैं। यही लोग उन सभी उके परिवारों की जड़ हैं, जो आज दुनिया के अलग अलग कोनों में बसे हुए हैं।

जब मैं 2006 में कुरुड गई थी, तो मैंने अपने पिता के बड़े भाई विठोबा काका के साथ बहुत समय बिताया था। उन्हें अपने छोटे भाई नारायण की बहुत प्यारी यादें थीं। गोमाजी के दूसरे बेटे विठोबा काका अकेले ऐसे थे जिन्होंने अपने पिता का पेशा अपनाया और हमेशा किसान रहे। उनके चार बच्चे थे आशालता, कमलेश, जयंत और शुद्धमती। कमलेश ने कई एजुकेशनल इंस्टिट्यूट खोले, और किसान होने के साथ-साथ कामकाजी महिलाओं के लिए एक हॉस्टल भी चलाया। वह पॉलिटिक्स में भी शामिल रहे। जयंत आयुर्वेदिक डॉक्टर बन गए। दोनों लड़कियों की शादी खुशी-खुशी हो गई, जबकि शुद्धमती, जिसका नाम मेरी माँ कमल ने रंजना रखा था, ने कोई नौकरी नहीं की, आशालता कमलेश के साथ उनके महिलाओं के हॉस्टल में काम करती थी।

विठोबा काका को वह घटना साफ याद थी कि जब नारायण लगभग पाँच वर्ष के थे, तभी उन्होंने स्कूल जाने की इच्छा जता दी थी। स्कूल ने यह कहकर उन्हें प्रवेश देने से मना कर दिया कि वे अभी बहुत छोटे हैं। तब विठोबा और उनके पिता ने शिक्षक से विनती की कि भले ही औपचारिक प्रवेश न दिया जाए, फिर भी नारायण को कक्षा में बैठने की अनुमति दे दी जाए। छोटे से बच्चे की पढ़ने की लगन देखकर शिक्षक का मन पिघल गया और उन्होंने दया भाव से उसे कक्षा में बैठने की अनुमति दे दी।

नारायण बचपन में तुतलाते थे और लगभग दस वर्ष की उम्र तक उनकी यह आदत बनी रही। उनकी तुतलाहट सबको बहुत प्यारी लगती थी, क्योंकि उसमें एक अलग ही मिठास थी। जब उनकी माँ स्नेह से पूछतीं, "बापू, तुम क्या खाना चाहते हो," तो वे "वरन भात" कहने के बजाय "येरेन भात" बोलते थे। घर के लोग उन्हें चिढ़ाने के लिए बार बार वही प्रश्न दोहराते और उनकी मीठी बोली सुनकर मुस्कुरा उठते। एक दिन स्कूल से लौटते समय दोनों भाई गाँव के तालाब के किनारे टहल रहे थे। किसी ने फिर उन्हें चिढ़ाया तो नारायण को बहुत

क्रोध आ गया और आवेश में आकर उन्होंने अपनी नई चप्पलें तालाब में फेंक दीं। तब विठोबा को मजबूर होकर तालाब में उतरकर चप्पलें निकालनी पड़ीं, नहीं तो घर पहुँचने पर माँ की डाँट सुननी पड़ती।

जनार्दन के पास एक साइकिल थी, जो उन्हें उनके मित्र पांडुरंग ने उपहार में दी थी। दरजी का काम करने के कारण उन्हें अक्सर कपड़ा लेने और तैयार कपड़े ग्राहकों तक पहुँचाने के लिए गाँवों के बीच आना जाना पड़ता था, इसलिए वह साइकिल उनके लिए किसी संपत्ति से कम नहीं थी। बचपन में नारायण और विठोबा जब अपने खेतों में आम तोड़ने जाते, जहाँ लगभग 60 आम के पेड़ थे, तो कई बार वही साइकिल साथ ले जाते। खेत से लौटते समय एक दिन नारायण ने उत्साह से पूछा, "दादा, क्या यह साइकिल और तेज़ चल सकती है।" विठोबा ने हँसते हुए रफ्तार बढ़ा दी, पर नारायण का जोश उससे भी अधिक था। उन्होंने कहा, "दादा, अब मुझे चलाने दो, मुझे भी एक मौका दो।" विठोबा मान गए और साइकिल नारायण को दे दी।

नारायण पूरे उत्साह के साथ साइकिल दौड़ाने लगे। हवा के साथ दौड़ते हुए उन्हें लगा मानो वे किसी दौड़ में भाग ले रहे हों। तभी अचानक सड़क पर एक गहरा गड्ढा आ गया। संभलने का समय ही नहीं मिला और अगले ही पल दोनों धड़ाम से गिर पड़े। साइकिल भी उलटकर उन पर आ गिरी। कपड़े धूल और कीचड़ से भर गए और दोनों घबराकर एक दूसरे को देखने लगे। डाँट के डर से वे तुरंत पास के तालाब की ओर भागे। वहाँ कपड़े धोए, तपती धूप में सुखाए, फिर पहन लिए और चुपचाप घर लौट आए, जैसे कुछ हुआ ही न हो। यह उनका छोटा सा साहसिक रहस्य था, जिसे दोनों ने वर्षों तक अपने बीच ही सँभालकर रखा। बहुत बाद में विठोबा काका ने मुस्कुराते हुए यह किस्सा मुझे सुनाया, और आज मैं उसे आपको बता रही हूँ।

नारायण और उनके भाइयों की यह आदत थी कि वे हर सुबह अपने माता पिता के चरण स्पर्श करके ही दिन की शुरुआत करते थे। आशीर्वाद लिए बिना वे न कोई काम शुरू करते और न ही भोजन करते थे। एक बार उनके पिता किसी कार्य से दूसरे गाँव गए और रात वहीं रुक गए। अगले दिन बच्चे भूखे ही घर के बाहर बैठे रहे, क्योंकि वे पहले पिता के लौटने का इंतज़ार कर रहे थे ताकि उनके चरण स्पर्श कर सकें। उनकी यह स्थिति देखकर चाचा रामनाथ ने उन्हें समझाया कि वे उनके चाचा हैं और उनका आशीर्वाद लेना भी पिता के आशीर्वाद के समान है। काफी सोच विचार के बाद, जब भूख बहुत बढ़ गई, तब लड़कों ने संकोच के साथ अपने चाचा के चरण स्पर्श किए और आशीर्वाद लेकर ही भोजन किया।

विठोबा काका को यह बात अक्सर याद आती थी कि नारायण बचपन से ही बहुत विचारशील और दयालु स्वभाव के थे। वे हर समय किसी न किसी की सहायता के लिए तत्पर रहते थे। उन्होंने मुझे बताया कि 1928 और 1929 के आसपास जब उनका नया घर बन रहा था, तब बहुत छोटे नारायण, जो उस समय शायद चार वर्ष के रहे होंगे, अपने बड़े भाई के साथ गीली मिट्टी के गोले बनाने में हाथ बँटाते थे। दोनों भाई मिलकर उन मिट्टी के गोलों को उठाकर उस स्थान तक ले जाते, जहाँ कच्चे घर की दीवारें तैयार की जा रही थीं। इतनी छोटी उम्र में भी नारायण का यह सहयोग उनके स्वभाव की सरलता और संवेदनशीलता को दर्शाता था।

काका को यह भी याद था कि उनकी माँ कई बार आँखों में आँसू भरकर एक घटना सुनाया करती थीं। एक बार उन्हें एक खंडी धान को चावल में बदलने का कठिन काम दिया गया था। एक खंडी लगभग 20 मन, यानी करीब 746 किलोग्राम के बराबर होती है। इतना बड़ा काम उन्हें क्यों सौंपा गया, यह स्पष्ट नहीं है। उस समय नारायण उनके पास खड़े रहे। उन्होंने धान को छलनी से छानने और फिर उसे कूटने में अपनी माँ की सहायता की। इतनी कम उम्र में भी वे अपनी माँ के साथ मजबूती से खड़े रहे, मानो उनका हर बोझ अपना ही हो।

विठोबा काका को यह बात भी अच्छी तरह याद थी कि नारायण ने अपनी उच्च शिक्षा के लिए घर से एक पैसा भी नहीं लिया था। 1945 में जब वे पढ़ाई के लिए विदेश गए, तो उन्हें जो छात्रवृत्ति मिली, उसी में से बचत करके वे नियमित रूप से घर पैसे भेजते रहे। एक बार उन्होंने घर के एक हिस्से की मरम्मत के लिए 3000 रुपये भेजे। उन्हीं पैसों से उनके पिता और विठोबा ने घर के प्रवेश द्वार पर एक भव्य फाटक बनवाया, जिसमें सुंदर मेहराब थी। फाटक के भीतर प्रवेश करते ही दोनों ओर बैठने की जगह बनाई गई, जिसे बैठक कहा जाता था। इसी के ऊपर पहली मंज़िल पर कुछ कमरे तैयार किए गए, जिनकी बालकनी में लकड़ी की नक्काशीदार जाली लगी थी। इस पूरे हिस्से को माड़ी कहा जाता था। फाटक और माड़ी के निर्माण पर 2500 रुपये खर्च हुए और 500 रुपये सोना खरीदने में लगाए गए। उस समय सोने की कीमत 25 रुपये प्रति तोला थी, जो लगभग 11.6 ग्राम के बराबर होता है। नारायण ने अपने जनार्दन दादा और विठोबा दादा के लिए 100 तोला चाँदी खरीदने हेतु भी पैसे भेजे। इसमें से 30 तोला चाँदी से प्रत्येक भाई के लिए कमर में पहनने वाला करतोडे बनवाया गया और 20 तोला चाँदी से उनकी भाभियों के लिए हार तथा अन्य आभूषण तैयार

किए गए। उस समय चाँदी की कीमत 8 आने प्रति तोला थी, जब एक रुपये में 16 आने होते थे और एक आने में चार पैसे।

कमल, द्रोपदी, विठोबा, नारायण

विठोबा काका 1949 में इंग्लैंड से नारायण के घर लौटने की घटना को भी बड़े भावुक मन से याद करते थे। उस दिन की स्मृतियाँ उनके शब्दों में आज भी जीवित थीं। उस दिन की वह मार्मिक घटना आगे की कथा में पूरे विस्तार और भाव के साथ आप पढ़ेंगे।

1962 में, जब सरपंच का चुनाव होने वाला था, नारायण कुरुड में थे क्योंकि उनकी माँ की तबीयत ठीक नहीं थी। गाँव में आम तौर पर इस पद के लिए कुनबी जाति का कोई व्यक्ति चुना जाता था, क्योंकि लगभग 5000 लोगों की आबादी में ज़्यादातर कुनबी जाति के लोग थे। नारायण की कड़ी मेहनत और विठोबा की लीडरशिप क्वालिटी की वजह से वह उस साल कुरुड के सरपंच चुने गए।

9

सुलकाबाई

सुलकाबाई गोमाजी और रेणुका की इकलौती बेटी थीं। चार भाइयों के बीच अकेली बहन होने के कारण उन्हें घर में बहुत स्नेह और दुलार मिला। उस समय लड़कियों की शिक्षा पर ध्यान नहीं दिया जाता था और गाँव में उनके लिए कोई स्कूल भी नहीं था। इसलिए सुलकाबाई का अधिकांश समय घर पर ही बीतता था, जहाँ वे परिवार के साथ रहतीं और दिन भर खेलती रहतीं। फिर भी उनके बड़े भाई नारायण ने उन्हें अपना नाम ठीक से लिखना सिखाया, ताकि वे कम से कम पढ़ने लिखने की शुरुआत कर सकें।

सुलकाबाई और नारायण

परिवार की लाड़ली होने के कारण सुलकाबाई से कभी कोई काम नहीं करवाया गया। यदि कभी उन्हें कुछ करने को कहा भी जाता, तो वे मुस्कुराकर मना कर देती थीं और बात वहीं समाप्त हो जाती थी। जैसे जैसे वे बड़ी हुईं, माता पिता को चिंता सताने लगी कि ससुराल में वे कैसे समायोजन करेंगी, क्योंकि उन्होंने घर सँभालने का कोई विशेष कौशल नहीं सीखा था। संयोग से अपने ही विस्तृत परिवार में उनके लिए एक उपयुक्त रिश्ता मिल गया। गोमाजी की चचेरी बहन माडिन , जो हनुवंत पहलवान की बेटी थीं, का विवाह पिंपलगाँव के ज़िंगरू

लांडगे से हुआ था। विवाह के बाद माडिन का नाम रंभा रखा गया। उनके एक पुत्र टिकवडू और एक पुत्री तुकड़ाबाई थीं। जब टिकवडू विवाह योग्य हुए, तब उनका रिश्ता सुलकाबाई से तय कर दिया गया। टिकवडू लांडगे गाँव के कोतवाल थे। उन्हें ज्योतिष और आयुर्वेद का भी अच्छा ज्ञान था और अपने क्षेत्र में वे सम्मानित और लोकप्रिय व्यक्ति माने जाते थे। वे सलीके से कपड़े पहनते, प्रायः काली टोपी, काला कोट और सफेद धोती में दिखाई देते थे। स्वभाव से वे अत्यंत शांत, सहनशील और उदार थे तथा सुलकाबाई के साथ हमेशा स्नेहपूर्ण व्यवहार करते थे। नारायण से भी उनका गहरा लगाव था और जब नारायण आगे की पढ़ाई के लिए लंदन रवाना हुए, तो टिकवडू उन्हें विदा करने बॉम्बे तक गए।

सुलकाबाई के सात बच्चे हुए, जिनके नाम वैजनाथ, धनराज, प्रभाकर, हीरालाल, बाबूराव, सिंधु और शीला थे। वैजनाथ, धनराज और प्रभाकर का बचपन में ही देहांत हो गया था।

सुलकाबाई, जिनका विवाह के बाद नाम सरस्वती रखा गया, अपने भाई नारायण के बहुत निकट थीं। वे उन्हें स्नेह से साहेब दादा कहकर पुकारती थीं। हर रात सोने से पहले वे सबसे पहले अपने साहेब दादा और उनके परिवार की कुशलता के लिए प्रार्थना करतीं, फिर ताराचंद दादा और उनके परिवार के लिए मंगल कामना करतीं, और अंत में अपने बच्चों की भलाई के लिए हाथ जोड़तीं। लांडगे परिवार के पास पर्याप्त ज़मीन थी और आम के अनेक पेड़ भी थे। वहाँ के आम लाडू आम्बा के नाम से प्रसिद्ध थे। गर्मियों में जब आम पककर तोड़ने योग्य हो जाते, तो सुलकाबाई कुछ चुनकर अपनी अटारी में सहेज कर रख देतीं। वे कहतीं कि जब भी उनके साहेब दादा पिंपलगाँव आएँगे, वे ये आम उन्हें देंगी, क्योंकि दिल्ली में ऐसे आम नहीं मिलते हैं।

जब भी नारायण पिंपलगाँव आते, सुलकाबाई अपना घर सजाती और पिंपलगाँव के लोग उनके आने का इंतज़ार करते ताकि वे उन्हें अपने घर बुला सकें।

टिकवडू को अस्थमा की पुरानी तकलीफ़ थी और 1978 में कम उम्र में ही उनका निधन हो गया। उनके जाने के बाद परिवार पर कठिन समय आ गया, तब नारायण और ताराचंद ने आगे बढ़कर न केवल आर्थिक रूप से बल्कि भावनात्मक रूप से भी पूरा सहारा दिया और बच्चों को सही दिशा दी। नारायण ने बाबूराव को एनटीपीसी दिल्ली में स्थायी नौकरी दिलाने में मदद की। हीरालाल ने भी कुछ समय के लिए दिल्ली में काम किया। बाद में दोनों भाई अपनी पुश्तैनी ज़मीन सँभालने के लिए गाँव लौट आए और फिर से खेती में लग गए।

हीरालाल ने अपने चचेरे भाई कमलेश के साथ मिलकर वडसा और कुरूड में स्थापित शैक्षणिक संस्थानों के संचालन में भी योगदान दिया। हीरालाल की दो बेटियाँ विनीता और निधि हैं, जिनका विवाह हो चुका है। उनका एक बेटा नीरज था, जिसका कुछ वर्ष पहले निधन हो गया। बाबूराव की दो बेटियाँ प्रांजलि और सायली तथा एक बेटा ईशान है।

सिंधु का विवाह भगवत वैद से हुआ था और वह अपने परिवार के साथ गोंदिया जिले के कोकना के पास कनेरी में रहती थीं। उनके एक बेटे अभय और दो बेटियाँ पूर्णिमा तथा ज्ञानेश्वरी हैं।

सुलकाबाई की सबसे छोटी बेटी शीला पढ़ाई में तेज थीं। उनकी मामी कमल उके ने दृढ़ता से कहा कि शीला की शिक्षा जारी रहनी चाहिए और उन पर विवाह का कोई दबाव नहीं डाला जाना चाहिए। कमल नियमित रूप से शीला को पत्र लिखती थीं और उन्हें अपनी पढ़ाई पर पूरा ध्यान देने तथा अनावश्यक बातों में समय न गँवाने की सलाह देती थीं। शीला ने नागपुर से अपनी स्नातकोत्तर शिक्षा पूरी की और पढ़ाई के दौरान कॉलेज के छात्रावास में रहीं। उन्हें छात्रावास की गतिविधियों में भाग लेना पसंद था और वे नागपुर की दीक्षाभूमि में आयोजित नाटकों में भी सक्रिय रूप से हिस्सा लेती थीं। स्नातकोत्तर शिक्षा के बाद उनका विवाह दिलीप पाटिल से हुआ, जो सरल, संवेदनशील और उदार स्वभाव के व्यक्ति थे तथा ऑर्डनेंस फैक्ट्रीज़ ऑफ इंडिया में कार्यरत थे। उनके बेटे चेतन, जो पेशे से इंजीनियर हैं, का विवाह आयुषा से हुआ है और वे नागपुर में रहते हैं। उनकी बेटी समृद्धि भी इंजीनियर हैं और पुणे में कार्य कर रही हैं।

10

ताराचंद

ताराचंद गोमाजी और रेणुका के सबसे छोटे पुत्र थे। घर में सबसे छोटे होने के कारण उन्हें भरपूर स्नेह मिला और उनकी इच्छाएँ प्रायः पूरी की जाती थीं। कुरूड में उनकी भाभियाँ पार्वती और द्रौपदी उनसे स्नेह भरे संकोच के साथ पेश आती थीं और यह ध्यान रखती थीं कि उन्हें वही भोजन मिले जो उन्हें पसंद हो। उनकी दाल में शुद्ध घी डाला जाता था और वे प्रायः परिवार के लिए बने साधारण चावल नहीं खाते थे। वे अपने लिए उत्तम गुणवत्ता का चावल माँगते, जो संभवतः लुचई नाम की किस्म थी, जो विदर्भ क्षेत्र में उगाई जाती थी और अब लगभग लुप्त हो चुकी है। जब नारायण हीराकुड बाँध परियोजना में कार्यकारी अभियंता के पद पर कार्यरत थे, तो वे ताराचंद को अपने साथ ले गए, ताकि उनकी पढ़ाई पर ध्यान रख सकें। वहाँ का जीवन, अधिकारियों का क्लब और परियोजना का वातावरण ताराचंद को आकर्षित करता था। कुछ समय बाद वे नागपुर लौट आए और वहीं अपनी पढ़ाई जारी रखी। उनकी शिक्षा, आवास और भोजन का पूरा खर्च नारायण ने उठाया। ताराचंद ने नागपुर से स्नातकोत्तर शिक्षा पूरी की और शिक्षक बने। वे सुधा स्टीफन से विवाह करना चाहते थे, जो एक ईसाई युवती थीं। विवाह के उद्देश्य से दोनों जमशेदपुर गए, जहाँ सुधा की बहन रहती थीं, पर उस समय किसी कारण से विवाह नहीं हो सका। अंततः 13 जनवरी 1961 को नागपुर में उनका विवाह संपन्न हुआ।

ताराचंद काका की स्मरण शक्ति अत्यंत प्रखर थी। उन्हें डायरी लिखने की आदत थी और जो भी घटना उन्हें महत्वपूर्ण लगती, उसे वे तुरंत लिखकर सुरक्षित कर लेते थे। वे अपने नारायण दादा का गहरा सम्मान करते थे। वास्तव में उनके मन में बड़े भाई के लिए श्रद्धा का भाव था और वे जीवन भर उनकी सीख पर चलने का प्रयास करते रहे। जब भी वे नारायण दादा का उल्लेख करते, उनके शब्दों में आदर और स्नेह साफ झलकता था।

बाद में वे वकालत के क्षेत्र में आए और नागपुर हाई कोर्ट में अभ्यास करने लगे। वे नास्तिक विचारों के थे, और शिक्षा की शक्ति में उनका गहरा विश्वास था। वे अपने सभी बच्चों को परिश्रमपूर्वक पढ़ने और स्नातकोत्तर तक शिक्षा प्राप्त करने के लिए प्रेरित करते रहे।

उनके घर का वातावरण पूरी तरह अध्ययन के अनुकूल था। दरवाज़ों के पीछे तक सूत्र और अन्य अध्ययन सामग्री लिखी रहती थी, ताकि बच्चे हर समय पढ़ाई से जुड़े रहें। उनके चार बच्चे हैं, और सभी अपने अपने क्षेत्र में सक्षम हैं। उनकी सबसे बड़ी बेटी संगीता, जिन्हें अर्चना के नाम से भी जाना जाता है, ने नागपुर से इंजीनियरिंग की और बाद में आईआईएम अहमदाबाद से प्रबंधन की पढ़ाई पूरी की। उन्होंने कुछ वर्ष ड्यूश बैंक में काम किया, पर पारिवारिक कारणों से उन्हें नौकरी छोड़नी पड़ी।

संदीप ने अपनी इंजीनियरिंग की पढ़ाई पूरी की और उसके बाद आईआईटी चेन्नई से एम टेक किया। वर्ष 1995 में वे इंडियन सिविल अकाउंट्स सर्विस में चयनित हुए और अब मुंबई में डिपार्टमेंट ऑफ एटॉमिक एनर्जी में चीफ कंट्रोलर ऑफ अकाउंट्स के पद से रिटायर हो गए। समीर ने आरईसी वारंगल से इंजीनियरिंग की और वे इस समय चंद्रपुर में जनरल मैनेजर के पद पर कार्य कर रहे हैं।

स्वर्णा एक चिकित्सक हैं। उन्होंने इंटरनल मेडिसिन में एमडी तथा एंडोक्राइनोलॉजी में डीएम किया है और वर्तमान में अमेरिका के ह्यूस्टन शहर में कार्य कर रही हैं। उनके पति डॉ. राम मूर्ति कांबले भी ह्यूस्टन में एक प्रतिष्ठित ऑन्कोलॉजिस्ट के रूप में कार्यरत हैं।

सुधा और टीजी उके

11

उच्च शिक्षा

अब हम फिर से नारायण की जीवन यात्रा पर लौटते हैं। 1937 में ब्रह्मपुरी से मिडिल स्कूल उत्तीर्ण करने के बाद उन्हें आगे की पढ़ाई के लिए नागपुर जाना पड़ा, जहाँ उन्हें प्रतिष्ठित पटवर्धन हाई स्कूल में प्रवेश मिला। नागपुर उनके लिए एक बड़ा और अनजान शहर था। सीधे गाँव से आए इस किशोर को वहाँ किसी स्थानीय संरक्षक की आवश्यकता थी। परिवार नागपुर में किसी को नहीं जानता था, इसलिए उनके पिता ने चांदा ज़िले के ही एक वरिष्ठ सरकारी अधिकारी श्री दामले से मार्गदर्शन लिया, जो उस समय ब्रिटिश भारत सरकार में कार्यरत थे।

नारायण ने सदर क्षेत्र के मंगलवारी बाज़ार के पास नवी वस्ती में स्थित चोखामेडा छात्रावास में रहना शुरू किया और 1937 से 1940 तक वहीं रहे। नागपुर में उनके मार्गदर्शक, मित्र और प्रेरणास्रोत श्री सखाराम मेश्राम बने, जो उनकी मातृ पक्ष की ओर से संबंधी थे। उसी छात्रावास में उस समय उनके साथ एन. के. तिरपुड़े, पी. जी. गवई, एन. एच. कुंभारे और मनोहर वानखेड़े भी रहते थे। छात्रावास के अधीक्षक मिस्टर मेहता अनुशासन के लिए प्रसिद्ध थे। वे अपनी बात अक्सर "अरे नालायको" कहकर शुरू करते थे, पर भीतर से विद्यार्थियों के हित की चिंता रखते थे। आगे चलकर पी. जी. गवई ने मिस्टर मेहता की बेटी से विवाह किया, आईएएस सेवा में गए और 1975 की आपातकाल अवधि में दिल्ली के लेफ्टिनेंट गवर्नर बने। एन. के. तिरपुड़े महाराष्ट्र के उपमुख्यमंत्री बने। नारायणराव कुंभारे विधायक रहे और उनकी पुत्री सुलेखा कुंभारे 1999 से 2014 तक महाराष्ट्र सरकार में मंत्री रहीं।

चोखामेडा छात्रावास मे बिताया समय नारायण के जीवन के सबसे सुंदर और यादगार दिनों में थे। यह उनके लिए गाँव की सीमित दुनिया से निकलकर शहरी भारत को समझने का एक नया और रोमांचक सफर था। जब वे अपने छोटे से गाँव कुरूड से नागपुर पहुँचे, तो शहर की भव्यता, उसका विस्तार और सजे हुए बड़े बंगले देखकर वे विस्मित रह गए। चौड़ी और चिकनी डामर की सड़कें, व्यवस्थित यातायात, अलग अलग तरह के लोग, उनका

पहनावा और उनका व्यवहार, सब कुछ उनके लिए बिल्कुल नया था। यह वह दुनिया थी, जो अब तक उनकी कल्पना से परे थी।

एक दिन वह अपने मित्र और मार्गदर्शक सखाराम मेश्राम के साथ शहर में टहल रहे थे। तभी उनकी नज़र एक इमारत पर पड़ी, जिस पर बड़े अक्षरों में लिखा था "पैलेस"। गाँव से आए इस नवयुवक को थोड़ी बहुत अंग्रेजी समझ में आती थी। उन्होंने उत्सुकता से सखाराम से पूछा, "भाऊ, क्या यही वह महल है जहाँ भोंसले महाराज रहते हैं।" सखाराम यह सुनकर हँस पड़े और बोले, "अरे नहीं रे। यह कोई राजमहल नहीं है। यह एक थिएटर है। यहाँ लोग टिकट लेकर सिनेमा देखने आते हैं।"

जब नारायण पटवर्धन हाई स्कूल में पढ़ रहे थे, उन दिनों श्री जी टी मेश्राम की बेटियाँ कमल और विमल मेश्राम इंदौरा चौकी से सिविल लाइंस तक तांगे में बैठकर सेंट उर्सुला गर्ल्स स्कूल पढ़ने जाया करती थीं। तांगे के घोड़े की टापों की आवाज़ जैसे ही सड़क पर गूंजती, आसपास के लड़कों में हलचल मच जाती। स्वाभाविक उत्सुकता से वे खिड़की की ओर दौड़ते और गुजरते हुए तांगे में बैठी छात्राओं की एक झलक पाने की कोशिश करते। उस समय श्री जी टी मेश्राम नागपुर म्युनिसिपल कॉर्पोरेशन में सचिव थे, और उनकी बेटी कमल अपनी सुंदरता और सादगी के लिए जानी जाती थीं।

जैसे हर उम्र के बच्चे थोड़ी बहुत शरारत करते ही हैं, वैसे ही चोखामेडा हॉस्टल के ये विद्यार्थी भी मस्ती से भरे रहते थे। हॉस्टल से स्कूल जाते समय एक रेलवे ट्रैक पड़ता था, जिसे शॉर्टकट के लिए पार करना होता था। पटरियों के किनारे तार की बाड़ लगी थी, इसलिए वहाँ से गुजरते समय सावधानी रखना ज़रूरी था। सबसे आगे चलने वाला लड़का दूसरों को सचेत करता, "सावधान, आगे तार है," और सब झुककर संभलते हुए आगे बढ़ते। कभी कभी जब तार खत्म हो जाते और रास्ता बिल्कुल साफ़ होता, तब भी वही लड़का अचानक फिर से चिल्ला देता, "ध्यान से, तार है," और पीछे चल रहे साथी फिर से झुक जाते। जब उन्हें एहसास होता कि वहाँ कोई तार था ही नहीं, तो आगे वाला लड़का ज़ोर से हँस पड़ता और बाकी सब भी उसकी इस मासूम शरारत पर ठहाका लगा देते।

चोखामेडा हॉस्टल में एक रसोइया था, जो छात्रों के लिए भोजन बनाता था। सभी उसे आदर से महाराज कहकर बुलाते थे। वह उत्तर भारत का रहने वाला था। एक दिन दोपहर के भोजन में परोसी गई दाल में किसी छात्र के मुँह में एक कंकड़ आ गया। तभी एक लड़के ने ऊँची आवाज़ में कहा, "महाराज, दाल में खड़ा है।" बस फिर क्या था, भोजन कक्ष ठहाकों

से गूंज उठा। हिंदी में इस वाक्य का अर्थ निकलता था, "महाराज दाल में खड़े हैं," जबकि मराठी में उसका आशय था, "दाल में एक कंकड़ है।" इस भाषा के छोटे से अंतर ने उस दिन के साधारण भोजन को यादगार बना दिया।

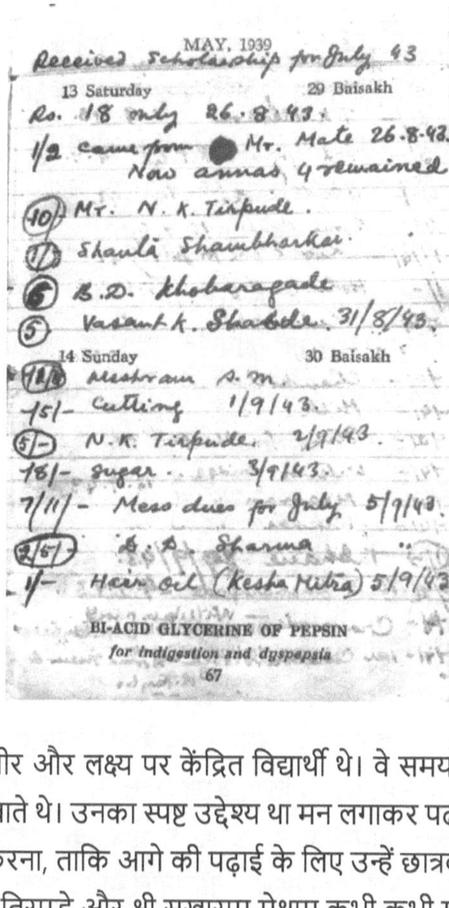

MAY, 1939

Received Scholarship for July 43

13 Saturday — 29 Baisakh

Rs. 18 only 26. 8. 43.

1/2 came from Mr. Mate 26.8.43.

Now annas 4 remained

(10) Mr. N. K. Tirpude.

(1) Shauli Shambharkar.

(6) B.D. Khobaragade

(5) Vasant K. Shabde. 31/8/43.

14 Sunday — 30 Baisakh

(1/8) Meshram S. M.

-/5/- Cutting 1/9/43.

(5/-) N.K. Tirpude. 2/9/43.

-/8/- sugar. 3/9/43.

7/11/- Mess dues for July. 5/9/43.

(2/6/-) S. S. Sharma ..

1/- Hair oil (Kesha Mitra) 5/9/43

BI-ACID GLYCERINE OF PEPSIN

for indigestion and dyspepsia

67

नारायण एक गंभीर और लक्ष्य पर केंद्रित विद्यार्थी थे। वे समय की कीमत समझते थे और उसे व्यर्थ नहीं गंवाते थे। उनका स्पष्ट उद्देश्य था मन लगाकर पढ़ाई करना और हर बार मेरिट में स्थान प्राप्त करना, ताकि आगे की पढ़ाई के लिए उन्हें छात्रवृत्ति मिलती रहे। उनके वरिष्ठ साथी श्री एन के तिरपुडे और श्री सखाराम मेश्राम कभी कभी मजाक में उन पर हँसते और कहते, "ज़रा इसका चेहरा तो देखो, क्या यह पहले दर्जे में पास होने वाला लगता है।" यह सुनकर नारायण चुपचाप और अधिक मेहनत करने लगते। जब 1940 में परिणाम घोषित हुआ, तो सबने देखा कि उन्होंने प्रथम श्रेणी प्राप्त की थी। उस दिन वही वरिष्ठ साथी उनके प्रयास की सराहना कर रहे थे। नारायण स्वयं भी उन्हें आभारी भाव से याद करते थे, क्योंकि उन्हें लगता था कि उनके इन हल्के फुल्के चुनौती भरे शब्दों ने ही उन्हें और दृढ़ संकल्प के साथ पढ़ाई करने की प्रेरणा दी।

मैट्रिक की परीक्षा में नारायण ने केवल प्रथम श्रेणी ही प्राप्त नहीं की, बल्कि पूरे चंद्रपुर ज़िले में सर्वोच्च स्थान भी हासिल किया। वे एक मेधावी छात्र के रूप में पहचाने गए और उत्कृष्ट शैक्षणिक उपलब्धि के लिए उन्हें एन के बेहेरे पदक प्रदान किया गया। साथ ही, आगे की पढ़ाई जारी रखने के लिए उन्हें एक और सरकारी छात्रवृत्ति भी मिली। 1940 में मैट्रिक के बाद उन्होंने विज्ञान विषयों के साथ उच्च शिक्षा प्राप्त करने का निश्चय किया और नागपुर के प्रसिद्ध कॉलेज ऑफ साइंस में प्रवेश लिया, जिसे आज इंस्टिट्यूट ऑफ साइंस के नाम से जाना जाता है। वे परिसर के छात्रावास में रहे और वहाँ भी अपनी मेहनत, अनुशासन और अध्ययन के प्रति समर्पण के कारण एक गंभीर और परिश्रमी विद्यार्थी के रूप में पहचाने गए।

एक रात वे अपने कमरे में देर तक पढ़ाई कर रहे थे। चारों ओर सन्नाटा था। तभी बाहर से अचानक एक आवाज़ आई, "क्यों, पढ़ रहे हो? अकेले ही हो?" यह सुनते ही नारायण घबरा गए। पल भर के लिए उनके मन में ख्याल आया कि कहीं यह कोई भटकती आत्मा तो नहीं। उन्होंने तुरंत अपनी किताबें समेटीं, बत्ती बुझाई और बिस्तर पर जाकर लेट गए। फिर सिर से लेकर पाँव तक खुद को चादर में ढक लिया। उनके मन में यह बालसुलभ विश्वास था कि अगर वे पूरी तरह ढके रहेंगे, तो कोई भूत उन्हें देख नहीं पाएगा और न ही डरा सकेगा!

नारायण केवल पढ़ाई में ही नहीं, खेलकूद में भी आगे थे। वे एक उम्दा खिलाड़ी थे और वॉलीबॉल उनका प्रिय खेल था। कॉलेज की वॉलीबॉल टीम के वे कप्तान रहे। उनकी टीम में श्यामा चरण शुक्ला और विद्या चरण शुक्ला जैसे प्रतिभाशाली खिलाड़ी भी थे, जो आगे चलकर सार्वजनिक जीवन में महत्वपूर्ण पदों पर पहुँचे। उनके पिता पंडित रविशंकर शुक्ला नवंबर 1956 में मध्य प्रदेश के गठन के समय राज्य के पहले मुख्यमंत्री बने थे। नागपुर का प्रसिद्ध रवि भवन उन्हीं के नाम पर है। विद्या चरण शुक्ला बाद में भारत सरकार में कैबिनेट मंत्री बने। शुक्ला बंधु मूलतः रायपुर के थे। 1942 से 1943 के दौरान नारायण की कप्तानी में नागपुर विश्वविद्यालय ने अंतर विश्वविद्यालय वॉलीबॉल प्रतियोगिता जीती थी। वे प्रायः सेंटर की पोजीशन से खेलते थे। उस समय उनके रसायन शास्त्र के प्राध्यापक आर एन बापट टीम के प्रबंधक थे।

नारायण एक दक्ष जिमनास्ट भी थे। वे नियमित रूप से शीर्षासन का अभ्यास करते थे और उस अवस्था में कुछ कदम हाथों के बल भी चल सकते थे। नवी वस्ती के पास एक प्रसिद्ध कैफे जॉन था, जो अपने मटन समोसे के लिए जाना जाता था। कभी कभी वे और उनके मित्र वहाँ समोसे खाने जाया करते थे। कई वर्षों बाद, जब नागपुर में राज्य विधानसभा का शीतकालीन सत्र चल रहा था, तब नारायण ने एन के तिरपुडे से भेंट की, जो उस समय

महाराष्ट्र के उपमुख्यमंत्री थे। तिरपुड़े ने चाय के साथ मटन समोसे मंगवाए और मुस्कराकर पूछा, "उके, क्या तुम्हें याद है, हम इन्हीं समोसों के लिए कैफे जॉन जाया करते थे। यह उन्हीं दिनों की याद में है।"

बहुत मन लगाकर पढ़ाई करने के बावजूद नारायण सामाजिक कार्यों के लिए समय निकाल ही लेते थे। गाँव की पृष्ठभूमि से आने के कारण वे अच्छी तरह समझते थे कि आसपास के ग्रामीण अभी भी शिक्षा और जागरूकता से वंचित हैं। उन्हें लगता था कि जो ज्ञान उन्हें मिला है, उसे बाँटना उनकी ज़िम्मेदारी है। इसलिए छुट्टियों में वे कुरूड और उसके आसपास के गाँवों में जाते, छोटी बैठकों का आयोजन करते और लोगों से सीधे संवाद करते। वे उन्हें शिक्षा का महत्व समझाते, देश में चल रही राजनीतिक और सामाजिक हलचलों के बारे में बताते और यह भी समझाते कि भारत स्वतंत्रता की ओर बढ़ रहा है। वे ग्रामीणों को एकजुट रहने, जागरूक बनने और अपने अधिकारों के प्रति सजग रहने की प्रेरणा देते थे।

Winning Volleyball Team
Standing- G P Sharma, V D Mishra, S C Shukla, Sahir Hussain, E. Joseph, B R Sadani.
Chairs- BP Gour, Prof RN Bapat, N G Uke- Captain, Dr. K. Krishnamurti-Principal, K B Nahar,
Floor- G S Sharma, K K Verma.

नारायण अपने गाँव और आसपास के क्षेत्रों में नई गतिविधियाँ शुरू करने के लिए हमेशा उत्साहित रहते थे। 1943 और 1944 के दौरान उन्होंने ब्रह्मपुरी के नेवजाबाई हितकारिणी स्कूल परिसर में एक खेल प्रतियोगिता आयोजित करने की पहल की। इस आयोजन के लिए आवश्यक धन जुटाने में उन्हें बिहारी कांबले, तुकाराम पंचभाई, दाजी मोटघरे और तुलसीराम मेश्राम का सहयोग मिला। ये सभी उत्साही युवक साइकिल से भंडारा, गोंदिया, गढ़चिरौली, चंद्रपुर और नागपुर तक घूमते, लोगों से मिलते और प्रतियोगिता के लिए सहयोग राशि एकत्र करते थे। यह केवल एक टूर्नामेंट नहीं था, बल्कि युवाओं को संगठित करने और समाज में नई ऊर्जा जगाने का प्रयास भी था।

यद्यपि नारायण नागपुर के प्रसिद्ध कॉलेज ऑफ़ साइंस में पढ़ रहे थे, फिर भी उनके मन की जड़ें खेती से ही जुड़ी रहीं और मैं जब भी उनके बारे में सोचती हूँ, तो उन्हें दिल से एक सच्चे किसान के रूप में ही देखती हूँ। गर्मियों और क्रिसमस की छुट्टियाँ आते ही वे घर लौट आते थे और अपनी माँ, पिता तथा बड़े भाई विठोबा का पूरा साथ देते थे। गर्मियों के दिनों में विठोबा प्रातः चार बजे ही खेतों की ओर निकल जाते थे और अगली फ़सल की तैयारी में लग जाते थे, मिट्टी में खाद मिलाते, खेतों की जुताई करते और बीज बोने योग्य भूमि तैयार करते थे। नारायण हल चलाने में अत्यंत कुशल थे, इसलिए वे भी हर सुबह विठोबा के साथ खेत पहुँच जाते थे और इस कार्य के लिए रखे गए चार सहायकों के साथ मन लगाकर परिश्रम करते थे। कभी कभी भोर की शांत बेला में उन्हें अपने ही खेतों में विश्राम करता हुआ एक बाघ भी दिखाई दे जाता था।

होली के तुरंत बाद महुआ चुनने का समय आ जाता था और महुआ के फूल प्रातः छह बजे से दोपहर एक बजे तक ही सावधानी से इकट्ठे किए जाते थे। परिवार के लगभग सभी सदस्य इस कार्य में साथ देते थे। उनके खेतों में लगभग पैंतीस महुआ के पेड़ और लगभग साठ आम के पेड़ थे, इसलिए उस समय खेतों में विशेष चहल पहल रहती थी। नारायण को महुआ के फूल चुनना बहुत प्रिय था और मैं जब भी यह दृश्य सोचती हूँ, तो उन्हें बड़े मन से झुककर फूल समेटते हुए देख पाती हूँ। फूल इकट्ठे करने के बाद वे सभी अपनी अपनी टोकरियाँ लेकर बाज़ार जाते थे ताकि उन्हें बेच सकें। नारायण को प्रायः अपने फूलों की सबसे अच्छी कीमत मिलती थी, जबकि दूसरी सबसे अधिक कीमत विठोबा की पत्नी द्रौपदी को मिलती थी। यद्यपि अधिकांश लोग दोपहर एक बजे के आसपास खेत से लौट आते थे, फिर भी उनकी माँ रेणुका सब कुछ ठीक प्रकार से समेट लेने के बाद ही लगभग तीन बजे वहाँ से निकलती थीं। घर की बड़ी बहू पार्वती वर्ष 1949 तक रेणुकाबाई के लिए घड़े में आँबिल

लेकर जाती थीं। 1949 के पश्चात, नारायण द्वारा लंदन से लाए गए थर्मस में गरम आँबिल ले जाने लगीं, और यह बात मुझे हमेशा उनके स्नेह और जिम्मेदारी का सुंदर प्रमाण लगती है।

कॉलेज की छुट्टियाँ मिलते ही जब नारायण अपने गाँव लौटते थे, तब वे पूरे उत्साह से रिश्तेदारों से मिलने जुलने में समय बिताते थे और नाटकों तथा समूह नृत्य में भी भाग लेते थे। मुझे यह जानकर सदैव आनंद होता है कि पढ़ाई के साथ साथ वे अपनी सांस्कृतिक रुचियों को भी उतना ही महत्व देते थे। अपने मौसेरे भाई बलिराम हरिभाऊ डोंगरे के साथ वे आसपास के गाँवों में लगने वाले मेलों और जात्रा में जाया करते थे और वहाँ के रंगमंचीय कार्यक्रमों का आनंद लेते थे। वर्ष 1942 में जब बलिराम नागपुर के नॉर्मल स्कूल में प्रशिक्षण ले रहे थे, तभी दोनों के बीच गहरी मित्रता स्थापित हो गई थी। बलिराम और उनका परिवार चालना बकाटी नामक गाँव में रहता था, जो कुरुड से लगभग तीन किलोमीटर की दूरी पर स्थित था।

नारायण स्वभाव से अत्यंत दयालु और करुणामय थे, और मैं जब उनके जीवन की बात करती हूँ तो उनके भीतर की उदारता सबसे पहले स्मरण आती है। यदि कोई उनसे कुछ भी माँग लेता, तो वे बिना विलंब किए उसे दे देते थे। कॉलेज के दिनों में एक बार सर्दियों के समय एक निर्धन व्यक्ति ने उनसे पुराने कपड़ों की मांग की। यह सुनते ही नारायण ने क्षण भर भी विचार नहीं किया और अपनी नई टसर की शॉल उसी व्यक्ति को सौंप दी। बाद में जब वे अवकाश में घर पहुँचे, तो उनके पिता ने उनसे शॉल के विषय में पूछा। तब उन्होंने सरलता से उत्तर दिया कि वह शॉल उन्होंने एक जरूरतमंद व्यक्ति को दे दी है।

वर्ष 1942 में नारायण ने भारत छोड़ो आंदोलन में भाग लिया, क्योंकि उस समय गांधीजी स्वयं हॉस्टल आए थे और उन्होंने सभी विद्यार्थियों से इस आंदोलन में सम्मिलित होने का आह्वान किया था। मैं सोचती हूँ कि उनके भीतर देश के प्रति कितनी गहरी भावना रही होगी, जो उन्होंने पढ़ाई के साथ साथ राष्ट्रीय कर्तव्य को भी उतना ही महत्व दिया। उसी वर्ष वे अपनी कक्षा में प्रथम स्थान पर आए थे, किंतु उन्हें बेहेरा मेडल प्रदान नहीं किया गया, क्योंकि वह पुरस्कार केवल आर्ट्स के विद्यार्थियों के लिए निर्धारित था और नारायण ने उस समय विज्ञान विषय चुन लिया था।

नारायण को पूरा विश्वास था कि उन्हें स्नातक में प्रथम श्रेणी प्राप्त होगी, परंतु परिणाम आने पर उन्हें 59.9 प्रतिशत अंक मिले, जो प्रथम श्रेणी से केवल थोड़ा ही कम थे। यह अंतर बहुत छोटा था, फिर भी उस समय के नियमों के अनुसार वह प्रथम श्रेणी में नहीं गिने गए।

उनके विषय शुद्ध गणित, अनुप्रयुक्त गणित, भौतिकी, अंग्रेज़ी और मराठी रचना थे। वे ब्रिटिश शासन के दिन थे, और उस समय ब्रिटिश सरकार ने पूरे भारत से दो सौ योग्य विद्यार्थियों को इंग्लैंड में उच्च शिक्षा के लिए छात्रवृत्ति देने की घोषणा की थी। इस छात्रवृत्ति के लिए केवल वही स्नातक पात्र माने जाते थे जो प्रथम श्रेणी में उत्तीर्ण हुए हों। इसलिए यह अवसर हाथ से निकल जाने के कारण नारायण अत्यंत दुखी और निराश हो गए थे, और मैं जब इस प्रसंग को याद करती हूँ तो उनके मन की पीड़ा सहज ही महसूस कर पाती हूँ। जब दिल्ली में सरकारी चयन समिति ने छात्रवृत्ति हेतु विद्यार्थियों का साक्षात्कार लिया, तब उन्होंने नारायण को भी बुलाया और उनके 59.9 प्रतिशत अंकों को प्रथम श्रेणी के समकक्ष मान लिया। जैसा अपेक्षित था, नारायण चयनित हो गए और उन्हें लंदन में इंजीनियरिंग की पढ़ाई के लिए गवर्नमेंट ऑफ ब्रिटिश इंडिया की छात्रवृत्ति प्रदान की गई, जो उनके परिश्रम और प्रतिभा का सच्चा सम्मान था।

12

लंदन के लिए चयन

नारायण को यह जानकर बहुत खुशी हुई कि उन्हें उच्च शिक्षा के लिए यूनाइटेड किंगडम जाने हेतु चुना गया है। वे चांदा जिले के पहले विद्यार्थी थे जिन्हें यह अवसर मिला, और यह बात उनके लिए और भी गर्व की थी कि उन्होंने यह छात्रवृत्ति अपनी योग्यता के बल पर प्राप्त की थी। ब्रिटिश इंडिया सरकार ने उन्हें सामान्य श्रेणी के अभ्यर्थी के रूप में चुना था। यह सुखद समाचार वे अपने माता पिता को स्वयं देना चाहते थे, इसलिए वे तुरंत कुरुड गए और उन्हें अपनी सफलता के बारे में बताया।

जब उनके पिता गोमाजी ने उनके चयन के विषय में सुना, तो वे व्याकुल हो उठे। उन्होंने स्नेह और चिंता से भरे स्वर में कहा, "नहीं बापू, तुम मत जाओ। लंदन बहुत दूर है और तुम्हें पूरे तीन वर्ष वहाँ रहना होगा। यदि तुम्हें कुछ हो गया तो हमें कैसे पता चलेगा, और यदि हमारे साथ कुछ हो गया तो तुम्हें इसकी खबर भी नहीं मिल पाएगी।"

नारायण ने शांत किंतु दृढ़ स्वर में कहा, "बाबा, मेरा चयन हुआ है, जो अपने आप में एक दुर्लभ उपलब्धि है। मैं आगे पढ़ना चाहता हूँ, इसलिए मुझे जाना ही होगा।" यह सुनकर उनके पिता ने समझाने का प्रयास किया। उन्होंने कहा, "देखो बेटा, जब मैंने शुरुआत की थी तब मेरे पास केवल दो बैल थे। धीरे धीरे परिश्रम से मैंने अपनी स्थिति सुधारी और आज मेरे पास दस बैल हैं। मैं अनपढ़ होकर भी आगे बढ़ गया। तुम एक समृद्ध किसान के बेटे हो, पढ़ लिखकर स्नातक बन गए हो। अब तुम तहसीलदार बन सकते हो, तुम्हें और क्या चाहिए। यदि किसान का बेटा तहसीलदार बन सकता है तो उसके बच्चे उससे भी आगे बढ़ सकते हैं। इतनी दूर मत जाओ।"

परंतु नारायण अपने विचारों पर अडिग रहे। उन्होंने आदरपूर्वक उत्तर दिया, "नहीं बाबा, जब मेरा चयन हो चुका है तो मुझे यह अवसर स्वीकार करना ही चाहिए। मेरी पढ़ाई या पद मेरे बच्चों को आगे नहीं बढ़ाएंगे। जीवन में हर व्यक्ति को अपनी राह स्वयं बनानी होती है। किसी का पद या प्रतिष्ठा उसके बच्चों की सफलता की गारंटी नहीं होती। महात्मा गांधी के पुत्रों को उनके नाम से विशेष लाभ नहीं मिला, डॉ. अंबेडकर के पुत्र को भी उनकी स्थिति से

कोई विशेष लाभ नहीं हुआ, और शिवाजी महाराज के पुत्र संभाजी को भी केवल अपने पिता के कारण सफलता नहीं मिली। हर किसी को अपने कर्म से आगे बढ़ना पड़ता है। मैं जहाँ हूँ वहीं ठहर नहीं सकता। मुझे पढ़ना है और इस अवसर का पूरा उपयोग करना है।"

तब गोमाजी ने चिंता भरे स्वर में कहा, "तुम इतनी दूर जा रहे हो। यदि तुम्हें कुछ हो गया तो हम क्या करेंगे। रास्ते में दुर्घटनाएँ हो जाती हैं। कभी जहाज़ डूब जाते हैं, कभी विमान गिर सकता है और उसमें बैठे लोग मारे जा सकते हैं। यह बहुत खतरनाक है। कृपया इस बारे में अच्छी तरह सोचो और मत जाओ।"

नारायण ने शांत और दृढ़ स्वर में कहा, "बाबा, मृत्यु की चिंता मत कीजिए। यह तो केवल एक शरीर है, और एक दिन हम सबको इसे छोड़ना ही है। इसलिए आप व्यर्थ चिंता न करें।"

जब उनकी हर सलाह बेअसर रही, तो गोमाजी ने आगे बहस करना छोड़ दिया और शांत होकर बोले, "ठीक है, यदि तुम्हें जाना ही है तो एक बात हमेशा याद रखना कि अपनी पढ़ाई पूरी करके ही लौटना। जब जाने की तैयारी करो तो यह ध्यान रहे कि तुम्हारी ट्रेन न छूटे और पीछे मुड़कर मत देखना। ट्रेन में चढ़ते समय यदि कोई यह भी कह दे कि मैं नहीं रहा, तब भी तुम वापस मत आना, अपने रास्ते पर बढ़ते रहना। जैसे राजा दशरथ के देहांत के बाद भी राम अयोध्या नहीं लौटे थे, वैसे ही तुम्हें भी अपनी शिक्षा पूरी करने का अटल संकल्प बनाए रखना चाहिए।"

नारायण ने अंततः अपने पिता की बात स्वीकार की और उनको वचन दिया कि यदि कभी उन्हें यह समाचार भी मिल जाए कि उनके पिता नहीं रहे, तब भी वे अपनी पढ़ाई अधूरी छोड़कर वापस नहीं आएँगे। उन्होंने दृढ़ निश्चय के साथ यह प्रतिज्ञा की कि वे अपने लक्ष्य से पीछे नहीं हटेंगे।

नारायण का विदेश में पढ़ाई के लिए चुना जाना पूरे जिले के लिए अत्यंत गर्व का विषय बन गया। सात समंदर पार जाकर शिक्षा प्राप्त करना उस समय सचमुच बहुत बड़ी बात मानी जाती थी। जैसे ही यह समाचार फैला कि नारायण का चयन हो गया है, दूर दूर के गाँवों से, बल्कि पूरे जिले से लोग कुरुड के उस छोटे से गाँव में उन्हें और उनके पिता को बधाई देने आने लगे। उन दिनों शिक्षा प्राप्त करना ही कठिन था, और विदेश जाकर पढ़ाई करना तो और भी अधिक चुनौतीपूर्ण माना जाता था। इसलिए हर व्यक्ति उस युवक को देखना चाहता था, जिसने अपनी योग्यता और परिश्रम से इतना बड़ा अवसर प्राप्त किया था।

बैठे हुए - जनार्दन, गोमाजी, विठोबा और नारायण
खड़े हुए - पार्वती, द्रोपदी, रेणुका, ताराचंद

उस समय इन क्षेत्रों में किसी के विदेश जाकर शिक्षा प्राप्त करने की कोई मिसाल नहीं थी। इसलिए गाँव, पास के गाँवों और पूरे जिले के लोग गोमाजी से इस विषय में सीधे प्रश्न करते थे।

नारायण की इस बड़ी सफलता पर गोमाजी और पूरे जिले के लोगों को गहरा गर्व था। सभी को उससे बहुत आशाएँ थीं।

कुछ दिनों बाद गोमाजी ने नारायण से दोबारा पूछा, "लोग मुझसे बार बार जानना चाहते हैं कि क्या तुम पढ़ाई के लिए विदेश जा रहे हो। साफ बताओ, क्या तुम सचमुच जाने वाले हो?"

नारायण ने शांत स्वर में उत्तर दिया, "हाँ बाबा, मैं सचमुच जा रहा हूँ।"

गोमाजी ने अंत में कहा, "जाओ बेटा, मन लगाकर पढ़ाई करना। हमें तुमसे बहुत आशाएँ हैं। पूरे जिले को तुम पर गर्व है।" इसके बाद कुरुड और आसपास के गाँवों के कई लोगों ने नारायण को मराठी परंपरा के अनुसार 'पाहुनचार" नामक विदाई भोज पर आमंत्रित किया। नारायण ने कुछ निमंत्रण स्वीकार किए और कुछ स्थानों पर नहीं जा सके। ज़ेलुबाई बराडे, जो उनकी माँ रेणुका की घनिष्ठ सखी थीं, उन्होंने भी उन्हें अपने घर बुलाया। उस समय समाज में जाति भेद का कठोर पालन होता था और ज़ेलुबाई पिछड़े वर्ग से थीं। तब नारायण ने स्पष्ट कहा, "मैं आपके घर तभी आऊँगा जब आप मुझे उसी थाली में भोजन परोसेंगी जिसमें आप स्वयं खाती हैं और आपका परिवार भी मेरे साथ बैठकर भोजन करेगा।"

ज़ेलूबाई ने आदर से कहा, "बापू, आप मेरे घर अवश्य आइए। मैं आपको अपने परिवार में सबसे अधिक सम्मान दूँगी। आपको मेरा आतिथ्य स्वीकार करना ही होगा।" नारायण ने उनका निमंत्रण स्वीकार कर लिया। उस समय गाँव के वातावरण में यह एक साहसी और असाधारण कदम था, क्योंकि उन्होंने जाति की प्रचलित सीमाओं को तोड़ा था और इसके कारण उन्हें अपने ही समाज में विरोध या अलगाव का सामना करना पड़ सकता था।

नारायण आगे की यात्रा की तैयारी में जुट गए। उन्होंने अपने टिकट, वीज़ा, पासपोर्ट, कपड़ों और आवश्यक धन की व्यवस्था की। कुछ ही समय में छात्रवृत्ति की राशि भी मिल गई और फिर वे कुरुड से लंदन के लिए रवाना हो गए। उनके प्रस्थान के समय आसपास के गाँवों के साथ साथ चांदा जिले के शहर से भी अनेक लोग उन्हें विदा करने आए। ऐसी भव्य विदाई पहले कभी नहीं देखी गई थी। गोमाजी ने गाँव के लोगों और उन सभी व्यक्तियों के लिए एक बड़ा भोजन आयोजित किया, जो इस युवक को उसकी पढ़ाई के लिए शुभकामनाएँ देने आए थे। जिन लोगों ने जाति संबंधी कारणों से दावत में सम्मिलित होना उचित नहीं समझा, उनके घरों तक भोजन सामग्री भिजवा दी गई। सब लोग वडसा स्टेशन पहुँचे, जहाँ से उनकी लंबी और कठिन यात्रा आरंभ होने वाली थी। वहाँ से उन्हें पहले नागभीड़ और फिर नागपुर जाने के लिए नैरो गेज रेलगाड़ी पकड़नी थी। लगभग पचास लोग उनके साथ ट्रेन में चढ़े, ताकि उन्हें ब्रह्मपुरी या नागभीड़ तक विदा कर सकें। यात्रा के दौरान वे भजन गाते रहे। टिकट कलेक्टर ने किसी से टिकट नहीं माँगा, क्योंकि वे सबकी भावनाएँ समझ रहे थे। वह क्षण टिकट कलेक्टर सहित सभी उपस्थित लोगों के लिए गर्व से भरा हुआ था।

नागपुर से उन्हें मुम्बई जाना था, जहाँ से एक जहाज़ द्वारा उन्हें समुद्र पार उस दूर देश के लिए रवाना होना था, जिसे वहाँ उपस्थित किसी ने भी कभी देखा नहीं था। यह विदाई पूरे तीन वर्षों के लिए थी, क्योंकि ऐसी कोई संभावना नहीं थी कि वह युवा छात्र अपनी पढ़ाई पूरी होने से पहले अपने माता पिता से मिलने घर लौट पाएगा।

PASSPORT
PASSPORT.
PASSEPORT.
EMPIRE OF INDIA
British subject by birth

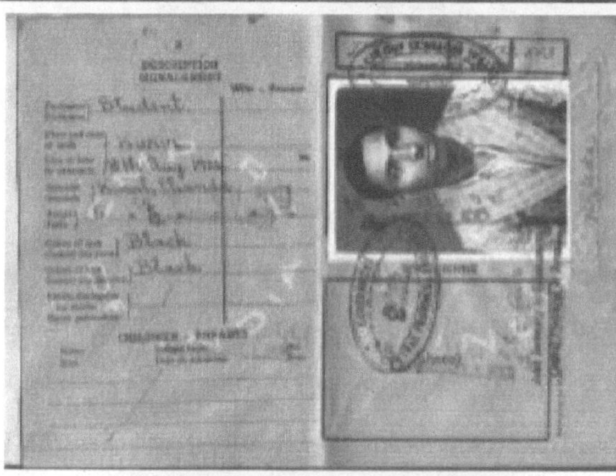

Passport

13

लंदन की मेरी यात्रा

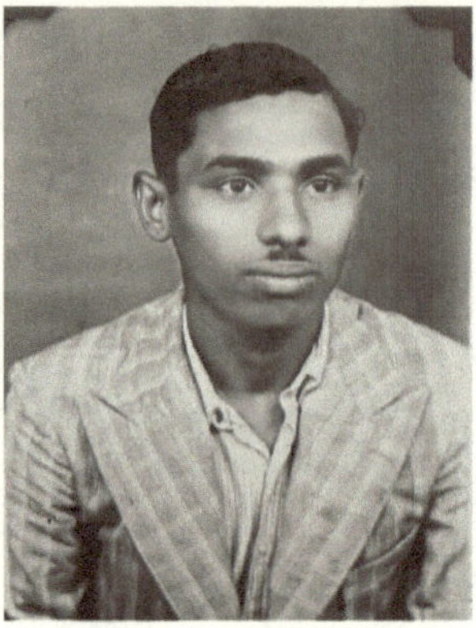

अगले दिन जब मैं अपने पुश्तैनी घर में घूम रही थी, तो मुझे एक बहुत पुरानी पॉकेट डायरी मिली। वह गहरे नीले रंग की थी और आसानी से शर्ट की जेब में आ जाती थी। यह वही डायरी थी, जो युवा नारायण ने लंदन जाने से पहले लिखी थी और उस पर वर्ष 1945 अंकित था। उस छोटी सी डायरी मे लिखा हर शब्द मेरे लिए किसी अनमोल धरोहर से कम नहीं था।

मैंने डायरी खोली और उन शब्दों को देखा, जो बहुत कम स्थान में सहेजे गए थे। छोटे छोटे पन्नों पर अनेक भावनाएँ समाई हुई थीं। उस समय साधन सीमित थे, धन कम था, पर मन में उमड़ती संवेदनाएँ अपार थीं, और उन्हें व्यक्त करने के लिए भाषा ही सबसे सुलभ सहारा थी। शब्द जैसे स्वयं उतरते गए और उन पन्नों को इतिहास से भरते गए। वह इतिहास जैसा घटित हुआ, वैसा आँखों के सामने उभरा और धीरे धीरे आकार लेता गया।

डायरी के आरंभिक पन्नों में लंदन की लंबी यात्रा की तैयारी के लिए बॉम्बे में खरीदे गए सामान पर हुए खर्च का विवरण लिखा था। बड़े सादे ढंग से प्रत्येक खर्च दर्ज किया गया था। यह उसी डायरी का एक पन्ना है, जिसमें वर्ष 1945 में मुम्बई यात्रा के दौरान किए गए व्यय का लेखा है। राशि रुपया, आना और पैसे में लिखी गई है। उस समय एक रुपये में सोलह आने होते थे और एक आने में चार पैसे गिने जाते थे।

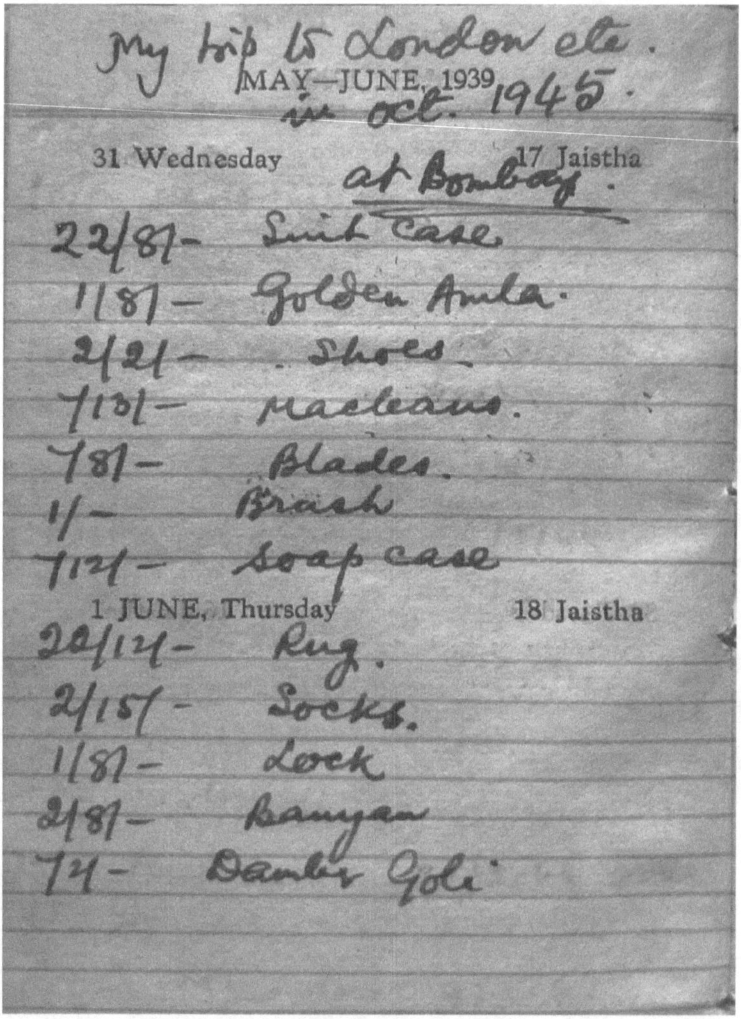

My trip to London etc.
MAY—JUNE, 1939
in Oct. 1945.

31 Wednesday 17 Jaistha

at Bombay.

22/8/- Suit case
1/8/- Golden Amla.
2/2/- Shoes.
/13/- Macleans.
/8/- Blades.
1/- Brush
/12/- Soap case

1 JUNE, Thursday 18 Jaistha

20/12/- Rug.
2/15/- Socks.
1/8/- Lock
2/8/- Banyan
/4/- Damber Goli

नारायण ने इस विदेश यात्रा पर जो सीमित खर्च किया था, उसका इतना सावधानी से लिखा गया विवरण देखकर मुझे बहुत प्रसन्नता हुई। हर छोटी राशि का हिसाब दर्ज था। सचमुच वह समय अलग था, साधन कम थे और आवश्यकताएँ भी बहुत साधारण थीं।

अब जो शब्द आप पढ़ने जा रहे हैं, वे सीधे नारायण की उसी डायरी से लिए गए हैं।

कुरुड से प्रस्थान

मैंने 28 सितंबर 1945 को अपने गाँव कुरुड से विदा ली। कुरुड और वडसा के लगभग सभी लोग मुझे छोड़ने वडसा स्टेशन तक आए थे। वहाँ छोटे बच्चे, युवक, अधेड़ और बुजुर्ग सभी उपस्थित थे, और अनेक महिलाएँ भी आई थीं। ब्रह्मपुरी तक भजन मंडली लगातार भजन गाती रही। ब्रह्मपुरी स्टेशन पर दृश्य अत्यंत भावुक था और कई लोगों की आँखों में आँसू थे। श्री नागदिवे और श्री सदाशिव जयराम भी रो रहे थे। नागपुर पहुँचने पर श्री बी.आर. पाटिल ने सबको भोजन पर आमंत्रित किया था। चोखामेडा हॉस्टल में उन्होंने मुझे पान सुपारी देकर सम्मानित करने का कार्यक्रम रखा। उस दिन नागपुर स्टेशन पर बहुत भीड़ थी। मेरे माता पिता, सुलकाबाई मेरी बहन, श्री और श्रीमती चाहंडे, रामटेके, नागदावने, दामले, मेश्राम, तिरपुड़े, माटे और माटे के माता पिता सभी मुझे विदा करने आए थे। केवल डहाट और शेंडे उपस्थित नहीं थे।

शेंडे ने मेरे लिए संतरे भिजवाए थे। कई लोगों ने मुझे मालाएँ पहनाईं। उसी डिब्बे में महार रेजिमेंट के कुछ सैनिक भी यात्रा कर रहे थे और उनसे हमारी अच्छी पहचान हो गई। आगे चलकर जब ट्रेन ने एक नदी पार की, तो मुझे जो मालाएँ पहनाई गई थीं, वे सब मैंने बहते पानी में प्रवाहित कर दीं। रात लगभग ग्यारह बजे जब हम अकोला पहुँचे, तो वहाँ भी कुछ लोग मुझे मिलने आए और उन्होंने फिर से मालाएँ पहनाईं। श्री पडस पगार तथा कुछ अन्य लोग भी वहाँ उपस्थित थे।

हम 1 अक्टूबर को लगभग ग्यारह से बारह बजे के बीच मुम्बई पहुँचे। फोर्ट इलाके में स्थित नृसिंह लॉज की तीसरी मंजिल पर हमने ठहरने की व्यवस्था की। वहाँ प्रत्येक व्यक्ति को प्रतिदिन तीन रुपये देने पड़ते थे। हम 4 अक्टूबर तक वहीं रहे। इस दौरान मेरे मौसेरे भाई धोंडू भाऊ, मेरे बड़े भाई जनार्दन, मेरे मित्र बी डी खोबरागड़े और मैंने मिलकर मुंबई देखने का प्रयास किया। उस समय हिंदू मुस्लिम दंगे चल रहे थे, इसलिए हम अधिक स्थानों पर नहीं जा सके। हम डॉ. अंबेडकर की लाइब्रेरी देखने गए और उनके समाचार पत्रों की कतरनों का पूरा संग्रह देखा। वहीं मेरा परिचय श्री मुकंदराव अंबेडकर, श्री इज़ीकील और श्री वडवलकर से हुआ।

4 तारीख की सुबह जब मैं जहाज़ पर सवार होने के लिए निकला, तब श्री खोबरागड़े, श्री सांता डोसा और श्री कुरैशी ने मुझे मालाएँ पहनाकर विदा किया। मेरे मौसेरे भाई धोंडू भाऊ की आँखें नम थीं। उन्हें जहाज़ के डेक तक आने की अनुमति नहीं दी गई थी।

यात्रा प्रारंभ

4 अक्टूबर को दोपहर लगभग एक से दो बजे के बीच हम "जॉर्जिया नामक जहाज़ पर सवार हुए। हमें सेक्शन डी 5 के टूप डेक पर ठहरने की जगह मिली। भोजन की व्यवस्था तो थी, पर खाना बहुत खराब था। हमें अपनी प्लेटें स्वयं साफ करनी पड़ती थीं और शौचालय भी साफ करना होता था। कुछ चीनी विद्यार्थी यह काम करने के लिए तैयार थे, लेकिन कुछ रूढ़िवादी हिंदू विद्यार्थियों ने शौचालय साफ करने से इंकार कर दिया। उन्हीं में से किसी ने जहाज़ के कैप्टन को एक गुमनाम पत्र भेज दिया।

5 अक्टूबर की सुबह लगभग साढ़े नौ बजे कैप्टन ने आदेश दिया कि डेक 5 के सभी लोग तुरंत जहाज़ से उतर जाएँ। यह सुनकर मुझे बहुत दुःख हुआ। मैं, श्री अवाडे, श्री कदम, श्री गायकवाड़ और श्री मेघाजी कांबले से मिलने गया और सुझाव दिया कि हम सब एक प्रतिनिधि मंडल बनाकर कैप्टन से बात करें, ताकि हम अपनी यात्रा जारी रख सकें। मैंने उन्हें समझाया कि पढ़ाई के लिए हमें हर कठिनाई सहनी चाहिए। पर उन्होंने कहा कि कैप्टन इस विषय पर चर्चा नहीं करेंगे। अंततः हम सबको जहाज़ से उतरना पड़ा।

बाद में विद्यार्थियों की एक बैठक हुई। कई छात्रों ने एक निवेदन पत्र पर हस्ताक्षर किए, जिसमें लिखा था कि हम हमें दिए गए सभी कार्य करने को तैयार हैं। फिर भी हमें उसी जहाज़ पर दोबारा चढ़ने की अनुमति नहीं मिली। अंत में डिप्टी सिविल पैसेज कंट्रोलर और सी ट्रांसपोर्टेशन अधिकारी की सहायता से हमें दूसरे जहाज़ से भेजने की व्यवस्था की गई।

4 अक्टूबर को जहाज़ से उतार दिए जाने के बाद मैं अपने भाइयों और जीजा को खोजने के लिए फिर से नृसिंह लॉज पहुँचा, पर वे वहाँ नहीं मिले। तब मैंने अपने भाई के नाम एक पत्र लिखा और उसके बाद दोबारा जहाज़ पर लौट गया।

पहला दिन

हमें सूचना दी गई कि अब हमें "ओरियन" नामक जहाज़ से लंदन जाना होगा। 5 अक्टूबर की सुबह लगभग छह बजे हम ओरियन पर सवार हुए। उस जहाज़ में लगभग 275 विद्यार्थी थे, जिनमें 56 चीनी छात्र भी शामिल थे। चार छात्र जहाज़ पर नहीं आए। शनिवार 6 अक्टूबर को अंततः जहाज़ ने चलना शुरू किया। वास्तव में 6 अक्टूबर 1945 की सुबह लगभग ग्यारह बजे हमने मुंबई और अपने देश का तट छोड़ा, और कुछ ही समय में जहाज़ ने तेज गति पकड़ ली। ओरियन में भोजन की व्यवस्था और डेक डी पर रहने की सुविधा पहले वाले जहाज़ जॉर्जीक से बेहतर थी। यह जहाज़ अधिक तेज भी था, इसलिए यात्रा के दौरान हमने दो अन्य जहाज़ों को पीछे छोड़ दिया। जॉर्जीक भी पीछे रह गया और केप टाउन की दिशा में आगे बढ़ गया। ओरियन से यात्रा कर पाना हमारे लिए सचमुच संतोष की बात थी।

दूसरा दिन

7 अक्टूबर को, जब हम लगभग पाँच सौ मील दूर समुद्र के बीच थे, तब मैंने खोबरागड़े और अन्य लोगों द्वारा दी गई मालाएँ समुद्र को अर्पित कर दीं। चारों ओर दृष्टि डालने पर केवल जल ही जल और ऊपर विस्तृत आकाश दिखाई देता था, इसके अतिरिक्त कुछ भी नहीं।

समुद्र का रंग अत्यंत गहरा नीला और मन को मोह लेने वाला था। दिन में सूर्य और रात में चाँद जैसे हमारे साथ साथ चल रहे थे। हमने अनेक छोटी उड़ने वाली मछलियाँ देखीं, जो पानी से बाहर निकलकर कुछ दूर तक हवा में तैरती हुई आगे बढ़ जाती थीं। साथ ही मछलियों के बड़े समूह भी दिखाई देते थे, जो एक साथ पानी से ऊँची छलाँग लगाते थे। ये उड़ने वाली मछलियाँ लगभग एक फर्लांग तक जा सकती हैं और देखने में छोटी चिड़ियों जैसी प्रतीत होती हैं।

तीसरा दिन

सोमवार 8 अक्टूबर को हमें कुछ पक्षी दिखाई दिए। श्री कदम 7 तारीख से ही अस्वस्थ थे और 8 तारीख को श्री अवाडे तथा मुझे भी कमजोरी और उलझन महसूस होने लगी। जहाज़ पर मिलने वाला भोजन हमारे लिए बिल्कुल अलग था। सुबह आठ बजे नाश्ता दिया जाता है, दोपहर एक बजे भोजन, शाम साढ़े चार बजे चाय और रात सात बजे फिर भोजन मिलता है। हर बार डबल रोटी दी जाती है। सब्ज़ी में न मिर्च होती है और नमक भी बहुत कम रहता है। चाय में भी चीनी लगभग नहीं के बराबर होती है। मेरे मन में यह विचार आता है कि यदि सूखी ज्वार की रोटी मिल जाए, तो कितना अच्छा लगे। शौचालय भी पाश्चात्य ढंग के हैं और पानी के स्थान पर कागज (टॉयलेट पेपर) का उपयोग करना पड़ता है।

समुद्र का जल इतना आकर्षक और स्वच्छ दिखाई देता है कि उसमें उतरकर तैरने की इच्छा होने लगती है। जहाज़ की गति लगभग चौबीस नॉट है, अर्थात लगभग छब्बीस या सत्ताईस मील प्रति घंटा। यह बेचारा जहाज़ बिना रुके लगातार आगे बढ़ता जा रहा है, मानो उसे विश्राम का अवसर ही न हो। समुद्र में हमारा यह तीसरा दिन है, फिर भी दूर तक कहीं भी धरती का कोई किनारा दिखाई नहीं देता।

अदन और मुंबई के बीच की दूरी लगभग 1663 मील है और संभव है कि आज हम अदन पहुँच जाएँ। यह जहाज़ शायद केवल पोर्ट सईद या फिर जिब्राल्टर पर ही रुके। आज मेरी मुलाकात पंजाब के श्री कलोटा से हुई। वे हमारे ही समूह के हैं, मजबूत कद काठी के और आत्मविश्वास से भरे हुए। लगता है वे एम ए बी टी होंगे। हम सब डेक पर ही सोते हैं। अनुमान है कि लगभग सोलह दिनों में हम अपनी मंजिल तक पहुँच जाएँगे। यह जहाज़ तेज गति से चल रहा है और कहा जा रहा है कि यह एक नया रिकॉर्ड बना सकता है। अब हममें से किसी को भी समुद्री बीमारी नहीं रही। हम अभी भी अरब सागर में यात्रा कर रहे हैं। कुछ हिंदू विद्यार्थियों के पुराने विचारों के कारण हमें कठिनाइयों का सामना करना पड़ा, क्योंकि

वे अपनी प्लेटें तक साफ़ नहीं करना चाहते और शौचालय साफ़ करना तो बिल्कुल स्वीकार नहीं करते। हमारे समूह में लगभग सात विद्यार्थी हैं, जिनमें से छह टी डी की पढ़ाई करेंगे।

मैं मैकेनिकल इंजीनियरिंग की पढ़ाई करूँगा। कल हमने अपने पासपोर्ट जहाज़ के परसर के पास जमा कर दिया। मेरा डिपॉज़िट नंबर 6605 है और मेरा लेटर नंबर 260 है।

चौथा दिन

9 अक्टूबर को हम सब ज़मीन की झलक देखने के लिए उत्सुक थे। दिन भर अनेक पक्षी दिखाई दिए, पर धरती का कोई निशान नहीं मिला। शाम होते होते दूर कहीं पहाड़ियाँ नजर आईं। कुछ देर बाद दाईं ओर अरब का तट और बाईं ओर अफ्रीका का किनारा दिखाई देने लगा। वे पहाड़ियाँ अत्यंत मनोहर लग रही थीं। लगातार चार दिनों तक केवल पानी और आकाश ही देखा था, इसलिए आज भूमि का दृश्य देखकर मन प्रसन्न हो गया। अनुमान है कि अरब और अफ्रीका के बीच की दूरी लगभग दो से चार मील होगी। दाईं ओर दो जहाज़ और बाईं ओर दो जहाज़ बंदरगाह से दूर जाते हुए दिखे। हमने एक पनडुब्बी भी देखी। आज धरती का दर्शन करके सच में बहुत अच्छा लगा। हम अदन के निकट पहुँच चुके हैं।

पाँचवाँ दिन

10 तारीख को मैंने कुछ पत्र लिखे और उन्हें जहाज़ के एक अधिकारी को सौंप दिया। भारत और अमेरिका भेजे जाने वाले पत्रों पर डाक शुल्क छह पेंस ही था। 11 अक्टूबर को हमें सामने से आते हुए चौदह छोटे स्टीमर का एक समूह दिखाई दिया, जो विपरीत दिशा में जा रहे थे। वह दृश्य सचमुच बहुत सुंदर था।

सातवाँ दिन

12 अक्टूबर से फिर कहीं ज़मीन दिखाई नहीं दे रही है, यद्यपि पक्षी अब भी नज़र आ जाते हैं। रेड सी का मौसम अरेबियन सी की तुलना में अधिक गर्म है। अनुमान है कि आज हम पोर्ट सईद पहुँच जाएँगे। मुंबई से अदन की दूरी 1663 मील है और अदन से पोर्ट सईद लगभग 1300 मील दूर है। इस प्रकार हम लंदन की लगभग आधी दूरी तय कर चुके हैं, जो मुंबई से करीब 6020 मील पर स्थित है। कल से समुद्र में तूफ़ान उठा हुआ है और हममें से अधिकांश लोग फिर से अस्वस्थ हो गए हैं। अरेबियन सी बहुत शांत था और उसका जल

अत्यंत सुंदर दिखाई देता था, जिसमें हरे और नीले रंग का मिश्रण झलकता था, जबकि रेड सी का पानी केवल गहरे नीले रंग का दिखाई देता है।

12 अक्टूबर को समुद्र में तेज तूफ़ान उठ खड़ा हुआ। लहरें पाँच से छह मीटर से भी अधिक ऊँची हो गई थीं। पानी ज़ोर से उछल रहा था और पूरा दृश्य भय पैदा करने वाला था। उस समय मेरे मन में बार बार यह विचार आ रहा था कि ऐसे प्रचंड तूफ़ान में छोटी नावों का क्या हाल होता होगा।

आठवां दिन

13 अक्टूबर को हमने स्वेज़ पार की। बंदरगाह के पास नावों, बड़े जहाज़ों, रेलगाड़ियों, पेड़ों और सुंदर घरों का दृश्य अत्यंत मनोहारी था। रात में हम पोर्ट सईद पहुँचे। वहाँ हमने "मालोजा" नामक जहाज़ भी देखा। हम लगभग बारह घंटे वहीं रुके रहे। 14 तारीख को दोपहर लगभग एक बजे फिर से रवाना हुए और अब हम भूमध्य सागर में प्रवेश कर चुके हैं।

दसवां दिन

14 और 15 अक्टूबर के बीच हमारा जहाज़ एलेक्जेंड्रिया में रुका। वहीं पर कस्टम जाँच और चिकित्सकीय परीक्षण की प्रक्रिया पूरी की गई। स्वेज़ में हमने फ्रांसीसी इंजीनियर एम डी लेसेप्स की प्रतिमा भी देखी।

(मेरी टिप्पणी यह है कि एम डी लेसेप्स ने भूमध्य सागर और रेड सी को जोड़ने वाली स्वेज़ नहर के निर्माण में महत्वपूर्ण भूमिका निभाई थी। उनकी प्रतिमा नहर के प्रवेश द्वार पर स्थापित थी। बाद में जब नहर का राष्ट्रीयकरण हुआ, तब यूरोपीय स्वामित्व के प्रतीक को हटाने के उद्देश्य से उस प्रतिमा को वहाँ से हटा दिया गया। अब वह पोर्ट फुआद शिपयार्ड में सुरक्षित रखी हुई है।)

यह समुद्र भी काफ़ी शांत है। आज मैंने अपने कुछ ट्रैवलर्स चेक नकद कराए। जहाज़ के एक कप्तान ने हमें समझाया कि लंदन पहुँचकर हमें किस प्रकार व्यवहार करना चाहिए और कैसे बातचीत करनी चाहिए। शेष समय हमने आराम और आनंद में बिताया।

ग्यारहवाँ दिन

16 अक्टूबर को हमने माल्टा और सिसिली को पार किया। बहुत से लोगों ने उन स्थानों को देखा, पर मैं उन्हें नहीं देख सका। उसी रात बाद में हमें पैंटेलेरिया नामक एक द्वीप दिखाई

दिया, जिसके लिए कभी इतालवी और अंग्रेज़ों के बीच संघर्ष हुआ था। 17 तारीख को नॉर्थ अफ्रीका में अल्जीरिया का तट दिखाई दिया। अगली सुबह दूर एक और भूभाग नजर आया, जो संभवतः स्पेन रहा होगा।

तेरहवां दिन

18 तारीख को हमें जिब्राल्टर दिखाई दिया। समुद्र में बहुत सी मछलियाँ तैरती नजर आईं और धूप भी अच्छी तथा गर्म थी। हमें लगा था कि इन क्षेत्रों में अधिक ठंड मिलेगी, पर मौसम सुहावना था। 20 तारीख को अचानक धूप गायब हो गई और ठंड बढ़ गई। कुछ ही समय में तेज हवा चलने लगी और वर्षा भी शुरू हो गई। 21 तारीख को बाईं ओर आइल ऑफ वाइट दिखाई दिया और उसके बाद हमारा जहाज़ साउथेम्प्टन के बंदरगाह पर जा लगा।

ओरियन ने मुंबई से साउथेम्प्टन तक की यात्रा मात्र 14 दिन और 2 घंटे में पूरी की और एक नया कीर्तिमान स्थापित किया। पिछले एक वर्ष में इस जहाज़ ने तीन उल्लेखनीय रिकॉर्ड बनाए थे। उसने 84 दिनों में न्यूज़ीलैंड और न्यू गिनी की यात्रा पूरी की, इंग्लैंड से न्यूज़ीलैंड तक का मार्ग तय किया और अब भारत से इंग्लैंड तक का यह सफ़र भी सफलतापूर्वक पूरा किया।

14

लंदन

21 अक्टूबर 1945

बंदरगाह पर हमें लेने के लिए लेबर मिनिस्ट्री से श्री महमूद और लेचवर्थ स्थित इंडियन हॉस्टल के अधीक्षक साउथैम्प्टन पहुँचे थे। हमने जहाज़ से उतरकर भूमि पर कदम रखा और दोपहर 3 बजकर 20 मिनट पर लंदन के लिए विशेष ट्रेन पकड़ ली।

हम वाटरलू ब्रिज स्टेशन पहुँचे। वहाँ से बस द्वारा किंग्स क्रॉस गए और फिर ट्रेन से लेचवर्थ पहुँचे। श्री महमूद ने सभी व्यवस्थाएँ बहुत अच्छी तरह से की थीं। हमारे पहुँचते ही भोजन तैयार मिला और हॉस्टल की व्यवस्था भी संतोषजनक थी। यहाँ के विद्यार्थी अच्छे स्वभाव के हैं और हमें कई अन्य छात्रों से भी परिचित कराया गया। श्री नाइक, श्री गायकवाड़ और श्री देशपांडे मेरे घनिष्ठ मित्र बन गए हैं। लेचवर्थ में कई भारतीय भी रहते हैं।

हमें विद्यार्थियों के रूप में सिनेमा टिकट पर नौ पेंस की रियायत मिलती है और हम बालकनी में बैठ सकते हैं। 22 तारीख को श्री के. टी. एन. मेनन ने हमसे कुछ प्रपत्र भरवाए। 24 अक्टूबर को हमें आल्डविच स्थित इंडिया हाउस बुलाया गया, जहाँ हमें वजीफे की अग्रिम किस्त के रूप में बीस पाउंड प्रदान किए गए। औपचारिकताएँ पूरी होने के बाद हम बैटरसी पॉलिटेक्निक पहुँचे और मैकेनिकल इंजीनियरिंग विभाग के श्री वी. सी. डेविस से मिले। श्री कलोटा ने, जिन्होंने मुझसे कुछ पैसे उधार लिया था, आज 25 तारीख को दस पाउंड लौटा दिए। मैंने 22 तारीख को अपने माता पिता को एक पत्र लिखा था। वह 23 तारीख को पत्रपेटी से निकाला गया होगा और अनुमान है कि 4 नवंबर तक कुरुड स्थित मेरे घर पहुँच जाएगा।

मुम्बई से आने वाले "ब्रिटानिका" नामक एक अन्य जहाज़ पर लगभग सौ भारतीय यात्री थे। अब हम सब लंदन पहुँच चुके हैं। यहाँ आकर हम एक दूसरे से मिले, परिचय हुआ, मित्रता बनी और अब धीरे धीरे सब अपने अपने रास्ते पर आगे बढ़ रहे हैं। यह बिछड़ने की भावना मन को थोड़ा उदास करती है। हमसे पहले लंदन पहुँचे बेविन बॉयज़ ने हमें अनेक अनुभव और घटनाएँ सुनाईं, जो हमारे लिए बहुत उपयोगी सिद्ध होंगी।

(मेरी टिप्पणी यह है कि बेविन बॉयज़ वे ब्रिटिश युवा थे, जिन्हें दिसंबर 1943 से मार्च 1948 के बीच यूनाइटेड किंगडम की कोयला खदानों में कार्य करने के लिए नियुक्त किया गया था। द्वितीय विश्व युद्ध के आरंभ में खदानों में काम करने वाले अनेक युवक सेना में भर्ती हो गए थे, जिससे श्रमिकों की कमी हो गई। उस स्थिति में कुछ युवाओं को युद्ध में भेजने के स्थान पर खदानों में काम करने का दायित्व दिया गया, क्योंकि देश के लिए कोयले की आपूर्ति अत्यंत आवश्यक थी।)

26 तारीख को एस. वी. गायकवाड़ यहाँ से चले गए। उनकी कमी मुझे अक्सर महसूस होती है। अवाडे और कांबले अभी यहीं हैं, पर उनका स्वभाव थोड़ा संकोची है। 29 तारीख को मैंने प्रवेश से संबंधित प्रपत्र भर दिया और अब बैटरसी पॉलिटेक्निक जाना शुरू कर दिया है। अपना गाँव छोड़े मुझे एक महीना और छह दिन हो चुके हैं। कल लेचवर्थ हॉस्टल में दिवाली मनाई जाएगी। आज हमें मटन करी और रोटी दी गई। अभी तक हमारे स्थायी रहने की व्यवस्था नहीं हो पाई है।

इंडिया हाउस से हमें वैसी सहायता नहीं मिल रही है, जैसी हमें आशा थी। कहा गया था कि एक हॉस्टल खोला जाएगा, पर अभी तक ऐसा कुछ होता दिखाई नहीं देता। मेरी पढ़ाई ठीक चल रही है और मेरा परिचय श्री भंडारी से कराया गया है। ड्राइंग और डिज़ाइन में मुझे थोड़ी कठिनाई महसूस होती है। घर की याद भी अक्सर आती है और लेचवर्थ से लंदन रोज आना जाना बहुत थका देता है, इसलिए पढ़ाई पर पूरा ध्यान नहीं दे पा रहा हूँ। जब तक रहने की उचित व्यवस्था नहीं हो जाती, तब तक मेरी पढ़ाई की गति धीमी ही रहेगी।

3 नवंबर को हमें कुछ कूपन प्राप्त हुए। यहाँ खर्च बहुत अधिक है। केवल रहने का किराया दो पाउंड है और बिना भोजन के प्रति सप्ताह दस शिलिंग देने पड़ते हैं। बेविन लड़कों का बारहवाँ समूह अब लौट आया है। वे 31 तारीख को रवाना हुए थे। इस समय यहाँ लगभग पच्चीस लोग हैं और कुछ लोग कल चले जाएँगे। हम कल घर पत्र लिखेंगे। हम सप्ताह में एक बार स्नान करते हैं, पर प्रतिदिन दाढ़ी बनाते हैं। अब हमें अपना पहचान पत्र और कूपन भी मिल गए हैं।

15

बैटर्सी पॉलिटेक्निक

कॉलेज का काम ठीक चल रहा है। गुरुवार, 15 नवंबर 1945 को नए भारतीय विद्यार्थियों का एक दल आया। कदम और मैं उन्हें स्टेशन पर लेने गए। जैसा अनुमान था, शेंडे और डहाट भी पहुँच गए हैं। डहाट के साथ जहाज़ पर एक घटना हुई थी। उसने डेक से सिगरेट का टुकड़ा समुद्र में फेंक दिया, जिस पर कैप्टन ने उसे कड़ी फटकार लगाई। यह चेतावनी जहाज़ के लाउडस्पीकर पर भी सुनाई गई। उसे यह तक कह दिया गया कि पोर्ट सईद पहुँचने पर उसे जहाज़ से उतार दिया जाएगा।

(मेरी टिप्पणी यह है कि वहाँ धूम्रपान करना या सिगरेट का टुकड़ा समुद्र में फेंकना दोनों ही अनुचित माना जाता था।)

यहाँ इंग्लैंड में भी वे थोड़ा हुक्म चलाने की कोशिश करते हैं, पर दूसरे विद्यार्थी उन्हें समझा देते हैं। लोग मेरे गायन की सराहना करते हैं और अक्सर मुझसे वे गीत सुनाने का आग्रह करते हैं, जो मुझे याद हैं।

लंदन में हमारा परिचय श्री एम. वेंकटाचलम और श्री डी. जी. जाधव से कराया गया। उनसे हमारे होटल में फिर मिलने का कार्यक्रम तय हुआ। मैं श्री जाधव से लेचवर्थ स्टेशन पर भी मिला। भाऊराव पाटिल का एक बोर्डिंग निवास है और वहाँ रहने वाले श्री बोबड़े का कहना था कि भाऊराव पाटिल ने विद्यार्थियों के लिए जो कार्य किए हैं, वे बहुत महत्वपूर्ण हैं। हमारी भेंट श्री बनारसे से हुई और प्रति सप्ताह दो पाउंड दस शिलिंग पर रहने की व्यवस्था निश्चित हुई। डहाट और शेंडे सोमवार 19 तारीख को एबरिस्टविथ चले गए। बस संख्या 25 की महिला परिचालिका बहुत विनम्र थी। वह मुझसे मेरे काले बालों के बारे में पूछ रही थी। 25 दिसंबर को मैं लेचवर्थ छोड़कर श्री बनारसे के घर रहने चला गया। लंबे समय बाद मुझे भारतीय पत्रिकाएँ किर्लोस्कर, जनता, नवयुग, विविधवृत और केसरी देखने को मिलीं, जिन्हें देखकर मन प्रसन्न हो गया। भारतीय विद्यार्थियों का तीसरा दल सोमवार 26 दिसंबर को लेचवर्थ पहुँचा, जिसमें श्री वानखेड़े और श्री मंडल शामिल थे। लंदन के इंडिया हाउस में मेरी

मुलाकात श्री कुमार साहू और श्री टंडन से हुई। अभी तक घर से कोई पत्र प्राप्त नहीं हुआ है।

20 जनवरी 1946

काफी समय बाद आज फिर से मैं अपनी डायरी लिख रहा हूँ। अब तक का समय कुल मिलाकर अच्छा बीता है। इंडिया हाउस में मेरी मुलाकात श्री एल. एन. शेओरे और श्री सहस्त्रबुद्धे से हुई। आज बहुत बर्फ गिरी और उसे गिरते देखना सच में आनंद देने वाला अनुभव था। क्रिसमस की छुट्टियों के दौरान किंग्स कॉलेज में व्याख्यान आयोजित किए गए, जहाँ मेरा परिचय मिस हडसन और श्री मैक्स जॉन से हुआ। अब मुझे घर से और अपने मित्रों से भी पत्र मिलने लगे हैं, जिससे मन को बहुत संतोष मिलता है।

अब यहाँ कड़ाके की ठंड पड़ रही है। गुरुवार 17 और शुक्रवार 18 जनवरी 1946 को लगातार बर्फ गिरती रही। तापमान 39 डिग्री फ़ारेनहाइट तक पहुँच गया। हाथ सुन्न से हो जाते हैं और कान भी जैसे सुनना कम कर देते हैं। हमारे कमरों में लगे बिजली के हीटरों के कारण ठंड कुछ हद तक सहन हो जाती है। इन दिनों संयुक्त राष्ट्र संगठन का अधिवेशन चल रहा है। इसमें 51 देश भाग ले रहे हैं। भारतीय प्रतिनिधिमंडल में दीवान बहादुर सर सैमुअल एबेनेज़र रंगनाधन, सर रामास्वामी मुदलियार और श्री कृष्णमाचारी शामिल हैं। यह भी सुनने में आ रहा है कि कुछ लोग चंद्रमा पर जाने की तैयारी के बारे में सोच रहे हैं।

मैं हैम्पस्टेड हीथ में स्थित कीट्स हाउस गया। वहाँ का वातावरण बहुत शांत और प्रेरणादायक लगा। इसके बाद मैं बेकर स्ट्रीट पर स्थित मैडम टुसाड भी गया, जहाँ रखी मोम की प्रतिमाएँ इतनी जीवंत लगती हैं मानो वे सचमुच सामने खड़ी हों।

भारत के लिए संसदीय प्रतिनिधिमंडल 2 जनवरी 1946 को रवाना हुआ। इस प्रतिनिधिमंडल में लगभग दस सदस्य शामिल थे।

हमारी टर्मिनल परीक्षाएँ समाप्त हो गई हैं। मैंने गणित, मशीन और विद्युत विषय में उत्तीर्ण कर लिया है। अन्य प्रश्नपत्रों में मैं केवल दो अंकों से पास होने से रह गया हूँ। इन विषयों में मुझे और अधिक परिश्रम करना होगा और अब एक क्षण भी व्यर्थ नहीं गंवाना है। मुझे बिना किसी और बात की चिंता किए पूरी लगन से अध्ययन करना चाहिए। यह भी बताया गया है कि खोबरागड़े शीघ्र ही आने वाले हैं।

नए वर्ष 1946 के बीस दिन बीत चुके हैं, पर मेरी पढ़ाई अभी पूरी तरह गति नहीं पकड़ सकी है। परीक्षा के लिए केवल चार महीने शेष हैं। पाठ्यक्रम बहुत विस्तृत है, इसलिए मैंने मन ही मन निश्चय कर लिया है कि अब एक क्षण भी व्यर्थ नहीं जाने दूँगा। इंडियन हॉस्टल 19 जनवरी 1946 को खुल गया था, फिर भी हम अभी तक वहाँ स्थानांतरित नहीं हुए हैं। हमें अब तक टी ए बिल और पाँच पाउंड पाँच पेंस की पंजीकरण शुल्क की वापसी राशि प्राप्त नहीं हुई है। मैंने इंस्टीट्यूशन ऑफ मैकेनिकल इंजीनियर्स को मनी ऑर्डर द्वारा एक पाउंड दस शिलिंग भेज दिए हैं।

मार्च 1946

काफी लंबे अंतराल के बाद आज फिर से लिख रहा हूँ। 6 और 7 मार्च को यहाँ बहुत बर्फ गिरी। चारों ओर सफेदी छा गई है और पूरा वातावरण अत्यंत सुंदर दिखाई देता है। बर्फ की परत पर कुछ लिखना भी एक अलग ही अनुभव देता है। अब मुझे और अधिक मेहनत से पढ़ाई करनी होगी। समय बहुत मूल्यवान है और उसे अब बिल्कुल भी व्यर्थ नहीं जाने देना है।

20 फरवरी 1946 को हम फुलहम पावर स्टेशन देखने गए थे। वहाँ का अनुभव अच्छा रहा और हमने बहुत कुछ सीखा। अभी काफी पाठ्यकार्य शेष है, पर आशा है कि वह मार्च के अंत तक पूरा हो जाएगा। कक्षा में मित्रों और सहपाठियों के साथ बहस और अनावश्यक बातचीत में समय लगाने के बजाय मन लगाकर पढ़ाई करना अधिक उचित है। मैंने निश्चय किया है कि आज से ही पूरी एकाग्रता के साथ अध्ययन आरंभ करूँगा। अपनी कमियों को दूर करने के लिए कठोर परिश्रम और गहन ध्यान आवश्यक है।

मैंने सखाराम मेश्राम को पच्चीस पाउंड का टेलीग्राफिक मनी ऑर्डर भेजा था, पर वह वापस आ गया है।

(मेरी टिप्पणी यह है कि सखाराम मेश्राम, जो आगे चलकर नागपुर के मेयर बने, उन्हें 1946 में एल एल बी उत्तीर्ण करने के बाद वकालत की प्रैक्टिस के लिए सनद या लाइसेंस प्राप्त करने हेतु धन की आवश्यकता थी।)

मैं यह राशि फिर से सीधे भेजूँगा। इसके अतिरिक्त मैंने घर पर तीन हजार रुपये भी भेजे हैं। उनमें से ढाई हजार रुपये घर के निर्माण में लगाए जाएँगे और पाँच सौ रुपये से सोना खरीदा जाएगा। इन दिनों सोने का मूल्य पच्चीस रुपये प्रति तोला है।

लंदन का मौसम बहुत अनोखा और बदलने वाला है। एक दिन अच्छी धूप निकलती है, अगले दिन बर्फ गिरती है और फिर अचानक कड़ाके की ठंड पड़ जाती है। यहाँ का मौसम हर समय चौंका देता है। यहाँ के समाचार पत्र भारत में हो रहे दंगों की ताज़ा खबरें विस्तार से प्रकाशित करते हैं। मुझे कोखड़ी के श्री गोरखड़े, श्री गोंडाने और श्री रघुनाथ मेश्राम के निधन का दुखद समाचार मिला। यह भी ज्ञात हुआ कि शांता खोबरागड़े के पिता कांग्रेस के टिकट पर विधायक का चुनाव लड़ने वाले हैं।

लंदन में पढ़ते हुए एनजी ऊके

- डायरी समाप्त -

16

लड़कियों की शिक्षा

1945 में लंदन द्वितीय विश्व युद्ध की तबाही से गहरे रूप में प्रभावित था। चारों ओर मलबा बिखरा था और अनेक इमारतें जर्मन बमबारी में नष्ट हो चुकी थीं। जगह जगह गड्ढे और खाइयाँ दिखाई देती थीं। भोजन और ईंधन पर राशन व्यवस्था लागू थी। अधिकांश पुरुष युद्ध में गए हुए थे, अनेक मारे गए थे और कई घायल होकर लौटे थे। ऐसे कठिन समय में महिलाओं ने आगे बढ़कर जिम्मेदारी संभाली। उन्होंने पूरी क्षमता और साहस के साथ काम किया, सड़कों का पुनर्निर्माण किया, मलबा हटाया और वे सारे कार्य किए जो पहले केवल पुरुषों द्वारा किए जाते थे। सबने मिलकर विनाश और कठिनाइयों के बीच से उठकर फिर से जीवन को आगे बढ़ाने का संकल्प लिया।

नारायण ने देखा कि घरों और गलियों में इतनी तबाही के बावजूद लोगों का मनोबल टूट नहीं पाया था। कई बड़ी इमारतें, जो कभी स्कूल हुआ करती थीं और जहाँ लड़के तथा लड़कियाँ पढ़ने जाते थे, बमबारी में नष्ट हो चुकी थीं। फिर भी पढ़ाई रुकी नहीं। किसी न किसी तरह कक्षाएँ चलती रहीं। बच्चे पैदल स्कूल जाते थे और रास्ते में पड़े मलबे से बचते हुए या उसके बीच से निकलकर आगे बढ़ते थे। कठिन परिस्थितियों के बीच भी जीवन और शिक्षा दोनों आगे बढ़ रहे थे।

नारायण को अपना छोटा सा गाँव याद आया, जहाँ कभी एक प्राथमिक विद्यालय था और वहीं से उन्होंने पढ़ाई शुरू की थी, पर उनके उत्तीर्ण होते ही वह विद्यालय बंद हो गया था। गाँव में लड़कियों के लिए कोई अलग स्कूल नहीं था, क्योंकि उस समय भारत में बालिकाओं की शिक्षा को महत्व नहीं दिया जाता था। ग्रामीण समाज में लड़कियों के साथ स्पष्ट भेदभाव होता था। यह धारणा प्रचलित थी कि महिलाओं को पढ़ना लिखना सीखने की आवश्यकता नहीं है, क्योंकि उनका काम केवल घर संभालना है और उसके लिए विद्यालय की शिक्षा आवश्यक नहीं मानी जाती। माना जाता था कि वे घर के भीतर ही सारे काम और कौशल सीख सकती हैं और वहीं रहकर गृहस्थी चलाने की तैयारी कर सकती हैं।

जब नारायण ने इंग्लैंड में देखा कि लड़कियों को समान अधिकार दिए जाते हैं और उनके लिए अलग विद्यालय भी हैं, तब उनके मन में गहरी भावना जागी। उन्होंने निश्चय किया कि वे अपने गाँव की बेटियों को भी पढ़ने का अवसर दिलाने का प्रयास करेंगे। उस समय भारत में लड़के और लड़कियों के बीच स्पष्ट भेद था, इसलिए लड़कियों को लड़कों के विद्यालय में भेजना संभव नहीं माना जाता था। इसी कारण नारायण ने अपने पिता को पत्र लिखकर समझाया कि बालिकाओं की शिक्षा कितनी आवश्यक है। उन्होंने अनुरोध किया कि वे ज़िला अधिकारियों से मिलकर कुरुड में लड़कियों के लिए प्राथमिक विद्यालय खोलने की अनुमति लें। साथ ही लोगों को यह समझाना भी जरूरी था कि बेटियों को पढ़ाना समाज के लिए लाभकारी है। एक नई सामाजिक सोच विकसित किए बिना लोग अपनी लड़कियों को विद्यालय भेजने के लिए तैयार नहीं होंगे।

विद्यालय खोलने के लिए भूमि और धन दोनों की आवश्यकता थी। नारायण को लंदन में बैटरसी पॉलिटेक्निक से इंजीनियरिंग की पढ़ाई के लिए छात्रवृत्ति मिल रही थी। वे अपनी छात्रवृत्ति में से कुछ राशि बचाकर अपने पिता को भेज देते, ताकि इस प्रयास को आगे बढ़ाया जा सके। उन्होंने एक आधिकारिक पत्र का प्रारूप भी तैयार किया और अपने पिता को भेजा, जिससे वे ज़िले के वरिष्ठ अधिकारियों से मिलकर विद्यालय खोलने की अनुमति ले सकें। नारायण और उनके पिता गोमाजी उके के संयुक्त प्रयासों से, उनके लंदन में रहते हुए ही कुरुड में लड़कियों के लिए एक प्राथमिक विद्यालय स्थापित हुआ। इस विद्यालय ने बालिकाओं को घर की सीमाओं से बाहर निकलकर शिक्षा की दुनिया में प्रवेश करने का अवसर दिया। उके परिवार की बेटियाँ इस विद्यालय में प्रवेश लेने वाली पहली छात्राओं में थीं। रामनाथ उके की बेटी अनुसूया और जनार्दन उके की बेटी चंद्रप्रभा प्रारंभिक विद्यार्थियों में शामिल थीं। आगे चलकर चंद्रप्रभा और अनुसूया उच्च शिक्षा के लिए ब्रह्मपुरी गईं और वहाँ से नागपुर जाकर स्नातक की पढ़ाई पूरी की।

17

तस्वीर को लेकर उपजा विवाद

एक बार फिर नीली डायरी

25 मार्च 1946

आज हमें आल्डविच स्थित इंडिया हाउस में चाय के लिए आमंत्रित किया गया था। वहाँ हमारी बातचीत भारत के उच्चायुक्त सर सैमुअल रंगनाधन से हुई। उच्चायोग में कुछ महिलाएँ भी उपस्थित थीं, जिन्होंने हमें मिठाई और नमकीन परोसे। भारत की परंपरा की तरह उन्होंने आग्रहपूर्वक हमें खिलाया और हम मना भी नहीं कर सके। पूरा आयोजन बहुत अच्छा रहा। वहाँ मेरी भेंट श्री आई. पी. दुआ और श्री शेओरे से भी हुई। आज ही मैंने एक दर्जी को सूट सिलने का आदेश भी दे दिया है।

20 जुलाई 1946

कई दिनों के बाद, लगभग चार महीने के अंतराल के पश्चात आज मैंने यह डायरी फिर से लिखना शुरू किया है, और इसका कारण भी विशेष है। आज 20 जुलाई 1946 है, वह दिन जो हमारे समूह चित्र के लिए निर्धारित किया गया था। इस अवसर के लिए हम सबने लगभग एक पाउंड चौदह शिलिंग खर्च किए। फिर भी समूह के सभी सदस्य उपस्थित नहीं हो सके। बंगाल के श्री राय, जो उस समय लंदन में ही थे, नहीं आए। श्री कलोटा भी एडिनबर्ग से नहीं पहुँचे, और कारण भी स्पष्ट नहीं हुआ। जब मैंने उनसे पूछा तो उन्होंने सीधा उत्तर नहीं दिया, जिससे उनके न आने की वजह समझ में नहीं आई। वे दो दिन बाद कैम्ब्रिज जाने वाले हैं, इसलिए वे चाहते तो दो दिन पहले लंदन आकर हम सबके साथ इस समूह चित्र में सम्मिलित हो सकते थे।

हमने वह पूरा दिन आनंद में बिताया, जो हमारे समूह चित्र के लिए निर्धारित था। होटल में किया गया खर्च भी काफी अधिक रहा। इसके बाद हम "स्पेलबाउंड" नामक चलचित्र देखने गए और फिर सभी मिलकर नौकायन करने गए। शाम को यह चर्चा लंबी चली कि क्या समूह चित्र की एक प्रति श्री कलोटा को भेजनी चाहिए या नहीं। कुछ लोगों का मत था

कि उन्हें प्रति नहीं भेजी जानी चाहिए। श्री कदम, श्री कांबले और श्री डहाट का विचार था कि प्रति अवश्य भेजनी चाहिए। श्री कदम का कहना था कि समूह में हम सभी अपनी कोशिशों में उतने ईमानदार नहीं रहे, जबकि श्री कलोटा हर मामले में पूर्ण ईमानदारी दिखाते हैं। उन्होंने बैठक में उपस्थित सभी पर आरोप भी लगाए। इस बात पर श्री कदम और श्री वाई. सी. गायकवाड़ के बीच तीखी बहस हुई। वातावरण बहुत गरम हो गया, पर कोई स्पष्ट निर्णय नहीं निकल सका। दोनों पक्षों में रोष था और बातचीत विवाद में बदल गई।

श्री अवाडे, श्री बोबड़े और अन्य लोगों को इस बात का दुःख था कि श्री एस. वी. गायकवाड़ को कुर्सी नहीं मिल सकी। सच कहूँ तो पर्चियों द्वारा किया गया चयन ठीक प्रकार से नहीं हुआ था। अंततः श्री खोबरागड़े के त्याग के कारण श्री बोबड़े को स्थान मिल सका। श्री राय अपने मित्र श्री अमरसिंह को भी साथ ले आए थे। आज फिर श्री वाई. सी. गायकवाड़ और श्री कदम के बीच तनाव बढ़ गया और दोनों एक बार फिर नाराज़ हो उठे।

रात्रिभोज के बाद मेरे, श्री कदम, श्री बोबड़े और श्री अवाडे के बीच भी तीखी चर्चा हुई। हालाँकि वह कोई बहुत महत्वपूर्ण विषय नहीं था, फिर भी बातचीत का स्वर कुछ गरम हो गया। कुल मिलाकर कार्यक्रम मुझे अच्छा लगा। पिछली शाम बहस भले ही तीव्र रही हो, पर उन चर्चाओं में भी एक तरह का उत्साह था और मुझे वे क्षण भी रोचक लगे।

कल शाम की तीखी बहस से जो कटुता और गलतफहमियाँ पैदा हुई हैं, उन्हें मिटाने के लिए मुझे लगता है कि हमें एक बार फिर समूह चित्र खिंचवाना चाहिए। यदि हम सब फिर से साथ आएँगे तो आपसी संबंध भी सुधर सकते हैं। फोटो की प्रति श्री कलोटा को भेजने के इसी विषय पर मेरा भी श्री कदम के साथ विवाद हो गया था और बात झगड़े तक पहुँच गई थी।

बैठे हुए, बाएँ से दाएँ क्रम में: कालोटा, रणदेवसिंह चौधरी रे, पी. के. कयाल, डॉ. अंबेडकर, एम. ए. कांबले, एस. वी. गायकवाड़ और एम. आर. बोबड़े।

खड़े हुए, बाएँ से दाएँ क्रम में: एन. जी. उके, एम. एन. वानखेड़े, डी. एस. जेजुरिकर, टी. बी. अवाडे, एल. आर. बेहरा, वाई. सी. गायकवाड़, श्रीधर मल्हारी दिखले, ए. आर. कयाल, वी. बी. कदम और बी. डी. खोबरागड़े।

18

लेक डिस्ट्रिक्ट की यात्रा

पिछले सप्ताह श्री कांबले, श्री कदम, श्री एस. वी. गायकवाड़, श्री खोबरागड़े, श्री डहाट और मैं लेक डिस्ट्रिक्ट की यात्रा पर गए थे। यह भ्रमण 11 से 15 जुलाई तक चला। हम गुरुवार 11 जुलाई 1946 को लंदन से दोपहर एक बजकर तीस मिनट की ट्रेन से लिवरपूल के लिए रवाना हुए। अगले दिन सुबह 11 बजकर 5 मिनट पर लिवरपूल से चले और उसी दिन सुंदर स्थान विंडरमेयर पहुँचे। सौभाग्य से हमें रहने के लिए अच्छी जगह मिल गई और हमने दिन भर आनंद किया। शुक्रवार को हम वहीं रुके और लेक विंडरमेयर के आसपास लगभग आठ मील घूमे। झील के किनारे के दृश्य अत्यंत मनोहारी थे।

हम लिवरपूल और विंडरमेयर में रुके तथा विंडरमेयर, ग्रासमियर, डेरवेंटवाटर(केसविक), वर्ड्सवर्थ कॉटेज और डैफोडिल्स प्लेटो जैसे स्थान देखे। सभी ने बहुत आनंद लिया और नौकायन भी किया। यह क्षेत्र अत्यंत सुंदर है और यहाँ का प्राकृतिक दृश्य मन को आकर्षित करता है। डेरवेंटवाटर में हमने एक पहाड़ी पर चढ़ने का प्रयास किया। मैं ही शिखर तक पहुँच सका, पर उसके बाद बहुत थक गया। श्री खोबरागड़े भी मेरे साथ थे, पर वे बीच में ही रुक गए। कुल मिलाकर यह यात्रा बहुत सुखद रही और हमने साथ मिलकर अच्छा समय बिताया।

लेक डिस्ट्रिक्ट में श्री कदम को "ओरियन" जहाज़ की दो तस्वीरें मिलीं, वही जहाज़ जिससे हम इंग्लैंड आए थे। मैंने उनसे पहले ही कहा था कि यदि संभव हो तो मेरे लिए भी एक तस्वीर ले लें। दो तस्वीरें मिलने के बाद भी उन्होंने मुझे एक प्रति देने से इंकार कर दिया, जबकि मैंने कई बार अनुरोध किया। श्री खोबरागड़े ने भी इस विषय में उनसे बात की, पर वे मानने को तैयार नहीं हुए। अंततः मैंने वह तस्वीर उन्हें लौटा दी। मुझे यह बात खटकी कि उन्होंने केवल अपने बारे में सोचा और साझा करने की भावना नहीं दिखाई।

यह उनकी स्वार्थपूर्ण प्रवृत्ति का दूसरा उदाहरण है। पहला प्रसंग "द मास्टरपीसेज़ ऑफ़ ओरेटरी" नामक पुस्तकों से जुड़ा था। वे पुस्तकें उन्होंने लेचवर्थ से ली थीं। मैं स्वयं उन्हें खरीदने का विचार कर रहा था और इसी भावना से मैंने अपनी इच्छा श्री कदम को बताई।

पर उन्होंने मेरी बात को महत्व नहीं दिया और अपने लिए दस पुस्तकों का पूरा सेट खरीद लिया। जब मैंने निवेदन किया कि उनमें से पाँच पुस्तकें मुझे दे दें, तो उन्होंने स्पष्ट रूप से इंकार कर दिया। इस प्रकार के व्यवहार से मुझे सच में खेद हुआ।

हाल में कुछ और घटनाएँ भी हुई हैं, जिनसे मुझे यह महसूस होने लगा है कि हम सबको बिना सोचे किसी को सच्चा मित्र नहीं मान लेना चाहिए। अब मुझे लगता है कि श्री वाई. सी. गायकवाड़ ने श्री कलोटा को समूह चित्र की प्रति भेजने के विचार का विरोध करके शायद जल्दबाज़ी की। यदि हम उन्हें एक प्रति भेज देते, तो संभव है कि कोई हानि नहीं होती और आपसी संबंध भी बेहतर बने रहते। जहाँ तक प्रश्न है कि क्या उन्होंने सच में गलती की या नहीं, इसका उत्तर पूरी तरह परिस्थितियों पर निर्भर करता है। यदि प्रति न भेजने का निर्णय किसी स्पष्ट सिद्धांत या सामूहिक सहमति पर आधारित था, तो उसे पूरी तरह गलत नहीं कहा जा सकता। पर यदि निर्णय केवल व्यक्तिगत नाराज़गी या अहं के कारण लिया गया, तो वह उचित नहीं था। कभी कभी छोटी सी उदारता बड़े मतभेदों को समाप्त कर सकती है। संभव है कि एक साधारण फोटो की प्रति भेज देने से संबंधों में मधुरता बनी रहती।

मैं सोमवार, 22 जुलाई 1946 से लगभग छह सप्ताह के लिए टेकालेमिट एंड कंपनी के साथ सेवा प्रशिक्षण पर जा रहा हूँ।

19

एक युवा मन की अनुभूतियाँ

6 सितंबर, 1946

कई दिनों बाद आज फिर से डायरी के पन्ने खोल रहा हूँ। टेकालेमिट एंड कंपनी में आज मेरा अंतिम दिन है। इस प्रकार मेरी जीवन यात्रा का एक छोटा सा अध्याय समाप्त हो रहा है, यूनाइटेड किंगडम में बिताई गई मेरी पहली गर्मियों की छुट्टियों के ये छह सप्ताह। कभी सेवा का काम किया, कभी पूरी मेहनत से कार्य में लगा रहा, कभी खेलकूद में समय बिताया और कभी जिम, लेन, रे, हैरी, पीटर्स, डर्नम, क्लिफोर्ड, मैल्कम, ली, डेव, डगलस, बॉटमली, गॉर्डन, पीटर, रूबी और अनेक साथियों के साथ हँसी मज़ाक और आनंद के पल साझा किए। कैपस्टन सेक्शन की स्नेहिल सहकर्मियों के साथ भी कई सुखद क्षण बीते, विशेषकर जोन के साथ। एक श्रमिक के रूप में बिताया गया यह समय अब समाप्त हो रहा है। अब न वह कैंटीन होगी, न वे हल्की फुलकी बातें, न वह रोज़ का साथ। शब्दों में व्यक्त करना कठिन है कि इन दिनों ने मुझे कितना आनंद दिया। टेकालेमिट को छोड़ते हुए मन में एक खालीपन है, क्योंकि संभव है कि उन सब से फिर कभी भेंट न हो सके।

मैंने वहाँ कई लोगों से सच्ची मित्रता की थी, पर जैसे जैसे यह समय समाप्त हुआ, बातचीत भी कम होती गई। यह सोचकर मन उदास हो जाता है कि मैं वह काम आगे जारी नहीं रख सका। अपने भीतर के इस खालीपन को शब्दों में व्यक्त करना कठिन है। विदाई का वह क्षण बहुत विशेष और स्मरणीय रहा, क्योंकि जोन ने मुस्कराकर हाथ हिलाया और मुझसे हाथ मिलाया। मैंने लगभग सभी साथियों को अलविदा कहा। उस समय मेरी स्थिति ऐसी थी जैसे कोई नई विवाहित भारतीय लड़की पहली बार अपने मायके से विदा होकर पति के घर जा रही हो। वह लड़की कभी न कभी अपने पुराने घर लौट सकती है, पर मेरे लिए टेकालेमिट वापस जाकर उन सब मित्रों से मिल पाना शायद संभव न हो। फिर भी इन छह सप्ताहों का आनंद मैं कभी नहीं भूल सकूँगा। आज 4, डाउनसाइड लौटते समय मन बहुत भारी था। प्रिय जोन को पीछे छोड़ने का दुःख भीतर तक महसूस हो रहा था। शुरुआती दिनों

में उसने मेरे लिए चाय खरीदी थी। मैं उसे चित्रपट दिखाने ले जाना चाहता था, पर ऐसा अवसर कभी नहीं मिला।

इस संसार में जो क्षण सबसे अधिक स्मरणीय होते हैं, वे ही सबसे जल्दी बीत जाते हैं। वे बस कुछ पलों का साथ देते हैं और फिर स्मृति बनकर रह जाते हैं। जीवन भी क्या है, जल पर उठे एक बुलबुले जैसा ही तो है। वह कब फूट जाएगा, कोई नहीं जानता। मुझे यह भी समझ नहीं आया कि ये छह सप्ताह कैसे बीत गए, पर अब पीछे मुड़कर देखता हूँ तो वे केवल कुछ क्षणों जैसे लगते हैं। मैं अनेक लोगों से मिला, कईयों से सच्ची मित्रता हुई, मधुर बातचीत हुईं, पर अंततः सबको पीछे छोड़कर आगे बढ़ना पड़ा। शायद उनसे फिर कभी भेंट न हो सके। मन यही कहता है कि दोबारा मिलना कठिन है, और अवसर बहुत कम हैं। फिर भी वे स्मृतियाँ मेरे साथ रहेंगी।

समय सचमुच बहुत अजीब होता है। मेरी सारी खुशियाँ जैसे अचानक ही समाप्त हो गईं। अब मैं सुबह उस रास्ते पर नहीं जाऊँगा। अब सुबह साढ़े पाँच बजे उठने की कोई बेचैनी या जल्दी नहीं रही। फिर भी वही तो जीवन था, और उसी जीवन में एक अलग सा आनंद छिपा था। अब ऐसा लगता है जैसे मन की शांति कहीं खो गई है। मन बार बार भटकता रहता है और ठहरता ही नहीं है। मैं अपने प्रिय मित्रों और अपनी प्यारी जोन को लगातार याद करता रहता हूँ। बस में मुझसे एक और लड़की मिली थी, और एक दूसरी भी थी जो मुझे देखकर मुस्कुरा देती थी। मेरे अनुसार, वे तीनों ही टेकालेमिट की सबसे अच्छी और स्नेही स्वभाव की लड़कियाँ थीं। वे सफेद गाउन पहनती थीं और बहुत सुंदर लगती थीं। अब वे सब पीछे छूट गई हैं। वे सभी बहुत मिलनसार और अच्छे स्वभाव की थीं। उनका मुस्कुराना और आँखों से इशारा करना मुझे बहुत अच्छा लगता था। अब वे सब यादों में रह गई हैं।

सभी कामगार सप्ताह में लगातार पाँच दिन, कुल पैंतालीस घंटे काम करते थे। इन पाँच दिनों की मेहनत के बाद उन्हें दो दिन का विश्राम मिलता था और वे सप्ताहांत का सच में आनंद लेते थे। इसलिए मेले और मनोरंजन के कार्यक्रम उनके लिए बहुत महत्वपूर्ण होते थे। जोन ची 3378, यह संख्या शायद सही नही है। संभव है कि वे मुझे लंबे समय तक याद न रखें, पर मैं उन्हें कभी नहीं भूल पाऊँगा। बूढ़े जिम और एक अन्य बुजुर्ग व्यक्ति से भी हमारी मुलाकात बाहर हुई थी। उनके हाथों में बड़े दस्ताने होते थे और वे अक्सर मेरी प्रशंसा करते थे। फ्लेमिंग और अन्य साथी भी थे। उन सबके बीच आज मुझे लगता है कि सबसे अधिक उदासी मेरे ही मन में है।

मैंने पाँच सप्ताह और तीन दिन में कुल 26 पाउंड 9 शिलिंग 10 पेंस कमाए। यह लगभग 350 रुपये के बराबर है और लगभग अट्ठाईस दिनों की कमाई है।

20

लंदन से मिली सीख

लंदन में बिताया समय नारायण के लिए अत्यंत उपयोगी सिद्ध हुआ। वहाँ के लोगों और जीवन शैली से उन्होंने अनेक महत्वपूर्ण बातें सीखीं। तीन वर्षों के प्रवास ने उनकी दृष्टि को एक ऐसे समाज से परिचित कराया, जो अब तक देखे और समझे गए संसार से बिल्कुल भिन्न था। वहाँ उन्होंने समानता का भाव सीखा। यह समझ विकसित हुई कि प्रत्येक व्यक्ति सम्मान का अधिकारी है और लिंग, धर्म या सामाजिक वर्ग के आधार पर भेदभाव उचित नहीं है। इंग्लैंड में जाति व्यवस्था जैसी कोई प्रणाली नहीं थी। हर प्रकार के कार्य को सम्मान की दृष्टि से देखा जाता था। उन्नीसवीं और बीसवीं सदी के आरंभ में भले ही वहाँ धनवान और सामान्य लोग रहे हों, फिर भी साधारण व्यक्ति के साथ गरिमा और सम्मान से व्यवहार किया जाता था। द्वितीय विश्व युद्ध के बाद तो धनी और सामान्य वर्ग के बीच का अंतर और भी कम हो गया। समानता का यह विचार भारत की उस समय की सामाजिक व्यवस्था से बिल्कुल भिन्न था और नारायण के मन पर इसका गहरा प्रभाव पड़ा।

इंग्लैंड में काम करने का वातावरण ऐसा था जहाँ सभी को समान माना जाता था। लोग एक दूसरे को उनके नाम से पुकारते थे। सम्मान दिखाने के लिए न तो झुकने की आवश्यकता थी और न ही किसी के पैर छूने की परंपरा थी। अभिवादन सामान्य रूप से हाथ मिलाकर किया जाता था। लंदन में रहते हुए नारायण की मित्रता श्री के. आर. नारायणन से हुई। वे श्री जे. आर. डी. टाटा की छात्रवृत्ति पर लंदन स्कूल ऑफ इकोनॉमिक्स में अध्ययन कर रहे थे। आगे चलकर वे 1997 से 2002 तक भारत के दसवें राष्ट्रपति बने। यह मित्रता जीवन भर बनी रही।

बैरिस्टर बी. डी. खोबरागड़े भी बचपन से उनके अत्यंत निकट मित्र थे। आगे चलकर वे 1969 से 1972 तक राज्यसभा के उपसभापति बने। उनकी मित्रता समय के साथ और भी सुदृढ़ होती गई और दोनों ने जीवन के विभिन्न चरणों में एक दूसरे का साथ निभाया।

लंदन में रहते हुए नारायण का परिचय कई महत्वपूर्ण व्यक्तियों से हुआ और वे भारत की स्वतंत्रता से पहले वहाँ आयोजित अनेक महत्वपूर्ण बैठकों में भाग ले सके। जब भारत से

आधिकारिक प्रतिनिधिमंडल और राजनीतिक नेता लंदन आते थे, तो वे भारतीय विद्यार्थियों से संवाद करते थे। ब्रिटिश गवर्नमेंट ऑफ इंडिया के छात्रवृत्ति प्राप्त विद्यार्थी होने के कारण नारायण को इन बैठकों में नियमित रूप से शामिल होने का अवसर मिलता था। जब भी श्री नेहरू, श्री जिन्ना और डॉ. अंबेडकर लंदन आते, नारायण को उनसे मिलने और उनकी बातें सुनने का अवसर प्राप्त होता था।

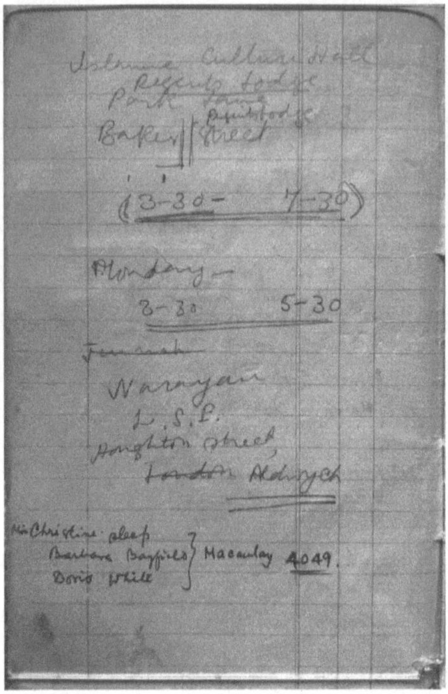

हर बैठक की विस्तृत कार्यवाही नारायण ने अपने हाथ से लिखी थी। वही हस्तलिखित निजी अभिलेख मैं आपके साथ साझा कर रही हूँ, ताकि आप उसे पढ़कर उन दिनों के वातावरण को समझ सकें। यह विवरण पुस्तक एक के अंत में परिशिष्ट में दिया गया है।

विद्वान और स्वतंत्रता के लिए संघर्ष करने वाले डॉ. अंबेडकर के साथ होने वाली बैठकों और चर्चाओं से बहुत ज्ञान मिलता था। विद्यार्थियों के लिए उनका संदेश प्रेरणादायक और समझ बढ़ाने वाला होता था।

नारायण हम सबको, अपने बच्चों को, क्वीन एलिज़ाबेथ द्वितीय की शादी की कहानियाँ बड़े उत्साह से सुनाते थे। वे बात की शुरुआत इतने धूमधाम से करते थे कि हमें लगता था

मानो वे स्वयं उस शाही समारोह का हिस्सा रहे हों। वे पूरे विवाह का वर्णन विस्तार से करते, जैसे सब कुछ अपनी आँखों से बहुत पास से देखा हो। फिर अंत में मुस्कराकर बताते कि वे भीड़ में अन्य दर्शकों के साथ खड़े थे, जब उस समय की राजकुमारी अपनी बारात के साथ गुज़र रही थीं। क्वीन की शादी 20 नवंबर 1947 को हुई थी, और उस दिन की चमक और उल्लास को वे हमेशा जीवंत शब्दों में याद करते थे।

भारत लौटने से पहले नारायण और उनके मित्रों ने यूरोप महाद्वीप के प्रसिद्ध शहरों की यात्रा की। वे फ्रांस, बेल्जियम और स्विट्जरलैंड गए और वहाँ के ऐतिहासिक स्थलों तथा प्राकृतिक सौंदर्य को देखा। यह यात्रा उनके लिए अत्यंत यादगार रही। इसके बाद नारायण विमान द्वारा बम्बई तक की यात्रा करके भारत लौट आए।

21

कुरूड की ओर वापसी

तीन वर्षों की लंबी लंदन यात्रा ने नारायण को भीतर और बाहर से बदल दिया था। जो कभी एक साधारण देहाती युवक था, वही अब एक आत्मविश्वासी और सुसंस्कृत युवा एन. जी. उके बनकर लौटा था। इंग्लैंड में तैयार किए गए सलीकेदार सूट, जिन पर धारियाँ और चेक बने थे, अब उसकी पहचान का हिस्सा थे। उसकी कलाई पर ओमेगा घड़ी थी और पैरों में चमकते हुए काले जूते थे। जब वह 1945 में लंदन के लिए निकला था, तब पूरे गाँव और चांदा जिले के अनेक प्रतिष्ठित लोग उसे विदा करने आए थे और उसे गेंदे के फूलों की मालाओं से सजा दिया था। जनवरी 1949 में, जब वह इंजीनियरिंग की डिग्री लेकर भारत लौटा, तब एक बार फिर उसका उतने ही उत्साह और सम्मान के साथ स्वागत हुआ और उसे फिर से ढेरों गेंदे की मालाएँ पहनाई गईं।

7 जनवरी 1949 को पूरा गाँव और आसपास के गाँवों के लोग उनके स्वागत के लिए एकत्र हुए और उन्हें एक नायक की तरह सम्मान दिया गया। गाँव के प्रवेश द्वार से लेकर उनके घर तक सुंदर तोरण और स्वागत द्वार बनाए गए थे तथा पूरे मार्ग पर झंडे लगाए गए थे। उस दिन गाँव के विद्यालय ने अवकाश घोषित कर दिया, क्योंकि वे अपने उसी छात्र का सम्मान करना चाहते थे जिसने इतनी बड़ी उपलब्धि प्राप्त कर कुरूड का नाम उज्ज्वल किया था। विद्यालय के बच्चों ने जुलूस के रूप में उन्हें घर तक पहुँचाया। पूरे गाँव ने अपने घरों को मिट्टी के दीयों से सजाया, मानो दीपावली का उत्सव हो, और हर घर के सामने नई रंगोली बनाई गई। चारों ओर उल्लास और उत्सव का वातावरण था। उके परिवार के घर के सामने एक बड़ा शामियाना लगाया गया, जहाँ गाँव और आसपास के क्षेत्रों से आए सभी अतिथियों को भोजन परोसा गया। ज़िला सरकारी कार्यालय के अधिकारी भी इंग्लैंड से लौटे इस धरती पुत्र से मिलने और उनका स्वागत करने पहुँचे। श्री नीलकंठ नागदिवे, जो एक सरकारी अधिकारी थे, और श्री नागदवने, जो तहसीलदार थे, विशेष रूप से इस सम्मान समारोह में आमंत्रित किए गए थे।

नारायण लंदन से कुछ उपयोगी वस्तुएँ लेकर आए थे, जिन्हें वे अपने परिवार के काम की समझते थे। वे दो टॉर्च, एक थर्मस फ्लास्क, एक अलार्म घड़ी, एक कोडक कैमरा और एक बड़ा मर्फी रेडियो साथ लाए थे। उस समय गाँव में बिजली नहीं थी और लोग शाम के समय रास्ता देखने के लिए लालटेन पर निर्भर रहते थे, इसलिए टॉर्च सचमुच एक बड़ी सुविधा सिद्ध हुई। थर्मस विशेष रूप से उनकी माँ के लिए लाया गया था, जो सबके चले जाने के बाद भी खेतों में काम करती रहती थीं। अब उनकी बहू उसी नए थर्मस में आमबिल लेकर जाती थी। कुरूड में बिजली का कनेक्शन न होने के कारण रेडियो तुरंत उपयोग में नहीं आ सका। बाद में जब नारायण ने दिल्ली में काम शुरू किया, तब वह रेडियो पहली बार चलाया गया।

घर लौटकर कुछ दिनों बाद नारायण ने अपनी माँ को एक सुखद आश्चर्य दिया। उन्होंने मुस्कराते हुए बताया कि लंदन में रहते हुए उन्होंने खाना बनाना भी सीख लिया है और अब वे स्वयं रसोई में हाथ बँटा सकते हैं।

उन दिनों लड़कों से घर के कामों में सहयोग की अपेक्षा नहीं की जाती थी। एक किसान खेत में काम करता, दिन भर परिश्रम करता और घर लौटकर महिलाओं द्वारा बनाया गया भोजन करता था। जिम्मेदारियाँ स्पष्ट रूप से अलग थीं। लड़कों को घर की आर्थिक और बाहरी जिम्मेदारियाँ संभालने की शिक्षा दी जाती थी, जबकि लड़कियों को अच्छा गृह प्रबंधन करने और घर सँभालने का प्रशिक्षण दिया जाता था।

नारायण ने ठान लिया कि वे अपनी माँ को वह सब दिखाएँगे जो उन्होंने विदेश में रहकर सीखा है, इसलिए एक दिन वे सीधे घर की छोटी सी रसोई में जा पहुँचे। यह दृश्य पूरे घर के लिए अनोखा था। घर की महिलाएँ आश्चर्य से दरवाज़े के पास खड़ी हो गईं और उन्हें चूल्हे के सामने काम करते देखती रहीं। आस पास की युवा लड़कियाँ भी कौतूहल से झाँकती हुई हँसतीं और एक दूसरे को आगे खिसकाकर भीतर का दृश्य देखने की कोशिश करती रहीं। सच तो यह था कि उनकी दक्षता उस समय केवल एक ऑमलेट बनाने तक ही सीमित थी, पर जिस आत्मविश्वास और गर्व के साथ उन्होंने उसे तैयार किया, उससे वह साधारण व्यंजन भी विशेष बन गया। गाँव की उस सादी रसोई में यह क्षण केवल खाना बनाने का नहीं था, बल्कि एक नई सोच के प्रवेश का प्रतीक था, जहाँ विदेश से लौटा बेटा घर की परंपराओं के बीच एक अलग अनुभव जोड़ रहा था।

ऑमलेट तैयार होते ही सब उसे देखकर बहुत प्रभावित हुए। सबने उसका स्वाद चखा और उसे पसंद भी किया। उसके बाद जब भी नारायण गाँव में रहते, यह व्यंजन नाश्ते का नियमित हिस्सा बन जाता।

नारायण स्वभाव से सरल थे और उन्हें गाँव का साधारण भोजन ही सबसे अधिक प्रिय था। उनका पसंदीदा व्यंजन बेसन था, जिसे महाराष्ट्र के अन्य भागों में पिठला कहा जाता है और जो चने के आटे से तैयार की जाने वाली पतली सब्जी जैसा होता है। कुरूड उस क्षेत्र में स्थित है जिसे उस समय सेंट्रल प्रोविंस और बरार के नाम से जाना जाता था। बाद में यह क्षेत्र दो भागों में विभाजित हुआ। एक भाग मध्य प्रदेश बना और बरार का क्षेत्र, जिसमें नागपुर और आसपास के इलाके आते थे, महाराष्ट्र में शामिल हो गया। इस क्षेत्र में हिंदी व्यापक रूप से बोली जाती थी और दैनिक बोलचाल के अनेक शब्द खानदेश या पुणे की शुद्ध मराठी की अपेक्षा हिंदी से अधिक मेल खाते थे।

नारायण को आम्बिल बहुत प्रिय था, जो प्रतिदिन ज्वार से तैयार किया जाता था। उनका एक और पसंदीदा व्यंजन मांगुर मछली थी, जो वैनगंगा नदी से ताज़ी पकड़ी जाती थी। आगे के वर्षों में भी जब वे अपने गाँव आते, तो अपने बड़े भाई विठोबा से विशेष रूप से कहते कि भोजन में मांगुर मछली अवश्य बनाई जाए। उनके गाँव आने का अवसर हमेशा किसी बड़े आयोजन जैसा होता था। आसपास के गाँवों से उनके मित्र और रिश्तेदार उके के घर एकत्र हो जाते और पूरा माहौल उत्सव में बदल जाता। लोग उन्हें चारों ओर से घेर लेते, और वे गाँव की स्थितियों, लोगों की समस्याओं तथा आपसी संबंधों से जुड़ी छोटी छोटी उलझनों पर चर्चा करते और उन्हें सुलझाने का प्रयास करते।

1949 में कुरूड में कुछ समय बिताने के बाद नारायण दिल्ली चले गए और वहीं से उनके जीवन ने एक नया मोड़ लिया। दिल्ली में उनकी मुलाकात रायसाहब जी. टी. मेश्राम से हुई, जो डॉ. बी. आर. अंबेडकर के घनिष्ठ मित्र थे। रायसाहब की दो बेटियाँ थीं और वे अपनी छोटी बेटी कमल के लिए उपयुक्त वर की तलाश कर रहे थे। डॉ. अंबेडकर नारायण को लंदन के दिनों से भली भाँति जानते थे, क्योंकि वहाँ कई बैठकों और चर्चाओं में उनका निकट संपर्क रहा था। नारायण का व्यक्तित्व उन्हें प्रभावित करता था, इसलिए उन्होंने रायसाहब को सुझाव दिया कि वे अपनी बेटी कमल के लिए नारायण को एक उपयुक्त वर के रूप में विचार कर सकते हैं।

यह संबंध कैसे तय हुआ, इसकी पूरी कहानी आप आगे उचित स्थान पर पढ़ेंगे। अभी इतना कहना पर्याप्त है कि नारायण और कमल की सगाई की रस्म 1, हार्डिंग एवेन्यू, जो आज 1, तिलक रोड के नाम से जाना जाता है, नई दिल्ली में डॉ. अंबेडकर के निवास पर संपन्न हुई थी।

1, हार्डिंग एवेन्यू

चूँकि नारायण के माता पिता उस समय दिल्ली में उपस्थित नहीं थे, इसलिए डॉ. अंबेडकर और उनकी पत्नी ने उनके अभिभावकों की भूमिका निभाई और सगाई की सभी आवश्यक रस्में स्वयं पूरी कराईं।

सगाई के बाद नारायण स्वयं कुरूड पहुँचे और अपने माता पिता को सारी बात विस्तार से बताई। फिर वे उन्हें अपने साथ दिल्ली ले आए, ताकि दोनों परिवार आमने सामने मिल सकें। दिल्ली में उनके ठहरने की व्यवस्था रायसाहब जी. टी. मेश्राम के घर पर हुई। कमल और उसकी बहन विमल ने पूरे मन से उनका स्वागत किया और उन्हें शहर घुमाया। इसी दौरान उन्हें डॉ. अंबेडकर के घर रात्रिभोज के लिए आमंत्रित किया गया। वहाँ बातचीत के समय गोमाजी का सरल किन्तु आत्मविश्वासी व्यक्तित्व सबके सामने स्पष्ट दिखाई दिया। वे कम बोलते थे, पर जो भी कहते थे, ठहराव और समझ के साथ कहते थे। डॉ. अंबेडकर उनके व्यवहार से विशेष रूप से प्रभावित हुए। विदा के क्षण में जब गोमाजी सम्मान प्रकट करने के लिए झुकने लगे, तब डॉ. अंबेडकर ने तुरंत उनका हाथ पकड़कर उन्हें सीधा किया

और आदरपूर्वक कहा, "आप मुझसे बड़े है, कृपया मेरे सामने मत झुकिये, मैं आपको नमस्कार करता हूँ।"

कमल को एक साड़ी और सोने की अंगूठी भेंट करने के बाद गोमाजी और रेणुका कुरूड के लिए रवाना हो गए। वे अपने गाँव लौटकर परिवार की तैयारियाँ करना चाहते थे और अपने अन्य बेटों को नारायण और कमल के विवाह में शामिल होने के लिए भेजना चाहते थे। विवाह की तिथि 8 मई 1949 निर्धारित की गई थी।

परिशिष्ट एक

लंदन में डॉ. आंबेडकर

डॉ. अंबेडकर से पहली भेंट का यह विवरण एन. जी. उके की डायरी से लिया गया है।

शनिवार 26.10.1946

मैं श्री बी. डी. खोबरागड़े और श्री एम. ए. कांबले के साथ लगभग बारह घंटे तक बाहर रहा। हम डॉ. बाबासाहेब अंबेडकर से मिलने का प्रयास कर रहे थे।

आखिरकार शाम लगभग साढ़े छह बजे हमें उनसे टस्कन होटल, शैफ्ट्सबरी एवेन्यू के कमरा नंबर 2 में मिलने का अवसर मिला। हम लगभग तीन घंटे उनके साथ रहे। बातचीत का वातावरण बहुत आत्मीय और आनंदपूर्ण था। हमने उनसे अनेक प्रश्न किए और डॉ. साहेब ने धैर्यपूर्वक प्रत्येक प्रश्न का उत्तर दिया। उन्होंने यह भी बताया कि अपने जीवन के अंत से पहले वे दो पुस्तकें लिखना चाहते हैं:-

1) बुद्ध का जीवन,

2) प्राचीन भारत में क्रांति और प्रतिक्रांति

उन्होंने हमें मिलनसार बने रहने और अधिक से अधिक लोगों से संपर्क और मित्रता बढ़ाने की सलाह दी। साथ ही उन्होंने हमें सर फ्रेंक ब्राउन, ईस्ट इंडिया एसोसिएशन, वेस्टमिंस्टर चैंबर, 3 विक्टोरिया स्ट्रीट, एस डब्ल्यू 1 का पता भी नोट करवा दिया, ताकि हम वहाँ जाकर उपयोगी संपर्क बना सकें।

डॉ. साहेब ने हमें समझाया कि जब हम कोई पुस्तक पढ़ें, तो हमें उस अंतिम पढ़ी हुई पुस्तक के प्रभाव में बंधकर नहीं रह जाना चाहिए। जिस विषय पर हम पढ़ रहे हों, उससे संबंधित पहले पढ़ी गई सभी बातों को स्मरण रखना चाहिए और नई पुस्तक के विचारों की तुलना अपने पूर्व ज्ञान से करनी चाहिए। मन में यह तुलना और विचारों का संतुलन रहेगा तभी हम स्वतंत्र रूप से अपनी राय बना सकेंगे। उन्होंने कहा कि किसी विषय को समझने के लिए केवल पढ़ना पर्याप्त नहीं है, बल्कि उसके भिन्न दृष्टिकोणों पर विचार करना भी आवश्यक है। इसी प्रक्रिया से व्यक्तित्व विकसित होता है। उनका मानना था कि मस्तिष्क को एक मशीन की तरह कार्य करना चाहिए, जो तथ्यों को व्यवस्थित रूप से एकत्र करे और

उनका विश्लेषण करे, न कि चलचित्र की भाँति जहाँ एक दृश्य आता है और तुरंत लुप्त हो जाता है।

उन्होंने आगे कहा, "ज्ञान एक कठोर और चुनौतीपूर्ण गुरु है, वह आधे मन से काम करने वालों को स्वीकार नहीं करता। अंग्रेज़ी एक उत्कृष्ट भाषा है, क्योंकि यह लचीली है और उसमें भावों के अनेक सूक्ष्म अर्थ व्यक्त किए जा सकते हैं। इस भाषा में विचारों को स्पष्ट और प्रभावशाली ढंग से रखा जा सकता है। मुझे अंग्रेज़ी भाषा विशेष रूप से प्रिय है। आपको जिस भी भाषा में काम करना हो, उसमें दक्ष होना चाहिए। उसे बेहतर बनाने के लिए अच्छे वाक्यांशों के नोट्स तैयार करें और शब्दकोश देखकर शब्दों का सही अर्थ समझें। आपकी स्मरण शक्ति मजबूत होनी चाहिए।"

उन्होंने हमें यह भी समझाया कि पुस्तकों को जल्दबाज़ी में नहीं पढ़ना चाहिए। उन्होंने बताया कि किसी पुस्तक को पढ़ लेने के बाद वे पूरी जानकारी को दो या तीन पृष्ठों में संक्षेप में लिखते हैं, और हमें भी यही अभ्यास अपनाना चाहिए। उनके पास कई सूचक कार्ड होते थे, जिनके एक ओर वे लेखक का नाम और संस्करण का वर्ष लिखते थे, और दूसरी ओर पुस्तक की मुख्य विषयवस्तु का सार दर्ज करते थे। इसी अभ्यास के कारण उन्हें "नेपोलियन टाइम्स" के परिशिष्ट का विवरण याद रहा, जिसे उन्होंने 1921 में पढ़ा था और पच्चीस वर्ष बाद 1946 में भी स्मरण रखा। वे कोलिंडेल गए, उस अंश को दोबारा पढ़ा और कुछ ऐसी पुस्तकें भी पूरी कीं जिन्हें उन्होंने पहले अधूरा छोड़ दिया था। यह सब उनके शोध कार्य के लिए उपयोगी सिद्ध हुआ, विशेष रूप से उनकी पुस्तक "द ओरिजिन ऑफ़ द अनटचेबल" के संदर्भ में।

(मेरी टिप्पणी यह है कि कोलिंडेल उत्तर पश्चिम लंदन का एक क्षेत्र है, जहाँ 1902 में ब्रिटिश लाइब्रेरी का एक भंडार स्थापित किया गया था और वहीं समाचार पत्रों का संग्रह रखा गया था।)

उन्होंने कहा, "सोच अक्सर कठिनाइयों से जन्म लेती है, अन्यथा जीवन तो प्रायः आदत के सहारे ही चलता रहता है। हम बिना अधिक विचार किए रोज़ उसी रास्ते पर चलते हैं, वही कार्य दोहराते हैं। पर जैसे ही हमारे सामने कोई असामान्य स्थिति आ जाती है, जैसे कोई खाई या गड्ढा, तब हम रुककर सोचने को मजबूर होते हैं कि आगे कैसे बढ़ें। विचार की प्रक्रिया तभी सक्रिय होती है जब चुनौती सामने खड़ी हो।

उन्होंने यह भी कहा कि अपनी भाषा में दृढ़ता और स्पष्ट सहमति का प्रयोग करना चाहिए। कुछ लोग उन पर यह आरोप लगाते हैं कि वे कठोर बोलते हैं या दूसरों को आहत कर देते हैं, पर उनका मानना था कि विचारों को स्पष्ट और ठोस रूप में रखना आवश्यक है। परिस्थितियों के अनुसार संतुलन रखना चाहिए, पर अपने मत को बिना झिझक प्रकट करना भी उतना ही महत्वपूर्ण है।"

उन्होंने कहा कि हमें पढ़ने की आदत विकसित करनी चाहिए और पूरी लगन के साथ अध्ययन करना चाहिए। अपने छात्र जीवन को याद करते हुए उन्होंने बताया कि उनका मन एक ही लक्ष्य पर केंद्रित रहता था। उनका ध्यान केवल पढ़ाई पर था। वे किसी और बात में नहीं उलझते थे, न मित्रता में समय लगाते थे और न ही अनावश्यक चिंताओं में। उनके लिए अध्ययन ही सबसे महत्वपूर्ण था। वे फिजूल खर्च से दूर रहते थे और जो भी धन खर्च करते थे, वह मुख्य रूप से पुस्तकों पर होता था, क्योंकि पढ़ना उनका सबसे बड़ा शौक था। उन्होंने मुस्कराकर कहा कि उनकी दो प्रिय वस्तुएँ हैं, चाय और किताबें।

उन्होंने बताया कि उन दिनों उन्होंने मुश्किल से तीन या चार चलचित्र देखे होंगे। न्यूयॉर्क में उनका अधिकांश समय पुस्तकालय में बीतता था। वे सुबह साढ़े आठ बजे से रात साढ़े ग्यारह बजे तक लगातार अध्ययन करते थे और बीच में केवल आधे घंटे का अवकाश दोपहर के भोजन के लिए लेते थे।

डॉ. साहेब ने हमें अपनी जन्मतिथि के बारे में भी बताया। उन्होंने कहा, "मेरी दर्ज की गई जन्मतिथि 14 अप्रैल 1892 है, पर वास्तव में मेरा जन्म 1894 में हुआ था। मैं मैट्रिक की परीक्षा के लिए आयु में छोटा था, इसलिए मेरे पिता ने प्रमाणपत्र में वर्ष बदलकर 1892 दर्ज करा दिया। मेरा विश्वास है कि मनुष्य को अनावश्यक रूप से लंबा जीवन नहीं जीना चाहिए। जब उसका उद्देश्य या कार्य पूरा हो जाए, तब उसके जीवन की सार्थकता भी पूर्ण हो जानी चाहिए।"

उन्होंने आगे कहा, "मेरा जन्म मूल नक्षत्र में हुआ था। जब मैं बहुत छोटा था, तभी मेरी माँ का देहांत हो गया, और उसी कारण परिवार में मुझे अशुभ मान लिया गया। मेरी बहनें भी मुझसे दूरी बनाए रखती थीं। मुझे अपने सही जन्मस्थान का भी स्पष्ट ज्ञान नहीं है, पर खेड़ तालुका में अंबेड नाम से मेरा कुछ संबंध रहा है। आगे चलकर मैं बड़ौदा राज्य में लेफ्टिनेंट के पद पर नियुक्त हुआ।"

उन्होंने कहा, "हर पीढ़ी का दायित्व है कि वह अपने समय की कठिनाइयों और अव्यवस्थाओं को दूर करे, ताकि अगली पीढ़ी के लिए मार्ग सरल हो सके। हमारे पूर्वज यह कार्य नहीं कर सके, इसलिए मुझे बिल्कुल आरंभ से शुरुआत करनी पड़ी। मैंने अपना सार्वजनिक जीवन 1919 में प्रारंभ किया, जब श्री भटकर द्वारा आयोजित एक सभा में मैंने भाषण दिया। उस समय अनेक लोगों ने उस सभा में आने से इंकार कर दिया था और मुझे लगभग खाली पंडाल में बोलना पड़ा। पर आज स्थिति बदल चुकी है। अब थोड़े ही समय में पचास हजार लोग भी मेरी सभा में एकत्र हो सकते हैं।"

उन्होंने कहा, "मेरा विश्वास केवल पुरुषों पर नहीं, बल्कि महिलाओं पर अधिक है। यदि किसी महिला के मन में सही भावना और उद्देश्य भर दिया जाए, तो वह पूरी निष्ठा से साथ निभाती है। हमारी महिलाओं ने भी उल्लेखनीय प्रगति की है और समाज में अपनी क्षमता सिद्ध की है।"

इसके बाद डॉ. साहेब ने हमसे 1927 में महाड में घटित घटनाओं पर विस्तार से चर्चा की।

"1927 में महाड में मनुस्मृति दहन के बाद मेरी जान को गंभीर खतरा उत्पन्न हो गया था। यह चर्चा फैल गई थी कि मेरी हत्या की जा सकती है। स्थिति इतनी तनावपूर्ण थी कि पुलिस ने मुझे अपनी विशेष बस में बैठाकर अपने अधिकार क्षेत्र से बाहर सुरक्षित स्थान पर पहुँचा दिया।"

उन्होंने कहा, "इन दिनों मैं 'प्रॉब्लम ऑफ अनटचेबल्स' और 'ओरिजिन ऑफ अनटचेबल्स' पर काम कर रहा हूँ। मेरा मानना है कि जो व्यक्ति पैसे के प्रभाव में आ जाता है, वह सच्ची ईमानदारी नहीं रख सकता। गांधी भी मेरे बारे में यह जानते थे कि मैं बिकाऊ नहीं हूँ। हर नेता को आर्थिक रूप से स्वतंत्र होना चाहिए। राजनीति किसी का पहला पेशा नहीं बनना चाहिए, वह मुख्य कार्य के बाद की जिम्मेदारी होनी चाहिए। उसे जीवन का एक सहायक कार्य माना जाना चाहिए। मैं स्वयं को एक जागरूक व्यक्ति मानता हूँ और इसी अर्थ में मैं स्वयं को धार्मिक भी कहता हूँ। मुझे अपने सार्वजनिक जीवन के रिकॉर्ड पर गर्व है। ऐसा एक भी उदाहरण नहीं है जहाँ मैंने अपने मुवक्किल के साथ विश्वासघात किया हो।"

इसके बाद मैंने उनसे पूछा, "डॉ. साहेब, क्या आपने अपने जीवन में कभी असत्य कहा है?"

उन्होंने उत्तर दिया, "सद्धर्म पुंडरीक।"

(मेरी टिप्पणी यह है कि सद्धर्म पुंडरीक महायान बौद्ध परंपरा का एक महत्वपूर्ण सूत्र है। इसमें यह सिद्धांत व्यक्त किया गया है कि प्रत्येक व्यक्ति के भीतर बुद्धत्व का तत्व विद्यमान है और इसलिए मोक्ष या ज्ञान की संभावना सबके लिए समान रूप से उपलब्ध है।)

इसके बाद उन्होंने हमें एक उदाहरण सुनाया। उन्होंने कहा कि यदि किसी घर में आग लग जाए और माता पिता किसी तरह बाहर निकल आएँ, पर बच्चे भीतर ही रह जाएँ, तो उन्हें बचाने के लिए कोई भी उपाय करना आवश्यक है। यदि उस समय बाहर खड़ा व्यक्ति बच्चों को बाहर लाने के लिए यह कहे कि उनके लिए सुंदर गुड़िया लाई गई हैं और उन्हें दिखाकर बाहर बुलाए, भले ही वे गुड़िया पड़ोसियों से उधार ली गई हों, तो वह असत्य नहीं माना जाएगा। उनका आशय यह था कि किसी की भलाई और प्राणरक्षा के लिए कहा गया ऐसा वचन नैतिक दृष्टि से गलत नहीं होता।

डॉ. साहब ने बताया कि उनका निजी जीवन बिल्कुल साफ और पारदर्शी रहा है। उन्होंने कहा कि वह स्वभाव से ऐसे व्यक्ति हैं जो हर बात को मन में दबाकर नहीं रखते, बल्कि स्वयं से सच्चाई स्वीकार करते हैं। उन्होंने समझाया, "हर रात सोने से पहले मैं पूरे दिन पर शांत मन से विचार करता हूँ। मैं देखता हूँ कि दिन भर में मैंने क्या किया, कैसी बातें कहीं और किन कार्यों में भाग लिया। उसके बाद मैं स्वयं के सामने अपनी गलतियों और अच्छाइयों को स्वीकार करता हूँ। मुझे यह अनुभव हुआ है कि जीवन में कई लोगों ने मेरे साथ अन्याय किया, लेकिन मैंने कभी किसी के साथ जानबूझकर कोई गलत व्यवहार नहीं किया। मेरे पिताजी हमेशा मुझे यह सीख देते थे कि भलाई करो और उसे भूल जाओ।"

मेरे सामने अवसरों की कोई कमी नहीं है, लेकिन हमें ऐसे लोगों की आवश्यकता है जो पूरी तरह ईमानदार हों। हमें हर समय यह सिद्ध करना पड़ता है कि हम सबसे योग्य व्यक्ति से भी बेहतर हैं। मैंने अपने काम के माध्यम से यह बात स्पष्ट कर दी है। मैं हर एग्जीक्यूटिव काउन्सलर से अधिक सक्षम हूँ।सभी यूरोपीय अधिकारी भी मेरा दबदबा मानते हैं । अगले दस वर्षों तक कोई और यूरोपीय मुख्य अभियंता नियुक्त नहीं होगा। क्या कोई भारतीय, चाहे वह कांग्रेसी हो या राष्ट्रवादी, ऐसा परिणाम ला सकता है। अपने कार्यालय के अंतिम दिन तक मैंने पूरी निष्ठा से संघर्ष किया है और हमारे लिए बारह दशमलव पचहत्तर प्रतिशत आरक्षण स्वीकृत करवाया है। मैं कल्पनाओं में नहीं खोता हूँ। मुझे गहरी और शांत नींद आती है। यदि कभी कोई सपना आता भी है, तो वह शायद वर्ष में एक बार ही आता है। मैं प्रायः रात दो बजे सोता हूँ और सुबह पाँच बजकर तीस मिनट पर उठ जाता हूँ।

मैं भारत के विभाजन का समर्थन नहीं करता। जब मैं लेबर मेंबर के पद पर कार्य कर रहा था, उसी समय से मेरे विचारों में परिवर्तन आया है। अब मुझे स्पष्ट रूप से महसूस होता है कि देश का बँटवारा नहीं होना चाहिए। "पाकिस्तान" शब्द लिखते समय भी मेरे मन में पीड़ा और असहजता का अनुभव होता है।

फिर भी मैंने "क्या पाकिस्तान होना चाहिए?" नामक अध्याय में अपने विचार स्पष्ट रूप से रखने का प्रयास किया है। जो बात मुझे आवश्यक लगी, उसे पूरी ईमानदारी से लिखने की कोशिश की। लेकिन लोग उसे गंभीरता से लेने के बजाय छोटी बात समझ रहे हैं और अन्य विषयों को अधिक महत्व दे रहे हैं। यह स्थिति मुझे दुखी करती है। इसी कारण मेरे मन में गहरी चिंता उत्पन्न हो रही है।

डॉ. साहब ने हमें सलाह दी कि हम ब्रिटिश म्यूज़ियम के सामने स्थित लूज़ैक ओरिएंटल बुक सेलर के पास जाकर "हू वेयर द शूद्राज़?" पुस्तक पढ़ें। उन्होंने यह भी बताया कि यह पुस्तक टक्कर एंड कंपनी में भी उपलब्ध है, जहाँ से इसे आसानी से लिया जा सकता है।

उत्साह दिखाने के लिए कई बार मन को सीमित दायरे में रखना पड़ता है। बहुत से लोगों ने मुझसे यह प्रश्न किया है कि आप बड़े राष्ट्रीय या सामाजिक मुद्दों पर ध्यान क्यों नहीं देते और अपने कार्य को केवल अपनी समुदाय तक ही क्यों सीमित रखते हैं।

मैं उनसे यही कहता हूँ कि बहुत से लोग बड़ी और व्यापक समस्याओं की बात तो करते हैं, लेकिन छोटी और साधारण दिखने वाली परेशानियों पर ध्यान देने वाला कोई नहीं होता। इसलिए मुझे उन्हीं छोटे मुद्दों पर काम करना पड़ता है, जिन्हें लोग अक्सर अनदेखा कर देते हैं। यदि कोई मेरे पास आकर कहे कि हमें अब आपकी आवश्यकता नहीं है, तो मैं शांतिपूर्वक पद छोड़ दूँगा। जो भी आगे आना चाहे, उसके लिए मैं पूरा मार्ग खुला कर दूँगा, लेकिन उसने पहले समाज की सेवा में कुछ योगदान दिया होना चाहिए। लोगों की भलाई करने के लिए केवल विधानसभा में जाना ही आवश्यक नहीं है। समाज सेवा के कई अन्य साधन भी हैं। आप लोगों के विचारों में परिवर्तन ला सकते हैं, उन्हें शिक्षा दे सकते हैं और उन्हें संगठित कर सकते हैं। सी पी के कुछ युवक बहुत योग्य हैं। कवाडे भी अच्छे कार्यकर्ता हैं।

मैंने (उके) डॉ. साहेब से नागपुर के श्री जी. टी. मेश्राम के विषय में पूछा। डॉ. साहेब ने कहा, "वे बहुत अच्छे और योग्य व्यक्ति हैं। हमने उन्हें चुनाव लड़ने के लिए प्रत्याशी बनाया था। ठवरे को अपनी उपाधि त्याग देनी चाहिए थी, क्योंकि मुझे ऐसे ख़िताब पसंद नहीं हैं। मुझे भी 'सर' या के सी आई की उपाधि देने की बात कही गई थी, लेकिन मैंने स्पष्ट रूप से

मना कर दिया कि मुझे यह स्वीकार नहीं है। हमें केवल डिग्री प्राप्त करना ही उद्देश्य नहीं रखना चाहिए, बल्कि हमें सम्मान और सच्चा ज्ञान अर्जित करना चाहिए। यदि आप सार्वजनिक जीवन में कार्य करना चाहते हैं, तो अंत तक पूरी ईमानदारी बनाए रखना आवश्यक है। लोगों के साथ कभी छल नहीं करना चाहिए और सदैव सत्यनिष्ठ रहना चाहिए। यह सब इसलिए संभव हुआ क्योंकि मैं वहाँ उपस्थित था।"

डॉ. साहेब ने सिद्धार्थ कॉलेज के विषय में विस्तार से और आशा से भरी बातें कीं। उन्होंने कहा कि हमारे समाज के लोगों को स्वयं आगे आकर कॉलेज की जिम्मेदारी संभालनी चाहिए और उसका संचालन अपने हाथों में लेना चाहिए। डॉ. साहेब ने आगे कहा, "दशरथ पाटिल और खोबरागड़े को हमारे उद्देश्य के लिए दान में बड़ी राशि देनी चाहिए। मैं भी ऐसे कार्यों के लिए धन एकत्रित करना चाहूँगा।"

डॉ. साहेब ने बताया कि जब वे अर्ल्स कोर्ट में ठहरे हुए थे, उस समय वे नियमित रूप से ब्रिटिश म्यूज़ियम, रसेल स्क्वायर जाया करते थे। वहाँ उन्होंने संसदीय प्रक्रिया से जुड़ी पुस्तकों और उसकी कार्यवाही के विवरण का गहराई से अध्ययन किया था।

डॉ. साहेब ने कहा, "सन् 1932 में, राउंड टेबल कॉन्फ्रेंस के समय मैंने चर्चिल से प्रतिप्रश्न किए थे। हमारी बातचीत हमेशा गंभीर और प्रभावशाली हुआ करती थी। जब मैं छात्र था, तब मैंने कभी अनावश्यक खर्च नहीं किया। एक ही सूट पहनकर मैं कई दिनों तक काम चला लेता था।" आज भी डॉ. साहेब का पहनावा बहुत सादा था। उन्होंने साधारण कपड़े और सरल टाई पहन रखी थी। उनकी शर्ट में साधारण स्थिर कॉलर लगा था, जो अलग से लगाया जाने वाला नहीं था। उन्हें वानखेड़े भी याद थे।

डॉ. साहेब हमारे लोगों के परिणामों को लेकर काफी चिंतित दिखाई दे रहे थे। उन्होंने कहा कि हमारे सामान्य लोग स्वभाव से बहुत सच्चे और सीधे होते हैं। फिर उन्होंने एक मिस्टर एन. टी. के. का उल्लेख किया, जो एक अच्छी पदवी पर कार्य कर रहे थे। डॉ. साहेब ने बताया कि वे अपनी जाति बताने से कतराते थे और अपने माता पिता को समाज के सामने लाने में भी संकोच करते थे, क्योंकि वे साधारण ग्रामीण पृष्ठभूमि से थे। एक बार जब उनके माता पिता उनसे मिलने उनके कार्यालय पहुँचे, तो उन्होंने उन्हें पहचानने से ही इनकार कर दिया। डॉ. साहेब ने इसे अत्यंत दुखद और लज्जाजनक बताया। उनका कहना था कि किसी भी व्यक्ति को अपने माता पिता और अपने मूल परिवेश पर कभी शर्म महसूस नहीं करनी चाहिए।

बॉम्बे- छुआछूत के खिलाफ कानून पर चर्चा करते हुए डॉ. साहेब ने कहा, "कानून प्रायः अल्पसंख्यकों को दंडित करने के लिए लागू किया जाता है, बहुसंख्यकों पर उसका प्रभाव बहुत कम पड़ता है। गांधी और कांग्रेस जैसे लोग पूरी तरह ईमानदार नहीं हैं। उन्होंने यह कदम हमारे व्हिप के दबाव के कारण उठाया। राजगोपालाचारी शिक्षा विभाग में हैं। मुझे आशंका है कि जब तक मंडल और जगजीवन राम उन्हें कुछ ठोस और सकारात्मक करने के लिए बाध्य नहीं करेंगे, तब तक वे हमारे लिए हितकारी सिद्ध नहीं होंगे।" बाबासाहेब शिवराज को लेकर भी चिंतित दिखाई दे रहे थे। शिवराज ने रविवार को डॉ. साहेब से भेंट की थी और कहा था कि वे सोमवार को वापस आएँगे, और उन्होंने वैसा ही किया। उस दिन हमारी बातचीत बहुत आत्मीय और खुली रही। डॉ. साहेब का वजन पहले से कुछ कम प्रतीत हो रहा था और उनका रंग भी थोड़ा सांवला लग रहा था। संभव है कि वे अपने कार्य और उसके दबाव के कारण अत्यधिक चिंतित और थके हुए हों।

डॉ. साहेब ने यह भी कहा कि उनके भीतर सौंदर्य की गहरी समझ है और उन्हें कला से विशेष लगाव है। उन्होंने बताया कि उन्हें भविष्य से बहुत आशा है और उनका विश्वास है कि अंत में हमारी सफलता निश्चित है, क्योंकि हमारा उद्देश्य सही और न्यायपूर्ण है। उन्होंने यह भी कहा कि कांग्रेस पाँच वर्ष भी प्रभावी ढंग से कार्य नहीं कर पाएगी और आगे चलकर अलग अलग संस्थाएँ और संगठन बनेंगे। उन्होंने कहा, "मैंने बंगाल में सूची में प्रथम स्थान प्राप्त किया था। मैंने शरत चंद्र बोस को भी पराजित किया था। मुझे समझ में नहीं आता कि लोग खांडेकर जैसे व्यक्ति को समाप्त करने में अपनी शक्ति क्यों नष्ट करते हैं।" बाबा साहेब ने हमें यह भी बताया कि वे सुबह नाश्ता और दोपहर का भोजन करते हैं, लेकिन शाम का भोजन नहीं लेते। शाम को वे केवल चाय या कॉफी पीते हैं। वे भारतीय रेस्तरां या होटलों में जाना पसंद नहीं करते और कहते हैं कि वे उन्हें अच्छे नहीं लगते। उन्हें अंग्रेजी शैली के होटल अधिक पसंद हैं।

डॉ. साहेब ने कहा कि बॉम्बे की सरकार तो ठीक कार्य कर रही है, लेकिन सी. पी. और बरार की सरकार सत्याग्रहियों को अनावश्यक रूप से बहुत अधिक परेशान कर रही है। उन्होंने इसे अनुचित और दुखद बताया। उन्होंने आगे कहा, "यदि मैंने स्वयं को कांग्रेस या मुसलमानों के हाथों बेच दिया होता, तो आज मैं अत्यंत धनवान होता। यदि मैं कांग्रेस में शामिल हो जाता, तो मुझे लाखों रुपये मिल सकते थे। और यदि मैंने इस्लाम स्वीकार कर लिया होता, तो मुझे करोड़ों रुपये प्राप्त हो सकते थे। हम हिंदू नहीं हैं। नस्ल के आधार पर भले ही हमें एक माना जाए, पर हम स्वयं को हिंदू नहीं मानते। यदि हमें उचित सुरक्षा और

सम्मान मिले, तो स्थिति अलग होगी। लेकिन यदि हमें सुरक्षा नहीं मिली, तो मैं अपना धर्म बदलने और कोई नया मार्ग अपनाने पर विचार करूँगा। संभव है कि मैं बौद्ध धर्म को स्वीकार कर लूँ।"

13 नवंबर 1946 को डॉ. अंबेडकर ने मिस्टर चर्चिल को एक पत्र लिखा था। यह पत्र चर्चिल पेपर्स में संदर्भ संख्या CHUR 2/52A/41 के अंतर्गत सुरक्षित है।

इस पत्र में डॉ. अंबेडकर ने WSC, अर्थात् विंस्टन स्पेंसर चर्चिल, को उनकी कृपा और अछूतों के प्रति दिखाई गई सहानुभूति के लिए धन्यवाद दिया था। उन्होंने उन्हें चार्टवेल, जो सर विंस्टन चर्चिल का निवास स्थान था, आने के अवसर के लिए भी आभार व्यक्त किया। साथ ही उन्होंने निवेदन किया कि WSC उनके कुछ भारतीय मित्रों को, जिनमें जी. एस. धूपिया भी सम्मिलित थे, उस परिसर के मैदान में आने की अनुमति प्रदान करें।

वर्षा के नोट्स:

(1) टस्कन होटल, 67 शैफ़्ट्सबरी एवेन्यू, लंदन में स्थित एक प्रथम श्रेणी का प्रतिष्ठित स्थान था।

(2) ईस्ट इंडिया एसोसिएशन की स्थापना सन् 1866 में दादाभाई नौरोजी ने की थी। सन् 1868 तक इसके लगभग छह सौ सदस्य हो चुके थे और सन् 1878 तक यह संख्या बढ़कर लगभग एक हजार तक पहुँच गई थी। सन् 1912 से इसमें महिला सदस्यों को भी शामिल किया जाने लगा। एसोसिएशन ने अपना एक पत्र भी प्रकाशित किया, जिसका नाम ईस्ट इंडिया एसोसिएशन जर्नल था। अपने कार्यकाल के दौरान इस संस्था ने भारत के आर्थिक विकास, साहित्य, सामाजिक प्रश्नों और महिला अधिकारों जैसे अनेक विषयों पर भारतीय और ब्रिटिश स्त्री पुरुषों के व्याख्यान आयोजित किए। ये व्याख्यान प्रायः एसोसिएशन की नियमित बैठक स्थल कैक्सटन हॉल, वेस्टमिंस्टर में आयोजित किए जाते थे।

मार्च 1940 में एक भारतीय क्रांतिकारी उधम सिंह ने कैक्सटन हॉल में माइकल ओ ड्वायर को गोली मार दी, जब वे वहाँ एक व्याख्यान दे रहे थे। माइकल ओ ड्वायर सन् 1919 में जलियांवाला बाग, अमृतसर के नरसंहार के समय पंजाब के पूर्व लेफ्टिनेंट गवर्नर रह चुके थे।

डॉ. अंबेडकर के साथ दूसरी मुलाकात एन. जी. उके की डायरी

मंगलवार 29.10.1946

यह डॉ. अंबेडकर के साथ हमारी दूसरी बैठक थी, जो रात नौ बजे आरंभ होकर लगभग बारह बजे तक चली। उस समय वहाँ श्री कदम, श्री पाटिल, श्री आवडे, श्री बोबड़े, श्री वानखेड़े, श्री खोबरागड़े और मैं भी उपस्थित थे। डॉ. साहेब के साथ हमारी बातचीत अत्यंत सहज, आत्मीय और घरेलू वातावरण में हुई। श्री पाटिल द्वारा कांग्रेस के समर्थन में रखे गए विचारों और डॉ. साहेब की राय में कुछ मतभेद स्पष्ट दिखाई दिए। डॉ. साहेब ने कहा कि नेहरू उतने बुद्धिमान नहीं हैं, जितना उन्हें समझा जाता है। उनका मत था कि उन्हें बुद्धिमान होने की केवल प्रतिष्ठा मिल गई है। डॉ. साहेब ने नेहरू की पुस्तकों पर भी प्रश्न उठाए। उन्होंने स्पष्ट कहा कि शिक्षा अपने आप में किसी का कल्याण नहीं करती, बल्कि वह केवल व्यक्ति को सोचने और समझने की क्षमता प्रदान करती है। उनके अनुसार शिक्षा और बुद्धिमत्ता दोनों भिन्न बातें हैं।

डॉ. साहेब का मत था कि यदि अनपढ़ लोग किसी नेता का अनुसरण करते हैं, तो उसमें उन्हें कोई विशेष कठिनाई नहीं होगी। उनका कहना था कि अनपढ़ व्यक्ति यह कह सकता है, "हम स्वयं गहराई से सोचने में सक्षम नहीं हैं, पर हमें विश्वास है कि श्री गांधी सही मार्ग पर हैं, इसलिए हम उनका अनुसरण कर रहे हैं।" डॉ. साहेब ने आगे कहा, "लेकिन एक शिक्षित व्यक्ति की अपनी स्वतंत्र राय होनी चाहिए। उसे अपने विचार स्वयं गढ़ने चाहिए और उन विचारों के पीछे ठोस तर्क और कारण होने चाहिए।" उन्होंने हमें सलाह दी कि लॉर्ड रेडिंग के जीवन पर उनके पुत्र द्वारा लिखित पुस्तक, द्वितीय खंड, अवश्य पढ़ें। साथ ही उन्होंने यह भी कहा कि रूसी क्रांति पर आधारित पुस्तक "Those 10 days that shook the World" की एक प्रति भी खरीदनी चाहिए।

उन्होंने कहा, "मुझे जिन्ना इसलिए पसंद हैं क्योंकि वे सीधे और स्पष्ट स्वभाव के व्यक्ति हैं। लेकिन गांधी ने भारत को बहुत नुकसान पहुँचाया है और अब वे हिंदुओं को भी कठिन परिस्थिति में डाल देंगे। उन्होंने मुसलमानों के लिए किसी भी अन्य हिंदू नेता से अधिक कार्य किया, यहाँ तक कि खिलाफत आंदोलन का भी समर्थन किया। फिर भी मुसलमान उनके

विरोध में क्यों हैं? केवल मुसलमान ही नहीं, अनेक हिंदू और अन्य लोग भी उनके विरुद्ध हैं। अवश्य ही उनके स्वभाव में कुछ ऐसी बात रही होगी जो लोगों को स्वीकार नहीं हुई।" उन्होंने आगे कहा कि हमें किसी भी विषय पर निर्णय लेने से पहले सभी तथ्य, आँकड़े और उपलब्ध विवरणों को ध्यान से पढ़ना और समझना चाहिए।

उन्होंने कहा, "यह कैसी सभ्यता है, जिसने छह करोड़ अछूतों को जन्म दिया, और साथ ही दो करोड़ आदिवासियों तथा दो करोड़ अन्य उपेक्षित समुदायों को भी हाशिये पर धकेल दिया? ऐसी व्यवस्था पर लोगों को लज्जा महसूस करनी चाहिए।"

बाबासाहेब के साथ तीसरी मुलाकात

शनिवार 02.11.1946

आज श्री शेंडे, श्री डहाट, श्री मंडल, श्री राय और श्रीमती मिरी को छोड़कर अनेक छात्र डॉ. साहेब से मिलने आए थे और हमारे समूह का सामूहिक चित्र लेने का कार्यक्रम बहुत सफल रहा। डॉ. साहेब आज विशेष रूप से प्रसन्न दिखाई दे रहे थे। मुझे श्री एस. वी. गायकवाड़, श्री वाई. सी. गायकवाड़ और वहाँ उपस्थित सभी साथियों का साथ अत्यंत अच्छा लगा। डॉ. साहेब हमारे बीच शाम लगभग चार बजे से रात नौ बजे तक, पूरे पाँच घंटे तक रहे। उन्होंने बताया कि शुक्रवार को वे पूरा दिन सर विंस्टन चर्चिल के साथ रहे थे और सर विंस्टन चर्चिल ने उनकी पुस्तक "व्हाट कांग्रेस एंड गांधी हैव डन टू द अनटचेबल्स" पढ़कर गहरी संतुष्टि और प्रसन्नता व्यक्त की थी।

सामूहिक चित्र लेने के बाद हम हॉवर्ड्स* में चाय पर एक छोटी सी बैठक के लिए गए। वहाँ से हम 4, डाउनसाइड क्रिसेंट* पहुँचे, जहाँ देर तक बातचीत और विचार विमर्श चलता रहा। वह दिन मेरे लिए अत्यंत आनंद का दिन था, सच कहूँ तो वह मेरे जीवन के सबसे सुखद दिनों में से एक था। हमारी बैठक की शुरुआत परिचय से हुई और फिर देर शाम तक विचारों का आदान प्रदान होता रहा। डॉ. साहेब हम सब से मिलकर बहुत प्रसन्न दिखाई दे रहे थे और उनकी आँखों में हमारे लिए गहरी आशा झलक रही थी। उन्होंने हमें जो सबसे महत्वपूर्ण संदेश दिया, वह यह था, "पढ़ाई करो, पढ़ाई करो, पढ़ाई करो और लगातार पढ़ाई करते रहो।"

उन्होंने कहा, "मैं चाहता हूँ कि तुम अपनी नौकरी को स्थिर और सुरक्षित करो, क्योंकि ये केवल साधारण नौकरियाँ नहीं हैं, बल्कि हमारे लिए रणनीतिक स्थान हैं। इन पदों का महत्व दूरगामी है। लेकिन अपने समाज के प्रति अपनी जिम्मेदारी कभी मत भूलना। हमें अपने उद्देश्य को पूरा करने के लिए बहुत परिश्रम करना होगा।"

डॉ. साहेब ने मुझे यह सलाह दी कि मुझे एयर कंडीशनिंग के क्षेत्र में विशेष योग्यता प्राप्त करने का प्रयास करना चाहिए। उनका कहना था कि हमारे अधिकांश विद्यार्थियों को इंजीनियरिंग की पढ़ाई की ओर ध्यान देना चाहिए, क्योंकि यह भविष्य के लिए उपयोगी सिद्ध होगी। मुझे ऐसा लगा जैसे दिन बहुत जल्दी बीत गया। सारी व्यवस्था बहुत अच्छे ढंग से की

गई थी। आज का दिन इतना अच्छा और संतोष देने वाला रहा कि मुझे अत्यंत प्रसन्नता हो रही है।

***नोट्स:-**

हावर्ड्स - सेंट्रल लंदन में एक होटल

4 डाउनसाइड क्रिसेंट - वह घर जहाँ एन. जी. उके रहते थे

बाबासाहेब के साथ चौथी मुलाकात

शनिवार 09.11.1946

मैंने श्री एहसानुल्लाह के साथ रात्रि भोजन किया। वे उस अवसर पर ईद का पर्व मना रहे थे।

उसके बाद मैं डॉ. साहेब से मिलने गया और रात लगभग दस बजकर बीस मिनट पर उनसे भेंट हुई। वे श्री तम्हाणकर के साथ रात्रि भोजन करके लौटे थे। मुझे देखते ही उनके चेहरे पर हल्की मुस्कान आ गई। हम दोनों लाउंज में बैठ गए। उस समय डॉ. साहेब उदास और चिंतित दिखाई दे रहे थे, क्योंकि उन्हें उसी सुबह जनता प्रेस में आग लगने की खबर मिली थी। यह दूसरी बार था जब प्रेस को जलाया गया था। उन्होंने कहा कि बॉम्बे की स्थिति बहुत खराब है और वे इसे लेकर अत्यंत व्याकुल हैं। उस दिन उन्होंने हमसे अधिक बातचीत नहीं की। हालांकि जब उन्होंने तस्वीर की प्रूफ प्रति देखी, तो उनके चेहरे पर संतोष और प्रसन्नता झलक उठी।

उन्होंने हमें बताया कि वे श्री एटली, श्री लॉरेंस और कई अन्य प्रमुख व्यक्तियों से मिले थे, लेकिन श्री क्रिप्स के अस्वस्थ होने के कारण उनसे भेंट नहीं हो सकी। डॉ. साहेब अपने इस प्रयास से अत्यंत संतुष्ट दिखाई दे रहे थे और उन्हें परिणाम के प्रति गहरी आशा थी। उन्होंने कहा, "ये नेता हमारे प्रति बहुत सहानुभूति रखते हैं। अब उन्हें यह समझ में आने लगा है कि अनुसूचित जाति के लोगों के साथ कितना अन्याय हुआ है। मुझे प्रसन्नता है कि मैं यहाँ आया। मुझे विश्वास है कि अंततः सब कुछ ठीक हो जाएगा।"

डॉ. साहेब सोमवार, 11 नवंबर 1946 को सुबह छह बजकर तीस मिनट पर भारत लौट रहे हैं। वे शनिवार, 19 अक्टूबर को लंदन आए थे और अब 11 नवंबर को वापस जा रहे हैं। मुझे इस बात की प्रसन्नता है कि उनका प्रयास सफल प्रतीत हो रहा है, यद्यपि उनके मिशन को वास्तव में कितनी सफलता मिली है, इसका सही आकलन अभी करना कठिन है।

कुल मिलाकर हमें डॉ. साहेब का साथ अत्यंत सुखद और प्रेरणादायक लगा। उनसे कई बार और इतने निकट से मिल पाने का अवसर हमारे लिए बड़े सौभाग्य की बात रही, और इससे हमें गहरी प्रसन्नता हुई। अब आगे क्या परिणाम सामने आते हैं, यह देखना शेष है। अंततः समय ही बताएगा कि भविष्य किस दिशा में आगे बढ़ेगा।

वर्षा की टिप्पणी:

जब मैंने यह छोटी किंतु अत्यंत महत्त्वपूर्ण डायरी पढ़नी शुरू की, तब मुझे अहसास हुआ कि कुछ ही घंटों में मैंने इतिहास को, रचते हुए देखा। यह सब एक जागरूक युवा छात्र, आने वाली पीढ़ियों के लिए, अपने सामने घटित हो रहे इन घटनाओं को शब्दों में दर्ज कर रहा था।

मुझे इंग्लैंड में विद्यार्थियों के बीच बाबासाहेब अंबेडकर के विचारों पर विस्तृत चर्चा की जानकारी मिली।एक दूरदर्शी महान व्यक्तित्व के विचारों को इतने निकट से समझने और अपने सामने इतिहास को आकार लेते देखना मेरे लिए एक अद्भुत और विस्मय से भरा अनुभव था।

परिशिष्ट दो

राजनीतिक प्रगति

एन. जी. उके की डायरी
3 दिसंबर 1946

3 दिसंबर को भारत के वायसराय, मोहम्मद अली जिन्ना, लियाकत अली खान, जवाहरलाल नेहरू और सरदार बलदेव सिंह प्रातः लगभग आठ बजकर तीस मिनट पर हीथ्रो हवाई अड्डे पर पहुँचे। वार्ता लगभग ग्यारह बजे आरंभ हुई। सबसे पहले नेहरू और बलदेव सिंह ने प्रधानमंत्री क्लेमेंट एटली से भेंट की, उसके बाद जिन्ना और लियाकत अली खान उनसे मिले। आज रात मुझे नेहरू को देखने और सुनने का अवसर मिला, किंतु यह अनुभव अपेक्षा के अनुरूप नहीं रहा। कार्यक्रम की व्यवस्था से मैं बिल्कुल संतुष्ट नहीं था। अनेक लोग वक्ताओं को ठीक से सुन ही नहीं सके। नेहरू ने सबसे पहले हिंदुस्तानी अथवा हिंदी में भाषण दिया और उनके बाद बलदेव सिंह ने भी हिंदी में अपने विचार व्यक्त किए। उनके भाषणों में मुझे कोई विशेष सार नहीं लगा। मुझे कहना पड़ेगा कि वे बहुत धीमी आवाज़ में और प्रभावहीन ढंग से प्रस्तुत किए गए। उनमें से कोई भी मुझे प्रभावित नहीं कर सका। नेहरू जब मेरे निकट से होकर गुज़रे, तो उन्हें देखने का अवसर मिला। सभा स्थल में चारों ओर घूमकर लोगों से मिलने का उनका विचार मुझे अच्छा लगा।

बैरन सोरेनसेन उस बैठक की अध्यक्षता कर रहे थे। मुझे पूरा कार्यक्रम संतोषजनक नहीं लगा। सारी व्यवस्था कुछ ऐसी प्रतीत हो रही थी मानो किसी भारतीय बाज़ार का सामान्य लेनदेन चल रहा हो। पूरे समय मेरे मन में डॉ. अंबेडकर की छवि उभरती रही और मैं उनके भाषण की तुलना श्री नेहरू और श्री बलदेव सिंह के भाषणों से करता रहा। डॉ. अंबेडकर का कहना था कि वक्ता के शब्दों में प्रभाव और ऊर्जा होनी चाहिए। परंतु श्री नेहरू और श्री सिंह के भाषणों में मुझे वैसी शक्ति दिखाई नहीं दी। उनमें वह चमक और उत्साह नहीं था, जो श्रोताओं को प्रेरित कर सके। हाँ, यह अवश्य कहना होगा कि जब नेहरू ने पुनः अंग्रेजी में भाषण दिया, तो वह उनके हिंदी भाषण की तुलना में अधिक प्रभावशाली लगा।

06.12.1946 शाम 6.00 बजे

विभिन्न पक्षों के बीच विचार विमर्श और उसके बाद विश्व को यह स्पष्ट करने के उद्देश्य से राउंड टेबल वार्ताएँ आयोजित की गईं। इन चर्चाओं का मुख्य संदेश यह था कि ब्रिटिश

सरकार भारत को ऐसी किसी भी सरकार के हाथों में सत्ता नहीं सौंपेगी, जो ऐसे संविधान के अंतर्गत बनी हो, जिसके निर्माण में देश की बड़ी आबादी की भागीदारी न रही हो।

ब्रिटिश सरकार ने स्पष्ट किया कि मुस्लिम अल्पसंख्यकों को दिए जाने वाले अधिकारों और उनकी भूमिका के विषय में वह हिंदू बहुसंख्यकों की व्याख्या को स्वीकार नहीं करेगी। कल रात जारी वक्तव्य में यह कहा गया कि श्री जिन्ना की व्याख्या को सही माना गया है। फिर भी इस कथन का यह अर्थ नहीं है कि सरकार प्रत्येक स्थिति में उनके मत को मानने के लिए बाध्य हो गई है।

12 दिसंबर 1946

हाउस ऑफ़ कॉमन्स में इस विषय पर दो दिनों तक बहस चली, जिसमें चर्चिल ने विशेष रूप से भाग लिया। उनका भाषण अत्यंत प्रभावशाली और सशक्त था। उन्होंने भारत के साठ मिलियन अछूतों और अन्य अल्पसंख्यकों के उद्देश्य का समर्थन किया। जिन्ना और लियाकत अली ने इस चर्चा के दौरान कोई वक्तव्य नहीं दिया।

13 दिसंबर 1946

किंग्सवे हॉल में श्री जिन्ना का एक व्याख्यान आयोजित किया गया था। इस कार्यक्रम का आयोजन मुस्लिम लीग की शाखा ने किया था। व्यवस्था की दृष्टि से यह आयोजन श्री नेहरू के कार्यक्रम की तुलना में अधिक सुव्यवस्थित लगा। कुल मिलाकर यह एक सफल और प्रभावशाली सभा थी, केवल एक घटना को छोड़कर, जब एक व्यक्ति को बाहर निकाल दिया गया, जिसने श्री जिन्ना से कहा था कि बंगाल और बिहार में हुए अत्याचारों के लिए वे स्वयं जिम्मेदार हैं और इसका दोष ब्रिटिश सरकार पर नहीं डाला जाना चाहिए। श्री जिन्ना ने अपने भाषण में विस्तार से बात रखी। उन्होंने कहा कि पहले सभी तथ्य स्पष्ट किए जाने चाहिए। इसके बाद उन्होंने क्रमबद्ध ढंग से बताया कि मिशन ने अपना प्रस्ताव किस प्रकार आगे बढ़ाया, कांग्रेस ने उसे किस प्रकार अस्वीकार किया, और किस प्रकार समय समय पर ब्रिटिश सरकार ने कांग्रेस के सामने झुककर उसे संतुष्ट करने का प्रयास किया। उनके अनुसार इस पूरी प्रक्रिया में मुस्लिम लीग को धीरे धीरे अनदेखा किया गया, और अंततः जब श्री नेहरू को सरकार बनाने के लिए आमंत्रित किया गया, तब लीग को पूरी तरह से अलग कर दिया गया। उन्होंने योजना और समूह व्यवस्था के अर्थ को भी विस्तार से समझाया। उन्होंने यह भी कहा कि कलकत्ता में हुई हिंसा के लिए हिंदू जिम्मेदार थे और उनका उद्देश्य

मुस्लिम लीग को बदनाम करना था। अपने भाषण में उन्होंने यह मत व्यक्त किया कि हिंदू समाज लोकतांत्रिक दृष्टि से अत्यंत असमान संरचना वाला है, जिसमें अनेक जातियाँ हैं, जिनमें मुख्य रूप से चार प्रमुख वर्ण माने जाते हैं। उनके अनुसार अनुसूचित जातियों या अछूतों का इन ऊँची जातियों से कोई वास्तविक संबंध नहीं है।

उन्होंने कहा कि अनुसूचित जातियों को अन्य ऊँची जाति के हिंदुओं के साथ गाँवों में रहने की अनुमति नहीं दी जाती। उनके बस्तियाँ मुख्य गाँवों से बीस, तीस या चालीस मील दूर बसाई जाती हैं। उन्हें सार्वजनिक कुओँ या हिंदुओं के कुओँ से पानी लेने का अधिकार भी नहीं दिया जाता। फिर उन्होंने प्रश्न उठाया, "जब शासन हिंदू राज के रूप में चल रहा हो, तो वहाँ वास्तविक लोकतंत्र कैसे स्थापित हो सकता है?"

उन्होंने कहा, "सबसे उचित समाधान पाकिस्तान का निर्माण है। भारत का विभाजन होना चाहिए। हम पड़ोसी और भाईचारे की भावना से साथ साथ रह सकते हैं। जिन प्रांतों में हम बहुसंख्यक हैं, वहाँ हमारी अपनी संस्कृति विकसित होनी चाहिए। हमारी संस्कृति, हमारा इतिहास, हमारे नायक, हमारी भाषा, हमारा धर्म और हमारा दैनिक सामाजिक जीवन हिंदुओं से काफी भिन्न है। हमारा धर्म भाईचारे और स्वतंत्रता का संदेश देता है।" सभा में लाउड स्पीकर की व्यवस्था थी और कुल मिलाकर व्याख्यान प्रभावशाली रहा। जिन्ना का व्यक्तित्व बहुत दुबला पतला था, परंतु उन्होंने कुछ वाक्यों पर विशेष बल देकर प्रभावपूर्ण ढंग से अपनी बात रखी। फिर भी उनके तर्क और प्रस्तुति की शक्ति की तुलना में मैं बार बार डॉ. भीमराव अंबेडकर को स्मरण करता रहा, जो मेरी दृष्टि में नेहरू और जिन्ना दोनों से अधिक प्रभावशाली वक्ता थे।

16 दिसंबर 1946

आज अत्यंत कड़ाके की ठंड है। लंदन में इस वर्ष की पहली बर्फबारी हुई है। पूरे दिन तापमान अट्ठाईस डिग्री फ़ारेनहाइट के आसपास बना रहा। तालाबों का पानी जम गया है और कुछ स्थानों पर लोग बर्फ पर फिसलन क्रीड़ा कर रहे हैं। हमने बाहर एक मग में थोड़ा पानी रख दिया था, वह भी पूरी तरह जम चुका था।

कल मैंने किसन फागू बंसोडे के निधन का समाचार पढ़ा। यह जानकर मुझे गहरा दुख हुआ।

डायरी का उद्धरण समाप्त होता है।

पुस्तक 2

कोमल, करुणामयी और सुसंस्कृत

कमल मेश्राम

की कहानी

(12-10-1929 से 8-11-2021)

प्रस्तावना

कमल उके
29.10.1929 - 08.11.2021

पुस्तक का यह अध्याय मेरी अत्यंत सुंदर माँ कमल के जीवन से जुड़ा है। उनका जन्म संपन्न और सुख सुविधाओं से भरे घर में हुआ था, मानो वे समृद्धि के प्रतीक के साथ संसार में आई हों। अपने जीवन के अंतिम क्षण तक उन्होंने हर सुविधा और आराम का आनंद पूरे आत्मविश्वास और गरिमा के साथ लिया।

उनका बचपन डॉ. बी. आर. अंबेडकर जैसे शिक्षित, महान और प्रगतिशील व्यक्तित्व के सान्निध्य में बीता। वे उनके पिता के घनिष्ठ मित्र थे, इसलिए माँ को उनके विचारों और दृष्टिकोण का निकट से प्रभाव मिला।

वे लुटियन दिल्ली के भव्य और प्रतिष्ठित बंगलों में सुख सुविधाओं के बीच पली बढ़ीं। घर में बटलर, वैले और रसोइए जैसी सभी व्यवस्थाएँ थीं। इसके बावजूद विवाह के बाद उन्होंने कुरूड के नारायण के परिवार के साथ सहजता से अपना संबंध बनाया और वहाँ के सरल वातावरण मे आत्मीयता से घुल मिल गईं।

मेरी माँ ही हमारे घर की केंद्रबिंदु थीं, जिनके इर्दगिर्द पूरा परिवार जुड़ा रहता था। उन्हें जीवन भर इस बात का खेद रहा कि उन्होंने स्नातक डिग्री प्राप्त नहीं की। इसी कारण जब मैंने स्नातक की उपाधि हासिल की, तो उनकी आँखों से खुशी के आँसू बह निकले। वे मेरे पिता की सबसे विश्वसनीय सलाहकार थीं। पिता कोई भी महत्वपूर्ण निर्णय उनसे परामर्श किए बिना नहीं लेते थे। वे हर कठिन परिस्थिति में उन्हें साहस देतीं और चुनौतियों का सामना करने की शक्ति प्रदान करती थीं।

वे स्पष्ट बोलने वाली, व्यवहारिक सोच रखने वाली और हर परिस्थिति में निष्पक्ष रहने वाली थीं। जीवन के प्रति उनका सरल सिद्धांत था, क्षमा करो और आगे बढ़ो। वे अत्यंत दयालु थीं और हमें भी क्षमा करना सिखाती थीं, पर साथ ही यह समझ भी देती थीं कि सरलता का अर्थ मूर्ख बन जाना नहीं है। उनकी हँसी खुलकर गूंजती थी, जैसे वह सीधे उनके हृदय से निकल रही हो। कोरोना महामारी के वर्षों में वे अपने कमरे तक सीमित रहीं, फिर भी अपने

मित्रों और संबंधियों को यह समझाती रहीं कि अकेलेपन से घबराने के बजाय पढ़ने और टीवी देखने में समय बिताए और मन को व्यस्त रखें।

कमल को अच्छे कपड़े पहनना पसंद था और वे हमेशा साड़ी ही पहनती थीं। यहां तक कि जब उनकी तबीयत बहुत खराब होती थी और वे अस्पताल में भर्ती होती थीं, तब भी वे ध्यान रखती थीं कि डॉक्टर के आने से पहले वे अपना चेहरा धो लें और बाल ठीक से कंघी कर लें। वे हर हाल में सलीके से रहना चाहती थीं।

कमल का जन्म एक समृद्ध परिवार में हुआ था पर बचपन में उन्हें हर किसी से मिलने की स्वतंत्रता नहीं थी। जैसे जैसे वे बड़ी हुईं, सामाजिक विषयों में उनकी रुचि बढ़ती गई। वे स्वयं कम खाती थीं, फिर भी उन्हें अच्छा भोजन पसंद था, और भोजन की मेज पर हमेशा स्वादिष्ट और सुसज्जित व्यंजन परोसे जाते थे। वे अपने संपर्क में आने वाली हर लड़की को मन लगाकर पढ़ाई करने, अपना करियर बनाने, स्वयं पर विश्वास रखने और आर्थिक रूप से स्वतंत्र बनने के लिए प्रेरित करती थीं। वे जीवन के हर क्षेत्र में समानता की समर्थक थीं। घर के कामों में सहायता के लिए एक व्यक्ति हमेशा रखा जाता था, और वे घर में काम करने वाले सभी लोगों के साथ आदर और सम्मान का व्यवहार करती थीं।

वे अत्यंत आकर्षक व्यक्तित्व की स्वामिनी थीं और उतनी ही उदार, दयालु तथा क्षमाशील भी। वे समझदार और धैर्य रखने वाली थीं, और उनमें अनेक गुण एक साथ दिखाई देते थे। फिर भी बच्चों के मामले में वे काफी सख्त थीं। वे हमारे लिए केवल सर्वोत्तम चाहती थीं, इसलिए बार बार समझाती थीं कि मन लगाकर पढ़ो, जीवन में कुछ बनो और हर परिस्थिति में ठीक ढंग से व्यवहार करो। ढिलाई या अनुचित आचरण को वे कभी स्वीकार नहीं करती थीं।

उनके विचार नए और प्रगतिशील थे। उन्हें यात्रा करना पसंद था और पढ़ने का उन्हें विशेष शौक था। वे हर दिन दो समाचार पत्र पढ़ती थीं, ताकि दुनिया में क्या हो रहा है, इसकी पूरी जानकारी उन्हें मिलती रहे।

इस कथा में आने वाले हर व्यक्ति ने किसी न किसी रूप में कमल के व्यक्तित्व को आकार दिया है। मैं आपको उनके पारिवारिक पृष्ठभूमि, संबंधियों और नागपुर शहर के उस जीवन और समय के बारे में बताना चाहती हूँ, जो कुरूड से बिल्कुल अलग था। कहानी में कई नाम सामने आएंगे, पर जैसे जैसे घटनाएँ आगे बढ़ेंगी, उनमें से कुछ पात्र धीरे-धीरे पीछे छूटते जाएंगे।

1

नागपुर

हमारे विशाल देश भारत के मध्य में नागपुर नाम का एक सुंदर और महत्त्वपूर्ण शहर स्थित है। इसी नागपुर के हृदय स्थल पर, अंग्रेज शासकों ने, एक शून्य मील का पत्थर स्थापित किया था। वहीं से प्रशासनिक कार्यों के लिए देश के विभिन्न शहरों और बड़े कस्बों की दूरियाँ मापी जाती थीं। नागपुर अपनी हरियाली, घने पेड़ों और संतरे के बागों के लिए प्रसिद्ध था और उसका वातावरण शांत तथा मनभावन था।

तुकाराम मेश्राम

नागपुर के बाहरी हिस्से में हज़ारी पहाड़ नाम की एक जगह है। यह एक छोटा और कुछ ऊबड़ खाबड़ क्षेत्र है, जहाँ कई छोटी पहाड़ियाँ फैली हुई हैं। हज़ारी पहाड़ की तलहटी में रमना नाम का एक छोटा सा गाँव था। उन्नीसवीं सदी के अंतिम वर्षों में वहीं मेश्राम नाम के एक व्यक्ति रहते थे। उनके दो बेटे थे, जिनका नाम मोहन और तुकाराम था।

उन दिनों विवाह के लिए कोई निश्चित न्यूनतम आयु तय नहीं थी इसलिए मोहन का बचपन मे विवाह हो चुका था और उसका एक बेटा भी था, जिसका नाम हीरामन था। जब

हीरामन बहुत छोटा था, तभी उसके पिता मोहन का देहांत हो गया। अब बड़े मेश्राम के परिवार में एक विधवा बहू, एक नन्हा सा पोता और अविवाहित छोटा बेटा तुकाराम रह गए।

विधवा बहू के सामने दो रास्ते थे। वह अपने बेटे को लेकर मायके लौट सकती थी, जहाँ संभव था कि उसका पुनर्विवाह हो जाए, या फिर वह ससुराल में ही रह सकती थी। बड़े मेश्राम अपने पोते के भविष्य को लेकर चिंतित थे। इसी कारण उन्होंने यह निर्णय लिया कि अपनी बहू का विवाह अपने छोटे बेटे तुकाराम से कर देंगे। उन दिनों यह एक प्रचलित प्रथा थी कि यदि बड़े बेटे की मृत्यु हो जाए और वह अपनी पत्नी तथा बच्चे को पीछे छोड़ जाए, तो उस स्त्री का विवाह परिवार के छोटे बेटे से कर दिया जाता था। पंजाब में इस प्रथा को चद्दर चढ़ाना कहा जाता था और महाराष्ट्र में इसे पाट के नाम से जाना जाता था।

तुकाराम मेश्राम के एक घनिष्ठ मित्र थे, जिनका नाम येंका सखाराम बंसोड़ पाटिल था। वे भी रमना गाँव में ही रहते थे। इन दोनों मित्रों के पास हज़ारी पहाड़ पर काफी ज़मीन थी, पर वह इलाका पहाड़ी और पथरीला था, इसलिए वहाँ की भूमि अधिक उपजाऊ नहीं मानी जाती थी। ऐसी ज़मीन का मालिक होना विशेष महत्व नहीं रखता था, क्योंकि उस पर कोई लाभ देने वाली फसल उगाना संभव नहीं था। बंसोड़ पाटिल नागपुर के महाराजा, हिज़ हाइनेस भोंसले के यहाँ सेवा में थे और उन्हें नागपुर के भानखेड़ा क्षेत्र का कोतवाल नियुक्त किया गया था। यह एक प्रभावशाली पद था, जिसमें अधिकार भी था और नियमित आय का साधन भी।

जब तक परिवार छोटा था, तुकाराम मेश्राम हज़ारी पहाड़ पर ही रहे। बाद में उनका परिवार बढ़ गया। उनके अपने चार बच्चे हुए, जिनके नाम भागुबाई, गोविंदराव, जनाबाई और विट्ठलराव थे। इसके अतिरिक्त उनका सौतेला बेटा हीरामन भी था। इतने बड़े परिवार की जिम्मेदारी निभाने के लिए उन्हें नागपुर में भगवा घर फैक्ट्री में काम करना पड़ा। आज उस फैक्ट्री का कोई चिन्ह नहीं बचा है। उस स्थान पर अब एक आवासीय परिसर बना है, जिसे भगवा घर लेआउट कहा जाता है। भगवा घर फैक्ट्री से वे नागपुर में रहने वाले अंग्रेज परिवारों के घरों में, साथ ही स्थानीय गोंडवाना क्लब में, दूध और उससे बने उत्पाद, सोडा, नींबू पानी, ब्रेड, मक्खन, जैम, मुरब्बा और पनीर की आपूर्ति किया करते थे।

अपने कार्यस्थल के पास रहने की सुविधा के लिए तुकाराम ने हज़ारी पहाड़ छोड़ दिया। उन्होंने गड्डी गोदाम में एक घर बनवाया और परिवार के साथ वहीं बस गए। जैसा कि नाम

से स्पष्ट है, गड्डी गोदाम वह स्थान था जहाँ कामठी छावनी की ओर जाने वाली परिवहन गाड़ियाँ खड़ी की जाती थीं। यह स्थान नागपुर कामठी रोड पर स्थित है।

गोविंदराव मेश्राम

2

गड्डी गोदाम

तुकाराम के बेटे गोविंदराव और विट्ठलराव रोमन कैथोलिक हाई स्कूल में पढ़ने लगे। यह उस समय एक अच्छी शिक्षण संस्था मानी जाती थी। परिवार में सबसे बड़े हीरामन, जो तुकाराम के सौतेले बेटे थे, स्वभाव से अत्यंत सरल और स्नेही व्यक्ति थे। वे एक मुद्रणालय में कार्य करते थे और बिना किसी हिचकिचाहट के पूरे परिवार की जिम्मेदारी अपने कंधों पर ले चुके थे, जिसमें उनके दोनों सौतेले भाई भी शामिल थे। उनकी पत्नी निम्बाबाई अक्सर चिंतित रहती थीं, क्योंकि एक ओर उनके अपने बच्चे बढ़ रहे थे और दूसरी ओर हीरामन को बड़े परिवार का भी खर्च संभालना पड़ता था। फिर भी हीरामन ने कभी अपने कर्तव्य से पीछे हटने का विचार नहीं किया। उनके और निम्बाबाई के छह बच्चे थे, जिनके नाम सखुबाई, लक्ष्मण, श्रीराम, जय, शांता और मधुकर थे।

उन दिनों अधिकांश घरों में बिजली की सुविधा उपलब्ध नहीं थी। रोशनी के लिए लोगों को केरोसिन की लालटेन और ढिबरी जैसे छोटे दीयों पर निर्भर रहना पड़ता था। चूँकि केरोसिन महंगा था, इसलिए उसका उपयोग बहुत सोच समझकर किया जाता था। दिन भर का काम निपटाने और रात का भोजन करने के बाद, तेल बचाने के लिए लालटेन और ढिबरी बुझा दी जाती थीं, और घर अँधेरे में डूब जाता था।

निम्बाबाई के जिम्मे एक बड़ा परिवार था और घर की आय सीमित थी, इसलिए उन्हें हर खर्च सोच समझकर करना पड़ता था। वे शाम को गोविंदराव को पढ़ाई के लिए दीया जलाने नहीं देती थीं, ताकि तेल बचाया जा सके। ऐसे में गोविंदराव को पढ़ने के लिए सड़क के लैम्प के नीचे बैठना पड़ता था। पैसों की कमी इतनी थी कि उनके पास ढंग की शर्ट भी नहीं थी। कभी कभी कॉलेज जाते समय उन्हें अपनी फटी हुई कमीज छिपाने के लिए उसके ऊपर पिता का कोट पहनना पड़ता था।

तुकाराम ने उन्हें अपने एक दूर के संबंधी बुढाजी मेश्राम से मिलवाया था, जो नवे वस्ती में रहते थे, जिसे अब न्यू कॉलोनी कहा जाता है। एक दिन जब गोविंदराव उनके घर पहुँचे, तो बुढाजी की पत्नी शिवरीबाई ने स्नेह से पूछा, "जेवलास का?" यानी क्या तुमने खाना खा

लिया है। यह वही प्रश्न था जो कोई माँ या बड़ी बहन स्नेह से पूछती है। गोविंदराव बहुत भूखे थे, फिर भी संकोच में बोले, "हो, जेवलो," यानी हाँ, मैंने खा लिया है। शिवरीबाई समझ गईं कि लड़का भूखा है। वे अत्यंत दयालु स्वभाव की थीं। उन्होंने उस दिन घर में जो भी बना था, उसे प्रेम से परोस दिया। इसके बाद जब भी गोविंदराव उनके घर जाते, उन्हें स्नेहपूर्वक भोजन अवश्य मिलता, जबकि बुढाजी स्वयं साधारण आय वाले व्यक्ति थे।

3

विवाह

समय बीतने के साथ बच्चे बड़े होने लगे और जब वे विवाह योग्य आयु में पहुँचे, तब तुकाराम ने उनके लिए उपयुक्त जीवनसाथी की तलाश शुरू कर दी।

तुकाराम के बड़े बेटे गोविंदराव, जिनका जन्म 30 सितंबर 1894 को हुआ था, विवाह योग्य आयु तक पहुँच गए थे, लेकिन उनके लिए उपयुक्त रिश्ता नहीं मिल पा रहा था। बचपन में उनकी एक आँख में स्टाइ(गुहेरी) हो गई थी। किसी पड़ोसी ने उनकी माँ को सलाह दी कि दोडका, यानी तुरई, के पत्तों को पीसकर उसका रस आँख में लगाया जाए। जब वह रस लगाया गया, तो लाभ होने के बजाय उनकी उस आँख की रोशनी चली गई। यह स्पष्ट नहीं है कि नुकसान उस रस के कारण हुआ या फिर जलन से परेशान होकर बच्चे ने आँख रगड़ ली और उसे और अधिक चोट पहुँचा ली।

गोविंदराव लंबे, गोरे रंग के और सुडौल व्यक्तित्व वाले युवक थे, लेकिन एक आँख की दृष्टि चली जाने के कारण लोग विवाह के लिए आगे नहीं आते थे। उनकी माँ इस बात से बहुत चिंतित रहती थीं। उन्होंने बेटे की शादी के लिए पैसे जोड़ना शुरू कर दिया था। घर के पीछे एक छोटा सा पोल्ट्री फार्म था, जहाँ वे कुछ मुर्गियाँ पालती थीं। अंडे बेचकर जो थोड़ी बहुत अतिरिक्त आय होती, उसे वे सावधानी से बचाकर रखतीं। उनकी इच्छा थी कि इन पैसों से गोविंदराव की होने वाली दुल्हन के लिए आभूषण खरीदे जाएँ। उन्होंने सात सौ रुपये जमा किए थे, जो उस समय एक बड़ी राशि मानी जाती थी। पर दुर्भाग्य से गोविंदराव का विवाह होने से पहले ही उनकी माँ का निधन हो गया।

गोविंदराव के छोटे भाई विठ्ठलराव का विवाह उमा से हुआ, जो कामठी के समृद्ध साहूकार गजभिये की पुत्री थीं। कामठी नागपुर से लगभग पंद्रह किलोमीटर दूर स्थित एक छोटा सा नगर है। सन् 1821 में अंग्रेजों ने कन्हान नदी के किनारे वहाँ एक सैनिक छावनी स्थापित की और उसका नाम कैंप टी रखा। धीरे धीरे बोलचाल में यही नाम बदलकर कामठी हो गया। समय बीतने के साथ वहाँ की बस्ती बढ़ी और सैन्य परिवारों के साथ साथ सामान्य नागरिक भी वहाँ बसने लगे।

मंगल डोंगरे और गंगाबाई भी ऐसे ही एक परिवार थे, जो कामठी में रहते थे। मंगल डोंगरे निर्माण कार्य से जुड़े थे और एक मेट के रूप में निर्माण स्थल पर काम की देखरेख करते थे। वे उमा के भाई गौरीशंकर गजभिये के मित्र थे। मंगल डोंगरे की सात बेटियाँ और दो बेटे थे। कामठी में उनके घर में दो बड़े कमरे, सामने एक ओसरी और पीछे एक रसोईघर था। घर के एक ओर खुला आँगन था, जहाँ सब्जियां उगाई जाती थी। उनके बड़े बेटे का विवाह हो चुका था। संयोग से जब गंगाबाई ने एक पुत्र को जन्म दिया, जिसका नाम महादेव रखा गया, उसी समय उनकी बहू ने भी एक बेटी को जन्म दिया, जिसका नाम विठाबाई रखा गया।

घर में दो नवजात बच्चे थे, और उन्हें संभालने के साथ साथ नई माताओं की देखभाल करने के लिए कोई बुजुर्ग स्त्री मौजूद नहीं थी। ऐसे में सारी जिम्मेदारी मंगल की बेटियों पर आ गई। उन्होंने आपस में काम बाँट लिया। राशि, जो स्वयं भी छोटी थी, ने दोनों बच्चों की देखभाल अपने ऊपर ले ली। एक उसकी भतीजी विठाबाई थी और दूसरा उसका छोटा भाई महादेव। यह बात आगे चलकर और भी अर्थपूर्ण हो जाती है, क्योंकि इन दोनों बच्चों के जन्म के समय जो जिम्मेदारी राशि ने उठाई, वह उसके जीवन भर किसी न किसी रूप में बनी रही। दूसरी बेटी काशी ने अपनी माँ और भाभी की सेवा का दायित्व संभाला, जबकि रुक्मा ने पूरे घर की रसोई की जिम्मेदारी ले ली। परिवार बड़ा था और आर्थिक स्थिति साधारण थी। साधनों की कमी इतनी थी कि दो बहनों को एक ही बोरे में पैर डालकर सोना पड़ता था, क्योंकि उनके पास ओढ़ने के लिए पर्याप्त चादरें नहीं थीं।

विठाबाई अभी बहुत छोटी ही थीं जब उनके पिता का निधन हो गया। उसके बाद उनकी माँ अपने मायके लौट गईं, और विठाबाई को उनके दादा दादी के पास ही छोड़ दिया, जहाँ उनका पालन पोषण हुआ।

गंगाबाई गोरे रंग और सुंदर व्यक्तित्व की महिला थीं, जबकि उनके पति मंगल का रंग सांवला था। उनकी बेटियाँ भी रूप में आकर्षक थीं, कुछ माँ पर गई थीं और कुछ पिता पर। एक दिन गौरीशंकर गजभिये ने अपने मित्र मंगल डोंगरे से कहा, "मंगल भाऊ, तुम्हें मालूम है कि मेरी बहन उमा का विवाह नागपुर के विट्ठलराव मेश्राम से हुआ है। विट्ठलराव का एक बड़ा भाई है, जिसकी अभी शादी नहीं हुई है। वह स्वभाव से अच्छा और रूप से भी सुदर्शन है। उनका परिवार प्रतिष्ठित है और नागपुर में उनकी खेती की ज़मीन भी है। मेरा विचार है कि तुम अपनी बेटी राशि के लिए गोविंदराव को वर के रूप में देखो।"

मंगल ने कुछ क्षण शांत रहकर बात को समझने की कोशिश की। फिर उन्होंने सीधे शब्दों में पूछा, "मुझे साफ साफ बताओ, छोटे बेटे की शादी बड़े भाई से पहले क्यों कर दी गई? आम तौर पर ऐसा नहीं होता है।

गौरीशंकर गजभिये ने शांत स्वर में उत्तर दिया, "तुम ठीक कह रहे हो, भाऊ। गोविंदराव की शादी अब तक इसलिए नहीं हो पाई क्योंकि बचपन में उनकी एक आँख की रोशनी चली गई थी। लेकिन मैं उस लड़के को भली भाँति जानता हूँ और पूरे विश्वास के साथ कह सकता हूँ कि उसका स्वभाव बहुत अच्छा है। वह राशि के लिए योग्य और अच्छा जीवनसाथी साबित होगा।"

मंगल और गंगाबाई ने इस प्रस्ताव पर गंभीरता से विचार किया। अंत में उन्होंने यह निर्णय लिया कि गोविंदराव की एक आँख की कमी को विवाह में बाधा नहीं बनने देंगे। उनके सामने सात बेटियों के विवाह की जिम्मेदारी थी, इसलिए वे अत्यधिक चयन करने की स्थिति में नहीं थे। गौरीशंकर गजभिये ने भी उन्हें विश्वास दिलाया था कि लड़का अच्छे स्वभाव का है। इस प्रकार ग्यारह वर्ष की राशि और सत्रह वर्ष के गोविंदराव का विवाह तय कर दिया गया। सन् 1911 में, दोनों परिवारों की सुविधा के अनुसार, कामठी में उनका विवाह संपन्न हुआ। महाराष्ट्र में विवाह के समय वधू का नाम बदलने की परंपरा है। मेश्राम परिवार ने राशि के लिए जो नया नाम चुना, वह सारुबाई था।

सारुबाई की छोटी बहन रुक्माबाई का विवाह श्रवण शेंडे से हुआ था, जो माथनी मौदा नाम के एक सुंदर छोटे नगर में रहते थे। यह स्थान नागपुर से लगभग छत्तीस किलोमीटर दूर कन्हान नदी के किनारे एक छोटी पहाड़ी पर बसा हुआ है। शेंडे परिवार समृद्ध माना जाता था। वे साहूकारी का काम करते थे और उनके पास उपजाऊ खेती की ज़मीन थी, जहाँ मौसमी फसलें उगाई जाती थीं और फलों के बाग भी थे। उन दिनों बैंक बहुत कम थे और सामान्य लोगों को अपनी बचत बैंक में रखने की जानकारी भी नहीं थी। इसलिए घर में ही धन सुरक्षित रखना प्रचलित था। संपन्न परिवारों के पास तिजोरी तो होती थी, जिसमें वे नकद और आभूषण रखते थे, पर जब वह भर जाती, तो वे तांबे के घड़े में सिक्के भरकर उन्हें घर के मिट्टी के फ़र्श के नीचे दबा देते थे। उस समय फ़र्श प्रायः मिट्टी के होते थे, आज की तरह पक्के नहीं। शेंडे परिवार के पास भूमि और धन दोनों प्रचुर मात्रा में थे, इसलिए कहा जाता था कि उनके घर के नीचे ऐसे कई बर्तन दबे हुए थे, जिनमें सिक्के भरे थे।

एक पुरानी मान्यता भी प्रचलित थी कि जहाँ भूमि के नीचे अधिक धन दबा होता है, वहाँ एक साँप उसकी रखवाली करता है। कहा जाता था कि जब भी परिवार के लोग वह धन निकालने का प्रयास करते, तो साँप उन्हें रोक देता और वे घड़े बाहर नहीं निकाल पाते। रुक्माबाई अक्सर बताया करती थीं कि उन्हें कभी कभी ज़मीन के नीचे से तांबे के घड़े के लुढ़कने की आवाज़ सुनाई देती थी, जो केवल शोर भर था और किसी वास्तविक लाभ का कारण नहीं बनता था।

सारुबाई की एक और बहन थीं, जिनका नाम पार्वतीबाई था। उनके बारे में, और बाकी तीन बहनों के बारे में भी, बहुत अधिक जानकारी उपलब्ध नहीं है।

सारुबाई के सबसे छोटे भाई महादेव थे। जन्म के समय से ही सारुबाई ने उन्हें अपने स्नेह में संभाल लिया था। जब वे बड़े हुए, तो उन्होंने अपने पिता का पेशा अपना लिया और नागपुर की एक निर्माण कंपनी में मेट के रूप में काम करने लगे। वे प्रतिदिन साइकिल से लगभग पंद्रह किलोमीटर का रास्ता तय करके नागपुर जाते थे। इसी दौरान उनका परिचय निर्माण स्थल पर काम करने वाली एक सुंदर महिला से हुआ और धीरे धीरे उन्हें उनसे प्रेम हो गया। वह महिला विधवा थीं और उनके तीन बेटे थे। वे अपने सास ससुर के साथ रहती थीं। परिवार के विरोध के बावजूद महादेव ने उनसे विवाह कर लिया। उनकी पहली शादी से हुए तीनों बच्चों को उनके पिता के परिवार के पास ही रहने दिया गया। वे बच्चे अपनी माँ के संपर्क में बने रहे और समय समय पर उनसे मिलने आते थे।

4

विवाह के बाद का जीवन

मेश्राम परिवार में सबसे बड़ी बहू निम्बाबाई थीं और वे अत्यंत कठोर स्वभाव की थीं। घर का अधिकांश काम वे विट्ठल की पत्नी उमा और गोविंदराव की पत्नी सारुबाई से करवाती थीं। उन दिनों घरों में पानी की कोई सीधी व्यवस्था नहीं थी, इसलिए स्त्रियों को दूर के कुओं से पानी लाना पड़ता था। निम्बाबाई दोनों को पीने का पानी भरने के लिए लश्करी बाग भेजती थीं, जो उनके घर से लगभग तीन किलोमीटर दूर था। एक बार सारुबाई अपने घर के पास के कुएँ से पानी भरते समय संतुलन खो बैठीं और कुएँ में गिर पड़ीं। पास के बच्चों ने यह देखा और दौड़कर गोविंदराव को बुलाया, जिन्होंने समय रहते पहुँचकर उन्हें डूबने से बचा लिया।

घर में साधन सीमित थे, इसलिए निम्बाबाई उमा और सारुबाई को भरपेट भोजन भी नहीं देती थीं। उमा के पिता संपन्न थे, इसलिए उनके भाई समय समय पर उन्हें मायके ले जाते, जहाँ उन्हें आराम और पर्याप्त भोजन मिल जाता। सारुबाई को ऐसी कोई राहत नहीं मिली, क्योंकि वे दो भाइयों और सात बहनों के बड़े परिवार से थीं और उन्हें विश्राम या देखभाल के लिए कभी मायके नहीं ले जाया गया।

जयवंताबाई और उनके पति सीताराम मेश्राम पड़ोस में ही रहते थे और वे सारुबाई और उमा की कठिन स्थिति को देख रहे थे। इतनी कम उम्र में उन दोनों पर पड़े काम और अभाव को देखकर जयवंताबाई का मन पिघल जाता था। जब वे पानी भरने जाती थीं, तो चुपचाप उन लड़कियों को भाखरी, यानी बाजरे की बिना खमीर की रोटी, खाने के लिए दे देती थीं, ताकि उन्हें थोड़ी राहत मिल सके।

हीरामन और निम्बाबाई की सबसे सुंदर बेटी सखूबाई का विवाह भंडारा के शामजी वासनिक से हुआ था। शामजी नागपुर में काम करते थे, पर भंडारा में उनका पुश्तैनी घर और ज़मीन थी। विवाह के बाद वे सखूबाई को भंडारा ले गए, ताकि उन्हें अपनी जायदाद दिखा सकें। उस समय खेत में मिर्च की फसल तैयार थी और मजदूर महिलाएँ उसे तोड़ रही थीं। शामजी ने सखूबाई को भी परिवार की अन्य महिलाओं के साथ मिर्च तोड़ने के लिए

कहा। नागपुर शहर में पली बढ़ी सखूबाई को यह बात अच्छी नहीं लगी। वे नाराज़ होकर मायके लौट आईं और अपनी माँ को सब कुछ बताया। निम्बाबाई को यह बात बेहद खली। उन्होंने अपनी बेटी का पक्ष लिया और साफ कह दिया कि वह पति के घर वापस न जाए। यह विवाह गोविंदराव ने तय किया था, इसलिए निम्बाबाई ने उनसे भी अपनी नाराज़गी प्रकट की।

शामजी गोविंदराव के अच्छे मित्र थे और एक शिक्षित तथा प्रगतिशील परिवार से आते थे। उनकी बहनें अध्यापिका थीं और उनकी एक बहन का विवाह राजनांदगांव के प्रतिष्ठित व्यक्ति श्री दामले से हुआ था। शामजी ने कई बार सखूबाई को समझाकर अपने घर लौटाने का प्रयास किया, पर वे तैयार नहीं हुईं। निम्बाबाई भी अपने निर्णय पर अडिग रहीं। लगभग तीन वर्ष तक प्रयास करने के बाद, जब हर कोशिश असफल रही, तो शामजी वासनिक ने अंततः भंडारा की कमल से विवाह कर लिया। वे दोनों एक अच्छे दंपति सिद्ध हुए। मेश्राम परिवार से उनके संबंध सौहार्दपूर्ण बने रहे, भले ही वैवाहिक संबंध समाप्त हो चुका था। डॉ. मधुकर वासनिक, शामजी और कमल वासनिक के पुत्र हैं।

आर्थिक तंगी के बावजूद गोविंदराव ने पढ़ाई नहीं छोड़ी। वे रोमन कैथोलिक हाई स्कूल में पढ़ रहे थे और सन् 1914 में उन्होंने इंटरमीडिएट की परीक्षा दी। उसी समय प्रथम विश्व युद्ध आरंभ हुआ। ब्रिटिश शासन को युद्ध के लिए बड़ी संख्या में युवाओं की आवश्यकता थी, इसलिए भर्ती शुरू की गई। गोविंदराव ने भी सेना में नौकरी के लिए आवेदन किया और चयनित हो गए। उन्हें सेना के डाक विभाग में नियुक्त किया गया और मेसोपोटामिया, एशिया माइनर तथा तुर्की भेजा गया। वहाँ उन्हें अच्छा वेतन मिलता था। वे अपने छोटे भाई विट्ठलराव की पढ़ाई और घर के खर्च के लिए नियमित रूप से पैसे भेजते थे। उन्होंने सारुबाई के लिए बसरा के मोतियों की एक सुंदर माला भी खरीदी। सन् 1918 में जब युद्ध समाप्त हुआ, तो युद्धकाल में नियुक्त सभी कर्मचारियों को वापस बुला लिया गया। गोविंदराव भी नागपुर लौट आए और उन्हें ब्रिटिश शासन की डाक सेवा में स्थायी नौकरी मिल गई।

युद्ध के दौरान जो धन उन्होंने बचाया था, उसी से गोविंदराव ने अपने पुराने घर के सामने, पुलिस स्टेशन और स्कूल के पास एक कोने का प्लॉट खरीदा। गड्डी गोदाम में उन्होंने वहाँ एक बड़ा और सुदृढ़ मकान बनवाया। इस घर में उस समय के हिसाब से आधुनिक सुविधाएँ थीं। शौचालय की व्यवस्था घर के भीतर थी और पानी की सीधी आपूर्ति भी थी, ताकि सारुबाई को रोज़ दूर जाकर पानी न लाना पड़े।

5

नागपुर में जीवन

गोविंदराव स्वभाव से मेहनती और आगे बढ़ने की सोच रखने वाले व्यक्ति थे। सिविल लाइंस क्षेत्र से नागपुर म्युनिसिपल कॉर्पोरेशन के चुनाव में उन्होंने भाग लिया और सदस्य चुने गए। लगातार तीन वर्षों तक वे पुनः निर्वाचित होते रहे। बाद में उन्हें नागपुर म्युनिसिपल कॉर्पोरेशन का सचिव नियुक्त किया गया और उन्होंने 1930 से 1942 तक इस पद पर कार्य किया

मेश्राम बच्चे - विमल, रामकृष्ण और कमल

15 अगस्त 1917 को गोविंदराव और सारुबाई के घर एक पुत्र का जन्म हुआ, जिसका नाम रामकृष्ण रखा गया। नागपुर म्युनिसिपल कॉर्पोरेशन में अधिकारी होने के कारण गोविंदराव को सिविल लाइंस में एक सरकारी बंगला मिला और कुछ ही समय में परिवार गड्डी गोदाम का घर छोड़कर कॉर्पोरेशन कार्यालय परिसर में स्थित उस बंगले में रहने लगा। घर की देखभाल और रसोई के काम में सहायता के लिए कई कर्मचारी रखे गए थे, ताकि सब कुछ

व्यवस्थित रहे। उस समय बिजली के पंखे नहीं थे, इसलिए हर कमरे में छत के पास बड़े कपड़े के पंखे लगे होते थे, जिनसे बंधी रस्सी बाहर बैठे एक सहायक तक जाती थी और उसके खींचने से हवा चलती थी। दरवाज़ों और खिड़कियों पर खस की परत वाली बांस की चिक लगी रहती थी, जिन पर समय समय पर पानी छिड़का जाता था, ताकि कमरे ठंडे और सुगंधित बने रहें।

कपड़े का पंखा खींचने के लिए एक नेत्रहीन व्यक्ति आता था और उसकी छोटी बेटी, जो उसे रास्ता दिखाकर लाती थी, परिसर में खेलती रहती थी। वेंकट नाम का एक सहायक भी था, जो गड्डी गोदाम से साइकिल चलाकर काम पर आता था। इसके अलावा भूरी और केसर नाम की दो सफाई कर्मचारी थीं, जो खलासी लाइन से आती थीं और घर की सफाई का काम संभालती थीं।

उस समय पढ़ाई को सामान्य परिवारों में बहुत महत्व नहीं दिया जाता था, और लड़कियों का विद्यालय जाना तो और भी दुर्लभ था। सारुबाई को बचपन में शिक्षा का अवसर नहीं मिला था और वे अनपढ़ थी। गोविंदराव को यह स्वीकार नहीं था। वे चाहते थे कि उनकी पत्नी स्वयं पढ़ और लिख सकें। इसी उद्देश्य से उन्होंने एक मिशनरी अध्यापिका को घर बुलाकर पढ़ाने की व्यवस्था की। नियमित प्रयास से सारुबाई ने चौथी कक्षा की परीक्षा पास कर ली, जिसे उस समय चौथी पास कहा जाता था। धीरे धीरे पढ़ना उनके जीवन का प्रिय हिस्सा बन गया। साने गुरुजी की पुस्तक "श्यामची आई" उन्हें विशेष रूप से प्रिय थी। वे उसे हमेशा अपने पास रखती थीं, और उनके निधन के बाद भी उनके सामान में उसकी एक प्रति मिली।

9 सितंबर 1926 को उनके घर एक बेटी का जन्म हुआ, जिसका नाम विमल रखा गया। 12 अक्टूबर 1929 को दूसरी बेटी पैदा हुई। उसका नाम यशोधरा रखा गया, पर विमल के साथ तुक मिलाने के लिए उसे घर में कमल कहा जाने लगा। जब बच्चे स्कूल जाने की उम्र में पहुँचे, तो रामकृष्ण को सेंट जॉन स्कूल में और दोनों बेटियों को सेंट उर्सुला कॉन्वेंट में दाखिला दिलाया गया। गोविंदराव स्वयं आर्थिक तंगी के कारण अपनी पढ़ाई पूरी नहीं कर सके थे, पर उन्होंने यह सुनिश्चित किया कि उनके बच्चों को सर्वोत्तम शिक्षा मिले।

गोविंदराव और सारुबाई दोनों को नाटक देखने का विशेष शौक था। मराठी नाटक प्रायः प्रसिद्ध पुस्तकों पर आधारित होते थे। नाटक देखने के बाद सारुबाई उस पुस्तक को अवश्य खरीद लेती थीं, जिस पर नाटक रचा गया होता था। उस समय महाराष्ट्र में रंगमंच बहुत विकसित था और मनोरंजन का लोकप्रिय साधन माना जाता था। पारसी थिएटर और

मराठी नाटक पूरे प्रदेश में प्रस्तुत किए जाते थे। अधिकतर मराठी रंगमंच कंपनियाँ कोल्हापुर में स्थित थीं और वे घूम घूमकर अपने कलाकारों, साज सज्जा और मंच सज्जा के साथ अलग अलग शहरों में प्रदर्शन करती थीं। मेश्राम परिवार के घर के पास ही एक ऐसा थिएटर था जहाँ मराठी नाटक होते थे। जब भी वहाँ कोई प्रस्तुति होती, वे उसे देखने अवश्य जाते थे।

समय के साथ सारुबाई का जीवन धीरे धीरे संभल गया और परिस्थितियाँ पहले से बेहतर होने लगीं। उन्होंने ज़री की किनारी वाली सुंदर नौ गज की साड़ियाँ पहननी शुरू कर दीं, जो उनके व्यक्तित्व पर बहुत सुघड़ लगती थीं। वे स्वभाव से अधिक बाहर आने जाने वाली नहीं थीं, इसलिए उनका मेलजोल सीमित था। उनकी केवल दो घनिष्ठ सहेलियाँ थीं, शेंगाबाई और जयंतीबाई, जिनसे वे कभी कभी मिलने जाया करती थीं। उनका अधिकांश समय घर की देखभाल और परिवार के लिए स्वादिष्ट भोजन बनाने में बीतता था, और इस काम में वे निपुण थीं। बचपन में बहन के साथ एक ही बोरे में पैर डालकर सोने वाली वही लड़की अब जीवन के अनेक उतार चढ़ाव देख चुकी थी और अनुभवों से समृद्ध हो चुकी थी।

6

विट्ठलराव

चूँकि यह पूरी कथा कमल के जीवन के इर्दगिर्द घूमती है, इसलिए यहाँ मैं आपको उनके परिवार के तीन ऐसे सदस्यों से परिचित कराना चाहती हूँ, जिनकी उपस्थिति और प्रभाव ने उनके व्यक्तित्व को गहराई से आकार दिया। कमल के बढ़ते वर्षों में इन लोगों ने जो भूमिका निभाई, उसने उनके सोचने और समझने के ढंग पर अपनी स्पष्ट छाप छोड़ी। उनकी कहानियाँ केवल कमल की कहानी का हिस्सा नहीं हैं, बल्कि उस दौर की जीवन शैली और सामाजिक परिवेश को भी सामने लाती हैं।

गोविंदराव के छोटे भाई विट्ठलराव पढ़ाई में तेज थे। स्कूल पूरा करने के बाद उन्होंने नागपुर के एक कॉलेज में प्रवेश लिया। बीसवीं सदी की शुरुआत में ब्रिटिश सरकार ने शिक्षा के अवसर सभी समुदायों और जातियों के बच्चों के लिए खोलने शुरू कर दिए थे। कला और विज्ञान के कॉलेजों के साथ साथ बड़े शहरों में इंजीनियरिंग और चिकित्सा जैसे पेशेवर संस्थान भी स्थापित हो रहे थे। नई पीढ़ी पारंपरिक पेशों से आगे बढ़कर नए क्षेत्रों में कदम रखने के लिए उत्सुक थी। फिर भी पेशेवर शिक्षा प्राप्त करना आसान नहीं था, क्योंकि इसके लिए अवसर और धन दोनों की आवश्यकता थी, जो बहुत कम लोगों के पास थे। गोविंदराव की ब्रिटिश भारत सरकार में स्थायी नौकरी थी, इसलिए उन्होंने अपने छोटे भाई विट्ठलराव की पढ़ाई का दायित्व अपने ऊपर लिया, वो उन्हें इंजीनियर बनना चाहते थे।

कॉलेज के दिनों में विट्ठलराव "बॉय स्काउट्स" से जुड़ गए थे। घर की आय में सहयोग करने के लिए उन्होंने नागपुर शहर के पश्चिम में स्थित बड़ी झील तेलनखेड़ी तालाब पर तैराकी सिखाने का अंशकालिक काम शुरू किया। 26 अप्रैल 1924 को दिन भर कॉलेज की पढ़ाई और फिर तैराकी की कक्षाएँ लेने के बाद वे बहुत थक चुके थे और घर लौटने की तैयारी कर रहे थे। तभी कुछ विद्यार्थी आए और उनसे फिर से पानी में उतरकर उनके साथ तैरने तथा उसी दिन कक्षा लेने का आग्रह करने लगे। उस दिन उनकी कक्षा निर्धारित नहीं थी। तैराकी के लिए तय दिन और समय होते थे और विद्यार्थियों से अपेक्षा की जाती थी कि वे उसी अनुसार आएँ। विट्ठलराव ने शांत स्वर में कहा, "आज का मेरा काम पूरा हो चुका है

और मैं घर जा रहा हूँ। कृपया कल अपने निर्धारित समय पर आना, तब हम कक्षा लेंगे।" पर लड़के अड़ गए। वे कहने लगे, "नहीं, हम आज आए हैं और आपको अभी हमारे साथ तैरना होगा। क्या आपको हमारे साथ पानी में उतरने से डर लग रहा है?"

विट्ठलराव ने बहुत समझाने की कोशिश की, पर लड़कों ने उनकी बात नहीं मानी और लगभग ज़बरदस्ती उन्हें फिर से पानी में उतरने पर मजबूर कर दिया। इसके बाद वास्तव में क्या हुआ, यह आज तक स्पष्ट नहीं हो सका। इतना ही निश्चित है कि उस दिन तेलनखेड़ी तालाब में विट्ठलराव की डूबकर मृत्यु हो गई, जबकि वे स्वयं एक कुशल तैराक और प्रशिक्षक थे। कुछ प्रत्यक्षदर्शियों ने बाद में कहा कि उन लड़कों ने उन्हें नीचे धकेला और उनका सिर पानी में दबाए रखा, पर कोई भी व्यक्ति पुलिस के सामने खुलकर बयान देने के लिए आगे नहीं आया। परिणाम यह हुआ कि मामले को दुर्घटना मानकर बंद कर दिया गया और किसी के विरुद्ध कार्रवाई नहीं हुई, क्योंकि प्रमाण प्रस्तुत नहीं किए जा सके। यह भी माना जाता है कि संभव है विट्ठलराव जातिगत पूर्वाग्रह का शिकार बने हों, क्योंकि जिन लड़कों पर संदेह था वे ऊँची जाति से थे। उस समय समाज में जाति व्यवस्था बहुत कठोर थी और यदि निम्न कही जाने वाली जाति का कोई व्यक्ति आगे बढ़ता या शिक्षक बनता, तो उसे सहज रूप से स्वीकार नहीं किया जाता था और उसके प्रति द्वेष भी रखा जाता था।

विट्ठलराव की असमय मृत्यु गोविंदराव के लिए गहरा आघात थी। वे अपने छोटे भाई से बहुत स्नेह करते थे और उसकी क्षति ने उन्हें भीतर तक तोड़ दिया था। जिस होनहार युवक को पढ़ा लिखाकर इंजीनियर बनाने का उन्होंने सपना देखा था, वह सपना एक ही क्षण में बिखर गया।

7

भागूबाई

गोविंदराव की बड़ी बहन भागूबाई का विवाह सदाशिव ढोक से हुआ था और वे नागपुर के इंदौरा स्थित साधु मोहल्ले में रहती थीं। विवाह के बाद उनका नाम यशोदाबाई रखा गया। उनके दो बच्चे थे, बेटी पुण्यशीला और बेटा प्रहलाद। उनके पति का निधन कम उम्र में ही हो गया और भागूबाई पर अपने तथा दोनों बच्चों के पालन पोषण की पूरी जिम्मेदारी आ गई। उस समय स्त्रियों से अपेक्षा की जाती थी कि वे घर की चारदीवारी तक सीमित रहें और बाहर काम न करें। लेकिन आर्थिक कठिनाई ने भागूबाई को यह सीमा तोड़ने पर मजबूर कर दिया। उनके भाई गोविंदराव का दृष्टिकोण प्रगतिशील था। वे आत्मनिर्भरता में विश्वास रखते थे और उन्होंने अपनी बहन को साहस दिया कि वह अपने पैरों पर खड़ी हों और किसी रिश्तेदार की संपत्ति पर निर्भर न रहें। इसी सहारे भागूबाई उस पुरुष प्रधान और सीमित सोच वाले समाज से अलग राह चुन सकीं। उन्होंने आर्थिक रूप से स्वतंत्र होकर आत्मसम्मान के साथ जीवन जीने का मार्ग बनाया।

उन दिनों नागपुर में दो प्रमुख कपड़ा मिलें थीं, मॉडल मिल और एम्प्रेस मिल। एम्प्रेस मिल की स्थापना 1874 में जमशेदजी टाटा ने की थी। उनका उद्देश्य था कि मिल उस स्थान पर स्थापित हो जहाँ कच्चा माल, यानी कपास, आसानी से उपलब्ध हो, और नागपुर उस समय कपास उत्पादन का महत्वपूर्ण केंद्र था। मिल का मूल नाम द सेंट्रल इंडिया स्पिनिंग वीविंग एंड मैन्युफैक्चरिंग कंपनी था, जिसे 1 जनवरी 1877 को क्वीन विक्टोरिया के भारत की एम्प्रेस घोषित होने के बाद बदलकर एम्प्रेस मिल्स कर दिया गया। इस मिल में जाति, धर्म या लिंग के आधार पर भेदभाव किए बिना काम करने के इच्छुक लोगों को अवसर दिए जाते थे। बीसवीं सदी की शुरुआत में अलग अलग जातियों के बीच सामाजिक मेलजोल बहुत सीमित था, और महिलाओं का घर से बाहर काम करना सामान्य नहीं माना जाता था। फिर भी इन मिलों ने समाज में परिवर्तन की शुरुआत की। उन्होंने नागपुर के लोगों को सुरक्षित और अनुशासित वातावरण में रोजगार दिया, और धीरे धीरे महिलाओं ने भी यहाँ काम करना शुरू किया।

मिलों के आने से लोगों की दिनचर्या बदल गई। काम के घंटे तय थे और समय का कड़ाई से पालन किया जाता था। जैसे ही पहला सायरन बजता, जिसे लोग पोंगा कहते थे, पूरे इलाके में हलचल मच जाती। लोग सतर्क हो जाते और मिल की ओर बढ़ने लगते। ऐसा लगता मानो हर सड़क मिल की तरफ ही जा रही हो, क्योंकि चारों दिशाओं से लोग अपने कार्यस्थल की ओर तेजी से जाते दिखाई देते थे। दूसरा सायरन बजते ही सभी मजदूर मिल के फाटक पर इकट्ठा हो जाते और भीतर प्रवेश के लिए पंक्ति में खड़े हो जाते। मजदूरी रोज़ के हिसाब से मिलती थी, इसलिए पुरुष और महिलाएँ समय पर पहुँचने के लिए दौड़ते या तेज़ कदमों से चलते थे। यदि कोई देर से पहुँचता, तो उसे अंदर आने की अनुमति नहीं मिलती और उस दिन की मजदूरी से हाथ धोना पड़ता था।

दोपहर के भोजन के समय मिल की महिलाएँ छोटे छोटे समूहों में बैठकर खाना खाती थीं। वही एक अवसर होता था जब वे कुछ पल बात कर पाती थीं। भागूबाई ने ध्यान दिया कि रेशमबाई नाम की एक महिला कभी किसी समूह में शामिल नहीं होती थी। वह अलग बैठती, चुपचाप खाना खाती और उसकी आँखें अक्सर रोने से लाल दिखतीं। उसके चेहरे पर उदासी और भीतर की घुटन साफ झलकती थी। भागूबाई संवेदनशील स्वभाव की थीं। एक दिन उन्होंने हिम्मत करके उससे पूछा कि वह इतनी चुप और दुखी क्यों रहती है। बहुत समझाने और भरोसा दिलाने के बाद रेशमबाई ने बताया कि उसके पति का कुछ समय पहले निधन हो गया है और वह अपने ससुराल में रह रही है, जहाँ उसके साथ अच्छा व्यवहार नहीं होता। उसे अपने ही घर में घुटन महसूस होती है और वह कहीं दूर जाकर शांति पाना चाहती है। कभी कभी उसके मन में जीने की इच्छा भी नहीं बचती। यह सुनकर भागूबाई बहुत व्यथित हो गईं। उन्हें समझ नहीं आ रहा था कि वह उसकी मदद कैसे करें। उस दिन घर लौटने के बाद भी वे देर तक रेशमबाई की स्थिति और उसकी बेबसी के बारे में सोचती रहीं।

भागूबाई का घर बड़ा था और उनका हृदय भी उतना ही विशाल। अगले दिन उन्होंने रेशमबाई से कहा, "रेशमबाई, तुम मेरे घर आकर मेरे साथ क्यों नहीं रहने लगती? मेरे बच्चे अभी छोटे हैं और घर में पर्याप्त जगह है, इसलिए तुम्हें अपने पास रखने में मुझे कोई कठिनाई नहीं होगी।"

रेशमबाई इस स्नेह और अपनत्व से चकित रह गईं। उन्होंने अविश्वास भरे स्वर में पूछा, "सच में? आप मुझे अपने साथ रहने देंगी?" जब भागूबाई ने फिर से अपना प्रस्ताव दोहराया, तो रेशमबाई ने कृतज्ञता के साथ उसे स्वीकार कर लिया और साधु मोहल्ले में उनके घर आकर रहने लगीं। वे अपने परिवार से संपर्क बनाए रखती थीं, कभी कभी उनसे मिलने भी

जाती थीं और आर्थिक सहायता भी करती थीं, पर स्थायी रूप से उन्होंने भागूबाई के घर को ही अपना घर मान लिया और फिर कभी ससुराल में लौटकर नहीं रहीं।

भागूबाई का घर उस समय के शहरों में प्रचलित पारंपरिक शैली में बना था। बड़ा सा प्लॉट था और घर खुला व हवादार था। मुख्य द्वार से भीतर प्रवेश करते ही एक ढका हुआ बरामदा मिलता था। वहाँ से एक बड़े कक्ष में जाया जाता था, जिसे बैठक कहा जाता था। उसके बाद बीच का कमरा, जिसे माज घर कहते थे, फिर एक लंबा कमरा जिसे आंतला घर कहा जाता था, और अंत में रसोई थी। घर के आगे और पीछे पर्याप्त खुली जगह थी। भागूबाई अपने घर को साफ सुथरा रखने के लिए जानी जाती थीं। वे स्वयं सलीके से कपड़े पहनती थीं और अपने पति को भी सिखाती थीं कि धोती टखनों तक ठीक तरह से पहनें। उस समय कई पुरुष धोती को घुटनों के नीचे तक ही रखते थे, पर भागूबाई को सुघड़ और व्यवस्थित रहना पसंद था।

कामकाजी होने के बावजूद भागूबाई और रेशमबाई हर सुबह घर के आँगन की देखभाल करतीं, भोजन तैयार करतीं और फिर मिल के लिए निकल जातीं, जहाँ वे काम करती थीं। उस समय घरों के आँगन पक्के नहीं होते थे, बल्कि कुटी हुई मिट्टी से बने होते थे। भागूबाई सुबह दूध देने आने वाले ग्वाले से ताज़ा गाय का गोबर ले आतीं। उसे पानी में मिलाकर पतला घोल बनाया जाता था। इस घोल को, एक छोटे बर्तन में रखा जाता था। बाएँ हाथ में बर्तन पकड़कर दाएँ हाथ से विशेष ढंग से आँगन पर छिड़का जाता, ताकि वह मिट्टी पर समान रूप से फैल जाए। कुछ समय बाद जब यह परत सूख जाती और सतह चिकनी दिखाई देने लगती, तब उस पर चावल के आटे से रंगोली बनाई जाती। रंगोली के नमूने बिंदुओं और उन्हें जोड़ती रेखाओं से बनाए जाते थे। यह लिपाई आँगन को ठंडा, स्वच्छ और सुसज्जित रखता था और ढीली मिट्टी की धूल भी बैठ जाती थी। उस समय स्त्रियाँ समाज में सीमित दायरे में रहती थीं, और ऐसे कामों के माध्यम से ही वे अपनी सृजनात्मकता और सौंदर्यबोध को व्यक्त कर पाती थीं।

हर सुबह जब भागूबाई और रेशमबाई काम पर निकल जाती थीं, तो घर के बचे हुए छोटे मोटे काम पुण्यशीला पूरा करती थी। सब कुछ संभालने के बाद वह अपने भाई प्रहलाद के साथ स्कूल के लिए निकलती थी।

8

जनाबाई

जनाबाई, जो गोविंदराव की छोटी बहन थीं, बहुत गोरी, सुंदर और लंबे बालों वाली थीं। हम भारत में गोरे रंग के बहुत दीवाने हैं, और इसलिए हज़ारी पहाड़ के तुकाराम मेश्राम के दोस्त येंका बंसोड पाटिल ने सात साल की उम्र में उनकी शादी अपने बेटे महादेव बंसोड पाटिल से कर दी थी। वे भानखेड़ा में रहते थे जहाँ येंका बंसोड पाटिल कोतवाल थे। उनका हवेली जैसा बहुत बड़ा घर था। सामने एक बड़ी ओसरी (बरामदा) थी जिसके बाद एक बड़ी बैठक थी, जिसके पीछे एक बड़ी रसोई और फिर खुली जगह थी जहाँ बहुत सारे लोग इकट्ठा हो सकते थे। चूँकि जनाबाई सिर्फ़ सात साल की थीं, महादेव की शादी लक्ष्मी बाई नाम की एक और लड़की से कर दी गई, जो लगभग ग्यारह साल की थी। महादेव और उनकी दूसरी पत्नी लक्ष्मी बाई का जल्द ही एक बेटा हुआ जिसका नाम नारायण रखा गया।

लक्ष्मीबाई की जल्दी ही मृत्यु हो गई। उस दौर में विवाह की आयु तय नहीं थी, इसलिए बाल विवाह सामान्य बात थी। कम उम्र में मातृत्व का बोझ उठाने के कारण अनेक बालिकाएँ प्रसव के समय या उसके तुरंत बाद जीवन खो देती थीं। लक्ष्मीबाई के जाने के बाद जनाबाई को बंसोड परिवार के घर लाया गया, ताकि वे छोटे नारायण का पालन पोषण कर सकें। कुछ ही समय में जनाबाई ने भी एक पुत्र को जन्म दिया, जिसका नाम पांडुरंग रखा गया। स्वयं अभी नादान उम्र में होते हुए भी उन्हें दो मासूम बच्चों की जिम्मेदारी संभालनी पड़ी।

कोतवाल येंका बंसोड पाटिल के पास भानखेड़ा में अच्छी खासी ज़मीन थी, जहाँ वे बेचने के लिए सब्ज़ियाँ और मौसमी फसलें उगाते थे। गर्मियों में खीरा, तरबूज़, खरबूजा, ककड़ी और वारकू जैसी फसलें तैयार होती थीं। मानसून आने से पहले एक दिन महादेव अपने परिवार के साथ खेत देखने गए। उन्हें वारकू बहुत पसंद थे, इसलिए उन्होंने धूप में खड़े होकर कई वारकू खा लिए और प्यास बुझाने के लिए बहुत पानी भी पी लिया। नागपुर की गर्मी बहुत तेज़ और सूखी होती है, उस दिन भी आसमान साफ था। तेज़ धूप और ज़्यादा खाने से उनकी तबीयत बिगड़ गई। उन्हें लू लग गई और पेट भी खराब हो गया। इलाज कराया गया, लेकिन कुछ ही दिनों में उनका निधन हो गया। जनाबाई पर अचानक बड़ी

जिम्मेदारी आ गई। सात साल का नारायण, एक साल का पांडुरंग और बूढ़े सास ससुर सब उनकी देखभाल पर निर्भर थे। येंका पाटिल अब काफी बूढ़े हो चुके थे, इसलिए घर चलाने की जिम्मेदारी जनाबाई को ही संभालनी पड़ी। घर का खर्च चलाने के लिए उन्होंने अपनी बड़ी बहन भागूबाई की तरह एम्प्रेस मिल में काम शुरू किया। वे अच्छी सिलाई करती थीं और सुंदर चोलियाँ बनाती थीं। कमाई बढ़ाने के लिए उन्होंने घर से ही चोलियाँ सिलना शुरू कर दिया। उनके पास सिलाई मशीन नहीं थी, इसलिए वे सब कुछ हाथ से सिलती थीं। वे अपने बच्चों और सास ससुर के साथ भानखेड़ा में ही रहीं। मिल में काम पर जाते समय घर की देखभाल के लिए उन्होंने अभिमन्यु नाम के एक सहायक को रखा, जो बच्चों और बुज़ुर्गों का ध्यान रखता था।

जनाबाई को विवाह के समय ससुराल से कई गहने मिले थे, पर वे बहुत छोटी उम्र की और सीधी स्वभाव की थीं, इसलिए रिश्तेदार कभी उधार के नाम पर तो कभी किसी बहाने से उनके गहने ले जाते रहे और धीरे धीरे बहुत कुछ हाथ से निकल गया। उनके सौतेले बेटे नारायण को बोलने में कठिनाई थी। वह साफ शब्दों में बात नहीं कर पाता था, लेकिन घर वाले उसकी बात समझ लेते थे। संभव है कि बोलने की समस्या के कारण नारायण ने कभी नियमित काम नहीं किया। जनाबाई ने अपने गहने बेच कर नारायण के लिये एक छोटी किराने की दुकान घर पर ही लगा दी। नारायण की शादी झेली से हुई, जो उस समय केवल सात वर्ष की थी। कम उम्र में ही झेली ने घर और बच्चों की पूरी जिम्मेदारी अपने हाथ में ले ली। नारायण और झेली के पाँच बेटे हुए, राजेंद्र, केशव, मनोहर, हिम्मत और रमाकांत, और एक बेटी ललिता। दादा के नाम से जुड़ाव के कारण इस शाखा ने पाटिल उपनाम अपना लिया। राजेंद्र आगे चलकर वकील बने, हिम्मत डॉक्टर बने, केशव ऑडिटर बने पर कम उम्र में ही उनका देहांत हो गया। मनोहर और ललिता भी बचपन में ही चल बसे। महादेव और जनाबाई के छोटे बेटे पांडुरंग ने बंसोड़ उपनाम रखा।

महाराष्ट्र के अधिकांश घरों में झूला लगा होता है। घर की महिलाएँ उस पर बैठकर चावल और दाल साफ करती हैं, सब्ज़ियाँ काटती हैं और हल्के हल्के झूलती रहती हैं। पुरुष भी काम से लौटने के बाद उसी पर बैठकर विश्राम करते हैं। एक दिन पांडुरंग लंबे समय तक झूला झूलते रहे। उसके बाद उन्हें मिर्गी का दौरा पड़ा और फिर समय समय पर उन्हें ऐसे दौरे आने लगे। पांडुरंग के दो बेटे और एक बेटी थे। बड़े बेटे सुरेश को घर में चंदू कहा जाता था, दूसरे बेटे चंद्रशेखर को बाबू पुकारते थे और बेटी का नाम जयश्री था।

9

कमल का बचपन

सन् 1929 में जब कमल का जन्म हुआ, उस समय तक गोविंदराव की अच्छी परिस्थिति हो गई थी और समाज में उनका सम्मान था। उनके पास अपनी कार थी और घर में टेलीफोन भी लगा था। उस दौर में ये दोनों सुविधाएँ बहुत दुर्लभ मानी जाती थीं और प्रतिष्ठा का प्रतीक समझी जाती थीं। कहा जाता है कि नागपुर में कार रखने वाले वे दूसरे व्यक्ति थे, उनसे पहले केवल नागपुर के महाराजा के पास ही कार थी।

सारुबाई स्वभाव से अनुशासनप्रिय माँ थीं। वे अपनी बेटियों को पड़ोस के बच्चों के साथ खेलने के लिए बाहर नहीं भेजती थीं। उनका मेलजोल भी सीमित था और वे खाली समय में प्रायः पढ़ने में ही मन लगाती थीं। वे चाहती थीं कि उनके बच्चे भी समय व्यर्थ न करें और अवकाश के क्षणों में पुस्तकें पढ़ें। घर में बच्चों से सदा शिष्ट और सुसंस्कृत व्यवहार की अपेक्षा की जाती थी।

डॉ. बी. आर. अंबेडकर, जिन्हें लोग स्नेह से बाबासाहेब कहते थे, गोविंदराव के घनिष्ठ मित्र थे। वे पेशे से बैरिस्टर थे और अपने कानूनी कार्यों के सिलसिले में अक्सर नागपुर आते थे। नागपुर में वे प्रायः गोविंदराव के घर ही रहते थे। कमल को याद है कि जब वह लगभग पाँच वर्ष की थीं, तब उन्होंने सिविल लाइंस वाले घर में डॉ. अंबेडकर को देखा था। उस समय उन्हें उनके महत्व का कोई अंदाज़ा नहीं था। जिज्ञासावश उन्होंने अपनी माँ से पूछा कि यह काका कौन हैं। घर की सबसे छोटी संतान होने के कारण वह सामान्य दिनों में एक कमरे से दूसरे कमरे में दौड़ती फिरती रहती थीं, पर जब यह विशेष अतिथि घर पर होते, तो सारुबाई उन्हें समझातीं कि शोर न करें। वे कहतीं, "बाबासाहेब बहुत बड़े और सम्मानित व्यक्ति हैं। जब वे हमारे घर आए हों, तो उन्हें किसी तरह की परेशानी नहीं होनी चाहिए।"

जब कमल ने लिखना सीख लिया, तभी से उन्होंने कहानियाँ गढ़ना शुरू कर दिया। उनकी कल्पना शक्ति बहुत प्रखर थी। एक बार उन्होंने ऐसी कहानी लिखी, जिसमें उनकी नायिका हवाई यात्रा पर जाने वाली थी और उसे यात्रा के लिए कैसी तैयारी करनी चाहिए, इसका विस्तार से वर्णन किया। उस समय हवाई यात्रा बिल्कुल नई बात थी। बहुत कम स्थानों

तक विमान सेवा पहुँचती थी और अधिकतर लोगों को यह भी नहीं मालूम था कि हवाई सफर कैसा होता है। अपनी कहानी में कमल ने लिखा कि उनकी नायिका अपने साथ टिफिन कैरियर ले जाती है, जिसमें भोजन और नाश्ता रखा है, साथ ही सुराही में पानी और एक छाता भी, क्योंकि वह बादलों के बहुत पास उड़ने वाली है और कहीं अचानक वर्षा न हो जाए, इसलिए उसे अपने बचाव की तैयारी करनी चाहिए।

सारुबाई की तबीयत अक्सर ठीक नहीं रहती थी और इसी कारण डागा अस्पताल में उनके दो बार ऑपरेशन हुए। उस समय अस्पतालों में निजी कमरे और अलग कॉटेज की व्यवस्था होती थी, जहाँ मरीज के साथ उसका परिवार भी ठहर सकता था। जब जब सारुबाई अस्पताल में भर्ती हुईं, मेश्राम परिवार ने एक कॉटेज ले लिया, क्योंकि उनकी दोनों बेटियाँ बहुत छोटी थीं और माँ के पास रहना उनके लिए आवश्यक था। डागा अस्पताल के पास ही एक थिएटर था, जहाँ मेश्राम परिवार का भतीजा नारायण पाटिल अक्सर नाटक देखने जाता था। कमल उससे बार बार आग्रह करती कि वह उसे भी साथ ले चले, पर नारायण तैयार नहीं होता था। उसे लगता था कि कमल अभी बहुत छोटी है और वह अपने साथ किसी बच्चे को नहीं ले जाना चाहता था जो उसे बीच में परेशान करे।

एक बार जब सारुबाई डागा अस्पताल में भर्ती थीं, तब कमल, जो उस समय पाँच वर्ष से भी छोटी थी, चुपचाप सड़क पार करके पास के थिएटर तक पहुँच गई। वहाँ के लोग उसे पहचानते थे, इसलिए उन्होंने उसे अंदर जाने दिया और मंच के पास, जहाँ वाद्य यंत्र बज रहे थे, बैठा दिया। शाम को जब गोविंदराव काम से लौटे, तो घर में हलचल मच गई। कमल कहीं दिखाई नहीं दे रही थी। सबने उसे ढूँढ़ना शुरू किया, पर वह नहीं मिली। तभी नारायण ने कहा, "कहीं कमल थिएटर तो नहीं चली गई होगी?"

सारुबाई ने चिंता भरे स्वर में कहा, "वह सड़क कैसे पार कर सकती है, वह अभी बहुत छोटी है।" जब अस्पताल और आसपास कहीं भी कमल का पता नहीं चला, तो उसे खोजने के लिए लोगों को थिएटर भेजा गया। वहाँ वह मंच के पास शांति से बैठी नाटक देख रही थी। उसे इस बात का ज़रा भी अंदाज़ा नहीं था कि उसकी तलाश में घर में कितना हंगामा मच चुका है।

जब भी सारुबाई अस्पताल में भर्ती होती थीं, कमल वहीं इधर उधर घूमती रहती थी। डॉक्टरों और नर्सों से उसकी अच्छी जान पहचान हो गई थी। उसे गुड़ियों से खेलना बहुत पसंद था, इसलिए जब वह माँ के साथ अस्पताल के कॉटेज में ठहरती, तो अपनी गुड़ियाँ भी

साथ ले जाती थी। एक दिन उसकी एक गुड़िया का सिर टूट गया। वह तुरंत उसे उठाकर डॉक्टर डायस के पास पहुँची और बोली कि वे उसका ऑपरेशन करके सिर ठीक कर दें। डॉक्टर डायस, जो गोवा के रहने वाले थे, ने उसके चिंतित चेहरे को देखा और मुस्कुराते हुए कहा, "कमल, एक दिन इंतज़ार करो, आज मैं बहुत व्यस्त हूँ।"

अगले ही दिन डॉ. डायस कमल के लिए एक नई गुड़िया ले आए।

उस समय जिन घरों की आर्थिक स्थिति अच्छी होती थी, वे शुद्ध दूध के लिए गाय पालते थे। मेश्राम परिवार के पास गंगा नाम की गाय थी और उसके बछड़े का नाम यमुना रखा गया था। सन् 1942 में जब परिवार को दिल्ली स्थानांतरित होना था, तब यह निश्चय किया गया कि गंगा को सारुबाई की बहन रुक्माबाई शेंडे के पास माथनी मौदा भेज दिया जाए, जो नागपुर से लगभग बत्तीस किलोमीटर दूर था। उन दिनों रुक्माबाई का बेटा रूपचंद नागपुर में पढ़ाई कर रहा था और गोविंदराव के घर मंगलधाम में रहता था। उसी से कहा गया कि वह गाय को पैदल गाँव तक पहुँचा दे, क्योंकि उसे दिल्ली ले जाना संभव नहीं था। रूपचंद गंगा को लेकर माथनी मौदा गया, उसे अपने घर छोड़ आया और अगले दिन वापस नागपुर लौट गया। दो दिन बाद सुबह कमल को परिचित रंभाने की आवाज़ सुनाई दी। वे तुरंत बाहर भागीं और देखा कि गंगा फिर से अपने पुराने घर लौट आई है और अपने स्थान पर रखा चारा खा रही है। उसने अपने आप रास्ता पहचान लिया था और पैदल ही वापस आ गई थी। कमल यह देखकर बहुत खुश हुईं, पर दिल्ली जाना निश्चित था, इसलिए अंततः गंगा को गाड़ी से माथनी मौदा भेजना पड़ा, ताकि वह फिर अपने आप लौट न सके।

10

सामाजिक जीवन

गोविंदराव नागपुर के एक अत्यंत प्रभावशाली और सम्मानित व्यक्ति थे, और उनके मित्र भी विभिन्न क्षेत्रों में ऊँचे पदों पर कार्य करने वाले प्रतिष्ठित लोग थे। सन् 1936 में उन्होंने एक आधुनिक और भव्य घर बनाने का निर्णय लिया। इसके लिए उन्होंने नागपुर में कामठी रोड पर पुल नंबर 10 के निकट इंदौरा चौकी क्षेत्र में जमीन खरीदी और वहाँ एक सुंदर, महल के समान दो मंजिला मकान बनवाया। घर के सामने आकर्षक पोर्च बनाया गया था और भीतर जाने के लिए कमपाउन्ड मे दो बड़े गेट बनाए गए थे। पोर्च के सामने हरे भरे घास से सजा एक मनोहारी लॉन था, जिसके बीचों बीच एक सुंदर फव्वारा लगा हुआ था, जो पूरे वातावरण की शोभा बढ़ा देता था। यह भवन आकार में काफी विशाल था और उसकी ढलान वाली छत पर लगी लाल रंग की कवेलू टाइलें उसे बंगले जैसा विशिष्ट और सुंदर रूप देती थीं। घर की भव्यता इतनी अद्भुत थी कि लोग स्नेहपूर्वक गोविंदराव को इंद्रपुरी, अर्थात इंदौरा का राजा कहकर संबोधित करने लगे।

जब गोविंदराव नागपुर में अपना नया घर बनवा रहे थे, उसी समय डॉ. अंबेडकर भी मुंबई के दादर क्षेत्र में अपना निवास तैयार करवा रहे थे। घर बनकर तैयार होने के बाद डॉ. अंबेडकर ने नागपुर स्थित गोविंदराव के घर का नाम स्नेहपूर्वक "मंगलधाम" रखा, जबकि मुंबई में अपने घर को "राजगृह" नाम दिया। संयोग से दोनों मकान लगभग एक ही समय में पूर्ण होकर तैयार हुए और अपने अपने शहर में विशेष पहचान बनाने लगे।

घर के पीछे बने दो आउटहाउसों में रहने के लिए सारुबाई की भतीजी विठाबाई और उनके भाई महादेव डोंगरे को बुलाया गया। महादेव अपने परिवार के साथ नागपुर में गोविंदराव मेश्राम के परिवार के साथ ही रहने लगे। बाद में वे सभी उनके साथ दिल्ली गए और वहीं जाकर स्थायी रूप से बस गए।

गोविंदराव ने जिस क्षेत्र में अपना घर बनवाया था, वहाँ उनके अधिकांश मित्रों के मकान आसपास ही स्थित थे। मुख्य कामठी रोड पर गड्डी गोदाम की ओर कुछ दूरी पर उनके घनिष्ठ मित्र और प्रसिद्ध राजनीतिक व्यक्तित्व तुलाराम साखरे का घर था। आगे चलकर सन् 1952

में वे भंडारा निर्वाचन क्षेत्र से सांसद चुने गए। आज गड्डी गोदाम में उनके नाम से एक बाजार भी है। उसी स्थान से गड्डी गोदाम की दिशा में जाने वाली सड़क को गोविंदराव के सम्मान में राय साहब जी. टी. मेश्राम रोड नाम दिया गया। इस सड़क के बाईं ओर बिपत हलवाई की बड़ी हवेली थी, जिन्हें लोग परदेसी कहकर पुकारते थे, क्योंकि वे मूल रूप से नागपुर के निवासी नहीं थे।

वे मूल रूप से उत्तर प्रदेश के किसी शहर से आए थे और गड्डी गोदाम क्षेत्र में उनकी एक बड़ी मिठाई की दुकान भी थी। उनकी हवेली से कुछ आगे एक बूचड़खाना स्थित था, जहाँ एक ओर बकरों को काटा जाता था और दूसरी ओर गोमांस की व्यवस्था थी। गोविंदराव नगर निगम के सचिव होने के कारण समय समय पर वहाँ निरीक्षण के लिए जाते थे और यह सुनिश्चित करते थे कि काटे जाने वाले जानवर स्वस्थ हों तथा उन पर आवश्यक मुहर सही ढंग से लगी हो।

मंगलधाम

यदि मांस पर आवश्यक मुहर नहीं लगी होती थी, तो उसे तुरंत ही नष्ट कर दिया जाता था।

जब कोल्हापुर के शाहू महाराज के दीवान नागपुर आए, तब उनके सम्मान में मेश्राम के घर पर रात्रि भोज का आयोजन किया गया, जिसमें उनके साथियों और शहर के कुछ प्रमुख

लोगों को भी आमंत्रित किया गया था। बाद में दीवान ने गड्डी गोदाम क्षेत्र में आयोजित एक सार्वजनिक सभा को संबोधित किया। उस अवसर पर वहाँ के निवासियों ने उन्हें एक मान पत्र देकर आदरपूर्वक सम्मानित किया।

गोविंदराव गोंडवाना क्लब के सदस्य थे और वहाँ वे विभिन्न समुदायों तथा अलग अलग धर्मों को मानने वाले अपने मित्रों के साथ अनेक शामें बिताते थे। उनके कुछ मित्र ब्राह्मण थे, और निकट साथियों में रुस्तमजी नाम के एक पारसी सज्जन, पारीख नाम के एक गुजराती वकील, खलासी लाइन के लाला जयनारायण, प्रसिद्ध अधिवक्ता पी. के. साल्वे और कुछ ब्रिटिश अधिकारी शामिल थे। सभी धर्मों के त्योहार आपसी सौहार्द और मेलजोल के साथ मनाए जाते थे। पारसी नव वर्ष नवरोज़ पर उनके पारसी मित्र मिठाइयाँ और फल भेजते थे। क्रिसमस के अवसर पर उनके ब्रिटिश मित्रों के साथ पी. के. साल्वे और लाला जयनारायण की ओर से केक और आइसक्रीम भेजी जाती थी। दिवाली पर बिपत हलवाई मिठाई भिजवाते थे और होली पर मिश्री से बनी बड़ी मालाएँ भेजते थे। लक्ष्मीनारायण होटल का स्वामी यूनाइटेड प्रोविंस से था और कैफ़े जॉन ब्रदर्स एक एंग्लो इंडियन परिवार द्वारा चलाया जाता था। आज खलासी लाइन में उनके मित्रों के नाम पर दो सड़कें जानी जाती हैं, लाला जयनारायण रोड और पी. के. साल्वे रोड।

मेरी कहानी सुनाने वाली माँ कमल को उस मुस्लिम मित्र का नाम याद नहीं रहा, जो कामठी रोड पर पुल नंबर 10 के पास रहते थे। ईद के अवसर पर, वे परंपरा के अनुसार एक बकरे की कुर्बानी देते थे। उसका मांस परिवार, मित्रों और जरूरतमंद लोगों में बाँट दिया जाता था। घर में बिरयानी, क़ोरमा और कबाब जैसे विशेष व्यंजन तैयार किए जाते थे और रिश्तेदारों व मित्रों के साथ मिलकर दावत का आनंद लिया जाता था। इस अवसर पर सभी मित्रों को आमंत्रित किया जाता था। जिन हिंदू महिलाओं का घर से बाहर आना संभव नहीं होता था, उनके लिए मांस उनके घर भिजवा दिया जाता था, ताकि वे स्वयं उसे पका सकें। गोविंदराव और उनके पुत्र रामकृष्ण को हर वर्ष ईद पर विशेष रूप से बुलाया जाता था। वे अत्यंत मेहमाननवाज़ थे और आग्रह करते थे कि केवल ताजा और गरम भोजन ही परोसा जाए। प्रत्येक चपाती के बाद वे प्लेट बदलवा देते थे और कहते थे कि प्लेट में रखा भोजन ठंडा हो सकता है, इसलिए उसे नहीं खाना चाहिए।

पी. के. साल्वे खलासी लाइन में रहने वाले एक प्रमुख स्वतंत्रता सेनानी, कांग्रेस पार्टी के प्रवक्ता और प्रतिष्ठित अधिवक्ता थे। वे राजनीतिक रूप से सक्रिय रहते थे और स्वतंत्रता आंदोलन में पूरी निष्ठा से भाग लेते थे, जिसके कारण उन्हें कई बार जेल भी जाना पड़ता था।

ऐसे समय में गोविंदराव उनके परिवार की पूरी जिम्मेदारी संभालते थे। पी. के. साल्वे की पुत्री निर्मला श्रीवास्तव, जिन्हें आगे चलकर सहज योग की निर्मला माता के रूप में जाना गया, गोविंदराव की छोटी बेटी कमल की घनिष्ठ मित्र थीं। परिवार की अन्य बेटियाँ शांता शीला, इंदु और शशि भी विमल और कमल की अच्छी सहेलियाँ थीं। उनके पुत्र एन. के. पी. साल्वे स्वतंत्र भारत में मंत्री पद पर रहे। आगे की पीढ़ी में उनके पोते हरीश साल्वे देश के प्रसिद्ध सॉलिसिटर जनरल बने और बाद में इंग्लैंड में क्वीन्स काउंसिल के रूप में प्रतिष्ठित हुए। उस समय विभिन्न समुदायों और प्रभावशाली व्यक्तियों से बनी ऐसी मित्र मंडली बहुत दुर्लभ मानी जाती थी, क्योंकि समाज की संरचना ऐसी थी कि लोग प्रायः अपनी ही जाति तक सीमित रहते थे और अन्य जातियों या धर्मों के लोगों से घुलना मिलना पसंद नहीं करते थे। जाति व्यवस्था का कड़ाई से पालन किया जाता था और सामाजिक नियमों को बिना किसी ढील के निभाया जाता था। कई रूढ़िवादी हिंदू परिवारों में घर के भीतर भी भेदभावपूर्ण परंपराएँ प्रचलित थीं।

ब्रिटिश शासन में सरकारी स्तर पर जाति या धर्म के आधार पर भेदभाव नहीं किया जाता था और हर जाति के हिंदू, अनुसूचित जाति, मुस्लिम या ईसाई सभी को रोजगार पाने के समान अवसर मिलते थे। कार्यस्थलों पर अलग अलग समुदायों के लोगों को एक साथ काम करना पड़ता था, जिससे आपसी परिचय और मित्रता बढ़ती थी। फिर भी सामाजिक जीवन में भेदभाव पूरी तरह समाप्त नहीं हुआ था। जब तथाकथित ऊँची जाति के हिंदू अपने घर किसी अन्य धर्म या ज़ाति के मित्रों को बुलाते थे, तो उनका सत्कार तो किया जाता था, परंतु उनके लिए अलग बर्तन और क्रॉकरी रखी जाती थी। ये बर्तन रसोई के बाहर अलग स्थान पर रखे जाते थे और परिवार का कोई अन्य सदस्य उनका उपयोग नहीं करता था, क्योंकि

ऐसा माना जाता था कि इससे वे अपवित्र हो जाएँगे। विशेष बात यह थी कि इन मेहमानों के लिए प्रायः चीनी मिट्टी के बर्तनों का ही उपयोग किया जाता था।

कार के साथ साथ गोविंदराव अपने परिवार के उपयोग के लिए घर पर एक तांगा भी रखते थे। उनके पास श्यामकर्ण नाम का घोड़ा था, जिसका रंग गहरा भूरा था और कान काले थे। वह देखने में अत्यंत आकर्षक था और उसकी तेज टापों की आवाज से ही लोग समझ जाते थे कि मेश्राम का तांगा पास से निकल रहा है। द्वितीय विश्व युद्ध के समय सरकार ने उनकी कार अपने उपयोग के लिए ले ली थी, इसलिए उन दिनों विमल और कमल सेंट उर्सुला कॉन्वेंट आने जाने के लिए तांगे का ही सहारा लेती थीं।

नागपुर में हमेशा बहुत अधिक गर्मी पड़ती थी, इसलिए गोविंदराव गर्मियों के दिनों में अपने परिवार को शहर से बाहर ले जाया करते थे। वे प्रायः इंदौर, पचमढ़ी, छिंदवाड़ा या ऐसी अन्य ऊँचाई वाली जगहों पर जाते थे, जहाँ मौसम अपेक्षाकृत ठंडा रहता था। वहाँ परिवार अक्सर उनके उन मित्रों के साथ ठहरता था, जो उन स्थानों पर नियुक्त थे।

नागपुर के महाराजा गोविंदराव के घनिष्ठ मित्र थे। दोनों को शिकार का विशेष शौक था, इसलिए वे प्रायः साथ में शिकार यात्राओं पर निकलते थे। नागपुर चारों ओर से घने जंगलों से घिरा हुआ था, जो शिकार के लिए उपयुक्त माना जाता था। गोविंदराव की कार पर एक बड़ी स्पॉट लाइट लगी थी, इसी कारण शिकार के ऐसे अवसरों पर उनकी गाड़ी सबसे अधिक पसंद की जाती थी।

राजा और गोविंदराव मेश्राम के परिवारों के बीच आत्मीय संबंध थे, इसलिए मेश्राम परिवार की महिलाओं को महल में आयोजित होने वाले हल्दी कुमकुम कार्यक्रम में ससम्मान आमंत्रित किया जाता था। हल्दी कुमकुम महाराष्ट्र में त्योहारों के अवसर पर महिलाओं द्वारा आयोजित एक सामाजिक आयोजन है, जिसमें महिला मित्रों और रिश्तेदारों को घर बुलाया जाता है। इस अवसर पर महिलाएँ आपस में मिलती हैं, साथ बैठकर भोजन करती हैं, खेल खेलती हैं, गीत गाती हैं, नृत्य करती हैं और एक दूसरे के माथे पर हल्दी तथा कुमकुम लगाकर शुभकामनाएँ देती हैं। यह केवल महिलाओं का आयोजन होता है, जिसमें पुरुषों की कोई भूमिका नहीं रहती। जिस महिला के घर यह कार्यक्रम आयोजित होता है, वह आने वाली सभी महिलाओं को स्नेहपूर्वक एक छोटा सा उपहार भी देती है।

11

डॉ. अंबेडकर से जुड़ाव

जब डॉ. भीमराव अंबेडकर नागपुर आते थे, तब उनके ठहरने के लिए मंगलधाम का संपूर्ण पहला तल उन्हें समर्पित कर दिया जाता था। ऊपर जाने के लिए घर में दो अलग सीढ़ियाँ थीं, एक भव्य सीढ़ी जो बैठक कक्ष के भीतर से ऊपर ले जाती थी और दूसरी पीछे की ओर बनी लकड़ी की सीढ़ी, जो ढके हुए पिछवाड़े के बरामदे तक पहुँचती थी। गर्मी के मौसम में वे प्रायः पोर्च के ऊपर बने विशाल खुले छत पर सोना पसंद करते थे। उसी छत पर गोविंदराव और उनके एक अन्य मित्र भी रात्रि बिताते थे। उनके आगमन के समय घर की चारदीवारी के आसपास कुछ लोग सुरक्षा हेतु पहरा देते रहते थे।

घर के सामने की ओर दो विशाल कक्ष बने हुए थे। उनमें से एक औपचारिक बैठक कक्ष था, जहाँ आने वाले अतिथि बैठते थे। दूसरा बड़ा कक्ष विमल और कमल का अध्ययन कक्ष था, जहाँ वे पढ़ाई के साथ साथ नृत्य और गायन का अभ्यास भी करती थीं। गोविंदराव अत्यंत प्रगतिशील विचारों के व्यक्ति थे और अपनी बेटियों को उनकी रुचि के अनुसार हर प्रकार की कला सीखने का अवसर देना चाहते थे। इसी उद्देश्य से उन्होंने घर पर ही हिंदुस्तानी संगीत सिखाने के लिए एक शिक्षक नियुक्त किया था और कमल को कथक नृत्य सिखाने के लिए अलग से गुरु की व्यवस्था की थी।

प्रायः डॉ. अंबेडकर ऊपर जाने और नीचे आने के लिए बैठक कक्ष की सीढ़ियों का ही उपयोग करते थे, किंतु एक दिन वे घर के पीछे बनी सीढ़ियों से नीचे उतरे और सामने वाले बड़े कक्ष में पहुँचे, जो विमल और कमल का अध्ययन कक्ष था। वहाँ वे टहलते हुए दीवारों पर लगी तस्वीरों को ध्यान से देखने लगे। उस समय दोनों लड़कियाँ पास के कमरे में छिपकर उन्हें देख रही थीं। दीवारों पर सिनेमा से जुड़े चित्र और पोस्टर लगे थे, जिनमें "कुंकू दुनिया ना माने" फिल्म का पोस्टर भी शामिल था। उसे देखकर डॉ. अंबेडकर अप्रसन्न हो गए और गंभीर स्वर में पूछा कि ये पोस्टर किसने लगाए हैं, उन्हें तुरंत बुलाया जाए। उनकी गूँजती आवाज सुनते ही दोनों लड़कियाँ पीछे के दरवाजे से भागकर आँगन में स्थित अपने मामा के

घर में जा छिपीं। जब वे ऊपर लौट गए, तब लड़कियाँ जल्दी से अध्ययन कक्ष में आईं, सभी पोस्टर उतार दिए और फिर कभी उन्हें दीवार पर नहीं लगाया।

मंगलधाम में ठहरने के समय डॉ. अंबेडकर प्रायः पास स्थित इंदौरा बस्ती में पैदल निकल जाते थे, ताकि वहाँ के लोगों का जीवन स्वयं देख सकें और समझ सकें कि उनकी परिस्थितियों को सुधारने के लिए क्या आवश्यक है। जैसे ही वे वहाँ पहुँचते, अनेक लोग उनके आसपास एकत्र हो जाते और उनके साथ साथ चलने लगते। अपनी गलियों में उनका स्वागत करते हुए लोग अत्यंत प्रसन्न होते थे और इसे अपना सौभाग्य मानते थे कि वे स्वयं उनकी बस्ती में आकर उनके बीच चल रहे हैं।

डॉ. अंबेडकर के असंख्य अनुयायी थे और उनसे मिलने के लिए लोग दूर दूर से आते थे। विभिन्न धर्मों और जातियों के प्रमुख नेता भी उनसे भेंट करने पहुँचते थे, क्योंकि वे यह घोषणा कर चुके थे कि यद्यपि उनका जन्म हिंदू परिवार में हुआ है, पर वे हिंदू के रूप में जीवन समाप्त नहीं करेंगे। उनके व्यापक प्रभाव और बड़ी संख्या में समर्थकों को देखते हुए अनेक धर्मों के प्रतिनिधि उन्हें अपने धर्म में शामिल करने के इच्छुक थे, क्योंकि यदि वे किसी धर्म को स्वीकार करते तो यह एक बड़े सामूहिक परिवर्तन का रूप ले सकता था। डॉ. अंबेडकर स्वयं विभिन्न धर्मों का गंभीर अध्ययन कर रहे थे और अपने विचारों, स्वभाव तथा जीवन दर्शन के अनुरूप धर्म का चयन करने के बाद ही निर्णय लेने के पक्ष में थे। उनसे मिलने के लिए कई मुस्लिम और सिख नेता भी आते थे, और ये मुलाकातें प्रायः औपचारिक बैठक कक्ष में होती थीं। उस समय अनेक लोगों ने प्रेरित होकर धर्म परिवर्तन किया और कुछ ने सिख धर्म अपनाया।

रामकृष्ण, जो गोविंदराव के पुत्र थे, अपने मित्र पंजाबराव शंभरकर और साथियों के समूह के साथ हर वर्ष धन एकत्र करके डॉ. अंबेडकर का जन्मदिन मनाते थे। वे इस अवसर पर नाटक और सामाजिक कार्यक्रमों का आयोजन करते थे, जो लगभग दस दिनों तक चलते और 14 अप्रैल को समापन होता था। अंतिम दिन मंच पर सुंदर ढंग से सजा हुआ एक झूला रखा जाता था, जिसके चारों ओर बालिकाएँ मधुर गीत प्रस्तुत करती थीं। रामकृष्ण द्वारा आयोजित यह कार्यक्रम उच्च स्तर का होता था, इसलिए उसे देखने के लिए लोग दूर दूर से आते थे।

12

मुंबई में प्रतिनियुक्ति

जब कमल बहुत छोटी थीं, उसी समय गोविंदराव को एक वर्ष के लिए मुंबई भेजा गया। रामकृष्ण अपनी पढ़ाई के कारण छात्रावास में ही रहे, जबकि परिवार के अन्य सदस्य मुंबई जाकर लोअर परेल में दामोदर स्कूल के पास रहने लगे। संयोग से श्री शिवतारकर, जो डॉ. अंबेडकर के समर्थक थे, उसी भवन के प्रथम तल पर निवास करते थे। सारुबाई का स्वास्थ्य ठीक न रहने के कारण गोविंदराव की बहन जनाबाई भी परिवार के साथ मुंबई चली गईं, ताकि घर और दोनों बेटियों की देखभाल में सहायता कर सकें। जनाबाई अत्यंत सक्षम और विश्वसनीय महिला थीं तथा घर की सभी जिम्मेदारियाँ सुव्यवस्थित ढंग से निभाती थीं। उन दिनों डॉ. अंबेडकर का कार्यालय दामोदर स्कूल के भूतल पर स्थित था। वर्तमान में उसी स्थान पर दामोदर हॉल शैक्षणिक परिसर में सोशल सर्विस लीग हाई स्कूल और जूनियर कॉलेज संचालित हैं। डॉ. अंबेडकर प्रातः दादर स्थित अपने निवास से निकलकर लोअर परेल के कार्यालय पहुँचते थे, इसलिए उनके साले धोत्रे मामा दादर से उनके लिए दोपहर का भोजन लेकर आते थे।

गोविंदराव की बड़ी बेटी विमल का प्रवेश दामोदर स्कूल में करा दिया गया था, किंतु कमल आयु में छोटी होने के कारण विद्यालय में दाखिला नहीं पा सकीं। खाली समय में गोविंदराव प्रायः डॉ. अंबेडकर के पास बैठने चले जाते थे और कमल भी कई बार उनके साथ चली जाती थीं। दिन के समय वह कभी डॉ. अंबेडकर के कक्ष में रहतीं तो कभी वहीं संचालित बढ़ई प्रशिक्षण कक्षा में चली जातीं। अधिकांश समय वह स्कूल के मैदान में खेलते हुए बिताती थीं, इसलिए वहाँ के सभी शिक्षक उन्हें पहचानते थे। कभी कभी अनुशासन के लिए कुछ बच्चों को मुर्गा बनाकर बैठने की सजा दी जाती थी और कमल को उस दंडित बच्चे की पीठ पर बैठने के लिए कहा जाता था।

कमल को विद्यालय के परिसर में लगा झूला अत्यंत प्रिय था। जब कक्षाएँ चल रही होतीं और सभी बच्चे अपनी अपनी कक्षा में होते, तब वह खाली समय में उसी झूले पर झूलती

रहती थीं। जैसे ही अवकाश की घंटी बजती, लड़कियाँ बाहर आ जातीं और खेलते हुए एक एक कर झूले पर बैठने की इच्छा जताती थीं।

एक दिन एक लड़की ने कमल से कहा, "कमल, मैं बहुत ऊँचा झूलना चाहती हूँ, इसलिए कृपया मुझे अकेले झूलने दो, क्या तुम झूले से उतर सकती हो?" कमल झूला छोड़ना नहीं चाहती थीं, इसलिए उन्होंने उत्तर दिया, "तुम झूले को जितना चाहो उतना ऊँचा ले जाओ, मैं तुम्हारे साथ ही बैठी रहूँगी और रस्सी को मजबूती से पकड़े रखूँगी।"

जब बड़ी लड़की ने झूला जोर से धकेलना शुरू किया और उसे बहुत ऊँचाई तक ले गई, तब कमल घबरा गईं और उनके हाथ से रस्सी छूट गई। आँखें कसकर बंद करते हुए उन्होंने संतुलन बनाने के लिए उस लड़की की साड़ी पकड़ ली, पर झूला इतनी तेज़ गति से चल रहा था कि कुछ ही क्षण में उनकी पकड़ ढीली पड़ गई और वे नीचे गिर पड़ीं। गिरने के बाद वे स्कूल के परिसर में दिखाई नहीं दीं, जिससे सब लोग घबराकर उन्हें खोजने लगे। सभी चिंतित थे, क्योंकि उन्हें लगता था कि यदि डॉ. अंबेडकर को यह बात पता चली तो वे बहुत अप्रसन्न होंगे। काफी तलाश के बाद एक व्यक्ति जब स्कूल के बाहर की ओर गया, तो उसने परिसर के बाहर स्थित गौशाला में कमल को एक पत्थर पर सीधी खड़ी हुई देखा। आश्चर्य की बात यह थी कि उन्हें न तो कोई चोट आई थी और न ही वे डरी हुई दिखाई दे रही थीं।

जब वे मुंबई में रह रहे थे, उसी दौरान दादर स्थित डॉ. अंबेडकर के घर "राजगृह" में महिलाओं के लिए हल्दी कुमकुम का आयोजन किया गया। सारुबाई प्रायः ऐसे कार्यक्रमों में अपनी बड़ी बेटी विमल को साथ ले जाती थीं और कमल को आयु कम होने के कारण घर पर ही छोड़ दिया जाता था, किंतु इस बार कमल को भी साथ ले जाया गया। यह पहला अवसर था जब कमल ने डॉ. अंबेडकर की पत्नी श्रीमती रमाबाई अंबेडकर, उनकी भाभी और परिवार की अन्य महिलाओं को देखा। रमाबाई, जिन्हें आईसाहेब भी कहा जाता था, अत्यंत सादगीपूर्ण वेशभूषा में थीं। उन्होंने किनारी वाली साड़ी, कांच की चूड़ियाँ और बहुत साधारण सा मंगलसूत्र धारण किया हुआ था। उनका चेहरा कोमल और करुणा से भरा हुआ प्रतीत होता था। कमल को अपनी यह काकू पहली ही भेंट में बहुत प्रिय लगने लगीं।

13

झूठे आरोप

नागपुर में नगर निगम का कार्यालय एक अपेक्षाकृत छोटी इमारत में स्थित था, किंतु उसका परिसर बहुत विस्तृत था। बीसवीं सदी के आरंभिक वर्षों में आवागमन का सामान्य साधन बैलगाड़ी हुआ करता था, इसलिए परिसर में पर्याप्त खुली जगह रखी गई थी, ताकि लोग अपने बैल बाँध सकें और गाड़ियाँ खड़ी कर सकें।

जिस दिन मजदूरों को वेतन दिया जाता था, उस दिन नगर निगम के सभी कर्मचारी बड़े लॉन में बैठकर अपनी बारी का इंतजार करते थे, क्योंकि वेतन नकद रूप में ही वितरित किया जाता था। परिसर के बाहर कुछ पठान साहूकार बैठते थे और जैसे ही उनका कोई देनदार वेतन लेकर बाहर निकलता, वे तुरंत उससे ब्याज सहित किस्त की वसूली कर लेते थे। अधिकांश मजदूर अधिक खर्च और कम आय के कारण मजबूरी में ऋण ले लेते थे। एक बार ऋण के चक्र में फँस जाने पर उससे निकल पाना कठिन हो जाता था, क्योंकि ब्याज की दर बहुत अधिक होती थी। परिणामस्वरूप हर महीने ब्याज चुकाया जाता था, जबकि मूल राशि प्रायः वैसी ही बनी रहती थी।

गोविंदराव अत्यंत ईमानदार स्वभाव के व्यक्ति थे और वे लोगों पर सहज ही विश्वास कर लेते थे, क्योंकि वे किसी में बुराई देखने के आदी नहीं थे। इसी सरलता के कारण उन्हें जीवन में कई उतार चढ़ावों का सामना करना पड़ा। अपनी बचत का कुछ भाग सुरक्षित निवेश के रूप में लगाने की इच्छा से उन्होंने एक मित्र के साथ मिलकर भरतवाडा में खेती योग्य भूमि खरीदी। इसके अतिरिक्त एक अन्य मित्र के साथ उन्होंने मैंगनीज़ और माइका की खदानों में भी निवेश किया। किंतु जिन मित्रों के साथ उन्होंने ये सौदे किए, उन्होंने वास्तव में उन्हें छल लिया। भरतवाडा की जो जमीन खरीदी गई थी, उसमें सिंचाई की उचित व्यवस्था नहीं थी, जिसके कारण खेती संभव नहीं हो सकी। इसी प्रकार मैंगनीज़ और माइका के व्यापार में भी उन्हें आर्थिक हानि उठानी पड़ी।

जब गोविंदराव नागपुर नगर निगम में सचिव के रूप में कार्य कर रहे थे, तब निगम के लिए एक नई और भव्य इमारत बनाने का निर्णय लिया गया। यह एक बड़ा और महत्वपूर्ण

कार्य था, इसलिए देश के विभिन्न हिस्सों से निविदाएँ आमंत्रित की गईं। विचार-विमर्श के बाद निर्माण का दायित्व "सर सोभा सिंह एंड कंपनी, नागपुर" के साझेदार भगवंत सिंह को सौंपा गया। इसी निर्माण संस्था ने नागपुर में उच्च न्यायालय की इमारत भी तैयार की थी। भगवंत सिंह, दिल्ली के प्रसिद्ध निर्माणकर्ता सर सोभा सिंह के बड़े पुत्र थे और वे सुप्रसिद्ध लेखक खुशवंत सिंह के बड़े भाई थे।

उन दिनों नई दिल्ली का निर्माण कार्य चल रहा था। सुजान सिंह और उनके पुत्र सर सोभा सिंह, जो सिविल ठेकेदार और भू संपत्ति विकासकर्ता के रूप में प्रसिद्ध थे, को राजधानी की अनेक महत्वपूर्ण इमारतों के निर्माण का दायित्व मिला। इनके द्वारा निर्मित प्रमुख भवनों में कनॉट प्लेस, मॉडर्न स्कूल, सेंट कोलंबा स्कूल, राष्ट्रीय संग्रहालय, बड़ौदा हाउस, साउथ ब्लॉक और वॉर मेमोरियल आर्च शामिल हैं, जिसे आज इंडिया गेट के नाम से जाना जाता है। उन्होंने वाइसरीगल हाउस, जिसे अब राष्ट्रपति भवन कहा जाता है, तथा विजय चौक के कुछ भागों के निर्माण में भी योगदान दिया। सुजान सिंह शाहपुर जिले के निवासी थे, जो अब पाकिस्तान में स्थित है। उनके पुत्र सर सोभा सिंह ने दूरदर्शिता दिखाते हुए नई दिल्ली के विकसित होने वाले क्षेत्र में लगभग दो रुपये प्रति वर्ग गज की दर से बड़ी मात्रा में फ्रीहोल्ड जमीन खरीद ली थी। उनके पास इतनी अधिक भूमि हो गई थी कि लोग उन्हें आधी नई दिल्ली का मालिक कहने लगे थे।

जब नागपुर में नगर निगम की नई इमारत का निर्माण चल रहा था, तब मजदूरों को समय समय पर भुगतान करने और निर्माण सामग्री तुरंत खरीदने के लिए भवन की एक तिजोरी में बड़ी राशि रखी जाती थी। इसी स्थिति का लाभ उठाकर निगम के कुछ बेईमान कर्मचारियों ने तिजोरी से धन निकाल लिया। चूँकि उस धन की जिम्मेदारी गोविंदराव के पास थी, इसलिए गबन का आरोप उन्हीं पर लगाया गया और उनके विरुद्ध आधिकारिक जाँच प्रारंभ कर दी गई।

जैसा प्रायः सरकारी जाँचों में होता है, यह जाँच भी लंबे समय तक चलती रही और इस दौरान मेश्राम परिवार की आर्थिक स्थिति लगातार बिगड़ती गई। उन्हें सरकारी आवास खाली करना पड़ा और अपने निजी घर "मंगलधाम" में आकर रहना पड़ा। वहाँ भी भुगतान न कर पाने के कारण बिजली का कनेक्शन काट दिया गया। परिस्थितियाँ इतनी कठिन हो गईं कि अंततः गोविंदराव को दिवालिया घोषित कर दिया गया और उनके घर की कुर्की की घोषणा कर दी गई।

गोविंदराव अपनी ईमानदारी और सख्त अनुशासन के लिए प्रसिद्ध थे। वे इतने स्पष्ट और दृढ़ स्वभाव के थे कि उनके अपने परिवार के लोग भी उनसे संकोच करते थे और आसानी से उनसे सहायता नहीं मांगते थे। फिर भी उन्होंने अकेले ही अपने अनेक रिश्तेदारों की पढ़ाई का प्रबंध किया और उन्हें आत्मनिर्भर बनने में सहयोग दिया था। जब उनके घर के बाहर कुर्की का नोटिस चिपकाया गया, तब परिवार के सभी सदस्य, जो कुछ भी उनके पास था, उसे साथ लेकर उनके आसपास एकत्र हो गए।

मंगलधाम का निर्माण कराने के बाद गोविंदराव ने गड्डी गोदाम स्थित अपना पुराना बंगला अपने सौतेले भाई हीरामन को दे दिया था। जब कठिन समय आया तो हीरामन ने बिना देर किए उसी घर पर ऋण लेकर पूरी राशि गोविंदराव को सौंप दी। उनकी बहन जनाबाई ने भी अपने आभूषण गिरवी रखकर धन जुटाया और भाई की सहायता की। इसी प्रकार सारुबाई के भाई महादेव डोंगरे ने अपनी पत्नी के गहनों पर ऋण लेकर सहयोग दिया। इन तीनों के संयुक्त प्रयास से कुर्की की पूरी रकम अदा कर दी गई और घर को नीलामी से बचा लिया गया।

गोविंदराव के निजी सहायक अय्यर को कुछ समय के लिए उनके घर की पहली मंजिल पर एक कक्ष में रहने की अनुमति दी गई थी। उसी दौरान उसने वास्तव में श्री टी. एस. और सुश्री सी. ई. को तिजोरी से धन निकालते हुए देखा था और गोविंदराव को बताया था कि वह इस घटना का प्रत्यक्ष साक्षी है। जब जाँच आरंभ हुई तो यह आशा थी कि अय्यर समिति के सामने सत्य बयान देगा, किंतु जैसा प्रायः ऐसे मामलों में होता है, धन के लोभ में दोषी व्यक्तियों ने उसे अपने पक्ष में कर लिया। अंतिम क्षणों में अय्यर ने जाँच समिति के समक्ष अपना बयान बदल दिया। इस अप्रत्याशित विश्वासघात ने गोविंदराव को भीतर तक तोड़ दिया। उन्होंने कभी ऐसे धोखे की कल्पना भी नहीं की थी। निरंतर अपमान और आरोपों का बोझ सहन न कर पाने के कारण वे कभी कभी शक्करधारा में अपने पिता की समाधि पर जाकर घंटों बैठते और रोकर अपना दुःख व्यक्त करते थे। जब परिस्थितियाँ अत्यंत कठिन हो गईं, तब एक ईमानदार चपरासी और दूसरे निजी सहायक ने उनका साथ दिया। इस दूसरे सहायक ने आवश्यक बातचीत और दस्तावेज एकत्र करने में उनकी भरपूर सहायता की।

चपरासी ने गोविंदराव से विनम्रता से कहा, "सर, मैंने अपनी आँखों से देखा है कि धन किसने लिया था, परंतु मैं केवल एक चपरासी हूँ, इसलिए अब तक कुछ कहने का साहस नहीं जुटा पाया। आज मैं आपके पास इसलिए आया हूँ क्योंकि मैं जानता हूँ कि आप अत्यंत ईमानदार व्यक्ति हैं और आपके साथ अन्याय होते हुए नहीं देख सकता, जबकि दोषी लोग

निश्चिंत होकर जीवन बिता रहे हैं। यदि आप मुझे अवसर देंगे, तो मैं जाँच आयोग के सामने स्वयं उपस्थित होकर सच्चाई बयान करने के लिए तैयार हूँ।"

इस गवाह को जाँच आयोग के समक्ष प्रस्तुत किया गया। उसके स्पष्ट और सच्चे बयान के आधार पर गोविंदराव को सभी झूठे आरोपों से सम्मानपूर्वक मुक्त कर दिया गया। यह मुकदमा प्रसिद्ध अधिवक्ता और उनके घनिष्ठ मित्र श्री पी. के. साल्वे ने लड़ा था।

गोविंदराव ने कृतज्ञता स्वरूप भरतवाड़ा में खरीदी हुई भूमि जनाबाई के नाम कर दी, ताकि उनकी सहायता का सम्मानपूर्वक प्रतिदान किया जा सके। गड्डी गोदाम स्थित घर स्थायी रूप से हीरामन के नाम स्थानांतरित कर दिया गया। महादेव डोंगरे और उनके परिवार की देखभाल का दायित्व भी उन्होंने सदैव निभाया। साथ ही हीरामन, जनाबाई और महादेव डोंगरे द्वारा लिए गए सभी ऋणों को चुकाने के लिए उन्होंने स्वयं किस्तों की व्यवस्था सुनिश्चित की।

14

मेश्राम बहनें

नागपुर में लड़कियों के लिए अच्छे विद्यालय उपलब्ध थे और उन्हें शिक्षा प्राप्त करने के पर्याप्त अवसर मिलते थे, जबकि ग्रामीण भारत में उस समय लड़कियों की पढ़ाई की कल्पना भी बहुत कम की जाती थी। शहर में बालिकाएँ पेशेवर शिक्षकों से संगीत और नृत्य सीख सकती थीं, पर गाँवों में रहने वाले लोगों के लिए ऐसी सुविधाओं के बारे में सोचना भी कठिन था।

शहरों में पर्दा प्रथा धीरे धीरे समाप्त होती जा रही थी और अब लड़कियों को घर से बाहर निकलकर विद्यालय जाने की अनुमति मिलने लगी थी। फिर भी उन पर अनेक नियम और सीमाएँ लागू थीं, जिन्हें वे शांत भाव से स्वीकार करती थीं, क्योंकि उनके लिए यह परिवर्तन अंधकार से उजाले की ओर बढ़ने जैसा था। घर की चारदीवारी तक सीमित जीवन से बाहर निकलकर पढ़ने का अवसर मिलना ही उनके लिए बड़ी उपलब्धि थी। उन्हें मिली यह सीमित स्वतंत्रता भी उनके लिए मूल्यवान थी और वे समझती थीं कि लगाए गए नियम उनके हित में ही हैं। गोविंदराव अत्यंत अनुशासित और कठोर स्वभाव के पिता थे, इसलिए बच्चे उनसे तभी बोलते थे जब वे स्वयं उन्हें संबोधित करते थे। उनकी पत्नी सारुबाई भी अपने पति का बहुत सम्मान करती थीं और किसी बात पर विवाद नहीं करती थीं। वे आज्ञा पालन को ही अपना कर्तव्य मानती थीं। उस समय प्रायः घरों में पुरुष ही बाहरी लोगों से व्यवहार करते थे और अधिकांश परिवारों में पितृसत्तात्मक व्यवस्था प्रचलित थी।

मेश्राम परिवार की बेटियाँ अनुशासनप्रिय और मर्यादित स्वभाव की थीं। वे अपने निजी तांगे से विद्यालय जाया करती थीं। उनका स्कूल सिविल लाइंस क्षेत्र में स्थित था, जहाँ अधिकतर सरकारी कार्यालय भी थे और गोविंदराव का नगर निगम कार्यालय भी उसी इलाके में था। इंदौरा से सिविल लाइंस तक तांगे की यह यात्रा नवे वस्ती से होकर गुजरती थी, जहाँ लड़कों के लिए चोखामेला छात्रावास स्थित था। श्यामकर्ण घोड़े की टापों की आवाज सुनते ही छात्रावास के लड़के बालकनी में आ खड़े होते थे, ताकि उस सजे हुए तांगे में जाती हुई सुंदर बालिकाओं की झलक देख सकें।

उन दिनों अधिकांश भारतीय ग्रामीण क्षेत्रों में रहते थे और उच्च शिक्षा प्राप्त करने के लिए लड़के नागपुर जैसे शहरों में आते थे, क्योंकि वहाँ विभिन्न विषयों में आगे की पढ़ाई की सुविधाएँ उपलब्ध थीं। गाँवों में प्रायः एक मंजिला घर होते थे जिनकी छत फूस से ढकी होती थी। सड़कें कच्ची होती थीं, जो बैलगाड़ी के चलने के लिए उपयुक्त मानी जाती थीं। बिजली की व्यवस्था प्रायः नहीं होती थी। ऐसे वातावरण से आने वाले विद्यार्थी जब नागपुर पहुँचते, तो ऊँची इमारतें, चौड़ी और पक्की सड़कें जो शाम को सुंदर लैम्प पोस्ट की रोशनी से जगमगाती थी, देखकर आश्चर्य से भर जाते थे।

चोखामेला छात्रावास में रहने वाले अधिकांश लड़के गाँवों से आते थे और प्रायः साधारण आर्थिक पृष्ठभूमि से होते थे। उन दिनों उनका सामान्य पहनावा धोती, कुर्ता और सिर पर टोपी होता था। जब वे गोविंदराव के घर "मंगलधाम" को देखते, तो उसकी ऊँचाई देखकर आश्चर्य में पड़ जाते थे। वे मजाक में कहा करते थे कि इमारत इतनी ऊँची है कि उसे ऊपर तक देखने के लिए जैसे ही वे सिर उठाते हैं, उनकी टोपी जमीन पर गिर जाती है।

मेश्राम परिवार की बेटियाँ सुबह विद्यालय जाते समय अपना भोजन साथ नहीं ले जाती थीं। दोपहर के समय लहानू नाम का घरेलू सहायक ताजा और गरम भोजन उनकी कक्षा तक पहुँचा देता था। कभी कभी उनकी माँ दोनों के लिए भोजन उनके पिता के टिफिन के साथ भिजवा देती थीं। उन अवसरों पर लड़कियाँ अपने पिताजी के कार्यालय पहुँचतीं और सभी साथ बैठकर भोजन करते थे।

उनका टिफिन बहुत समृद्ध होता था, जिसमें प्रायः मांसाहारी व्यंजन के साथ चावल, चपाती और पापड़ अवश्य रहते थे। एक दिन कमल की एक सहपाठी ने उससे कहा, "कल मैं अपने पिताजी के साथ तुम्हारे पिताजी से मिलने गई थी। जब उन्हें पता चला कि हम दोनों एक ही कक्षा में पढ़ते हैं, तो उन्होंने मुझसे कहा कि अवकाश के समय तुम्हारे साथ भोजन साझा करूँ।" कमल को इसमें कोई आपत्ति नहीं थी, इसलिए दोनों बहनें अपना टिफिन उस सहपाठी के साथ बाँटने लगीं, जिसका नाम कुसुम था। यह क्रम कई दिनों तक चलता रहा। एक शाम भोजन के समय कमल ने अपनी माँ से कहा, "आई, क्या आप कल से टिफिन में एक पापड़ अधिक रख सकती हैं? कुसुम को पापड़ बहुत पसंद हैं।"

तब उसके पिताजी ने उससे पूछा, "यह कुसुम कौन है, और तुम उसके लिए अलग से पापड़ क्यों ले जाना चाहती हो?"

कमल ने सहज भाव से उत्तर दिया, "बाबा, क्या आप कुसुम को नहीं पहचानते? वह मेरी कक्षा में पढ़ती है। उसने बताया था कि वह एक बार आपसे मिली थी और तब आपने ही उसे अवकाश में हमारा टिफिन साथ में खाने के लिए कहा था।"

उन्होंने गंभीर स्वर में कहा, "नहीं, मैं किसी कुसुम को नहीं जानता और मैंने ऐसा कोई निर्देश नहीं दिया है। आगे से बिना सोचे समझे किसी पर विश्वास मत करना। यदि कोई मेरा नाम लेकर तुमसे कुछ भी माँगे, तो पहले मुझसे अवश्य पूछ लेना।"

उस दिन दोनों बहनों ने एक महत्वपूर्ण सीख प्राप्त की कि किसी पर भी आँख मूँदकर विश्वास नहीं करना चाहिए, क्योंकि सरल स्वभाव का लोग लाभ भी उठा सकते हैं। उन्हें समझ में आ गया कि सावधानी रखना आवश्यक है। स्वाभाविक रूप से अगले ही दिन से कुसुम के साथ टिफिन साझा करना बंद कर दिया गया।

उन दिनों लोग सादा जीवन और पारंपरिक भोजन को ही महत्व देते थे। फल और सूखे मेवे रोजमर्रा के आहार का हिस्सा नहीं होते थे। फलों को विशेष वस्तु माना जाता था और उन्हें प्रायः दिवाली या होली जैसे त्योहारों पर या घर में किसी के बीमार होने पर ही खरीदा जाता था। बाजार में केवल मौसमी फल उपलब्ध होते थे और उनकी कीमत भी सामान्यतः अधिक होती थी। माथनी मौदा में रहने वाली रुक्माबाई मौसी के पास बड़ा घर और विस्तृत परिसर था, जिसके साथ खेती की जमीन भी थी। वहाँ उन्होंने बेर, शरीफा और संतरे के पेड़ लगाए थे, साथ ही अपने खेतों में तरबूज और खरबूजे जैसे मौसमी फल व्यापार के लिए उगाए थे। जब फल पककर तैयार हो जाते, तो वे उन्हें बैलगाड़ी में भरकर नागपुर लाती थीं। बाजार जाते समय वे प्रायः मेश्राम परिवार के घर अवश्य रुकतीं और स्नेहपूर्वक कुछ फल उनके साथ साझा करती थीं।

गोविंदराव को मांसाहारी भोजन अत्यंत प्रिय था और उन्हें साधारण सब्जियाँ खाना विशेष पसंद नहीं था। इसी कारण प्रायः दोनों समय के भोजन में मटन अवश्य बनाया जाता था। परिवार के आहार में सब्जियों की कमी न रह जाए, इस लिए सारुबाई चतुराई से मटन पकाते समय उसमें अलग अलग प्रकार की सब्जियाँ भी मिला देती थीं, ताकि स्वाद भी बना रहे और पोषण भी मिलता रहे।

उस समय चाय या कॉफी पीना सामान्य आदत नहीं थी। ब्रुक बॉन्ड टी कंपनी, जो भारत में चाय के व्यापार में अग्रणी मानी जाती थी, ने नागपुर में चाय पीने की परंपरा को बढ़ावा देने की पहल की। उन्होंने प्रचार का अनोखा तरीका अपनाया। शहर की बस्तियों में बड़ी

गाड़ियाँ आती थीं, जिनमें तैयार बनी चाय से भरे बड़े ड्रम रखे होते थे और लोगों को निःशुल्क चाय वितरित की जाती थी। जब यह गाड़ी किसी गली में पहुँचती, तो घर की महिलाएँ अपने अपने बर्तन लेकर परिवार के लिए चाय लेने आ जाती थीं। कमल और विमल का परिवार चाय नहीं लेता था, क्योंकि उसे उस समय अपने स्तर से नीचे समझा जाता था। किंतु महादेव डोंगरे की पत्नी, जो आउटहाउस में रहती थीं, अपने बड़े परिवार के लिए बड़े बर्तन में चाय अवश्य ले आती थीं। चाय आते ही कमल और विमल चुपचाप वहाँ चली जातीं और अपनी माँ को बताए बिना चाय पी लेतीं। धीरे धीरे उन्हें चाय का स्वाद भाने लगा। इसी प्रकार नागपुर में चाय पीने की शुरुआत हुई और यह शहरवासियों के बीच एक नया चलन बन गया।

उस समय समाज में लगभग हर घर में खुले रूप से लैंगिक भेदभाव देखा जाता था। पुत्रों को संपत्ति का उत्तराधिकारी और बुढ़ापे का सहारा समझा जाता था, जबकि पुत्रियों को दायित्व माना जाता था। परंपरागत मान्यता के अनुसार यह विश्वास किया जाता था कि पूर्वजों की मृत्यु के बाद उनके मोक्ष के लिए पुत्र आवश्यक है। संपत्ति पर अधिकार प्रायः पुत्रों को ही मिलता था और उनसे अपेक्षा की जाती थी कि वे वृद्धावस्था में माता पिता की सेवा करेंगे तथा परिवार का वंश आगे बढ़ाएँगे। इसके विपरीत, पुत्रियों को बोझ समझा जाता था, क्योंकि उनका विवाह करना आवश्यक माना जाता था और वे दहेज के साथ दूसरे घर चली जाती थीं। अधिकांश बालिकाओं को विद्यालय नहीं भेजा जाता था। उन्हें केवल वही कौशल सिखाए जाते थे जो गृहस्थी चलाने के लिए आवश्यक समझे जाते थे, जैसे भोजन बनाना, सफाई करना, सिलाई, बुनाई और घर की देखभाल करना। दूसरी ओर बालकों को औपचारिक शिक्षा के लिए विद्यालय भेजा जाता था। भोजन में भी भेदभाव किया जाता था और लड़कियों को घर के लड़कों की तुलना में कम सुविधा दी जाती थी।

मेश्राम परिवार में पुत्र और पुत्रियों, दोनों को समान रूप से अच्छे विद्यालयों में पढ़ने का अवसर दिया जाता था। शिक्षा के मामले में किसी प्रकार का भेदभाव नहीं था। घर में केवल एक अंतर यह था कि उनके पुत्र रामकृष्ण को प्रतिदिन एक अंडा खाने के लिए दिया जाता था। यदि बड़ी बेटी विमल बीमार पड़तीं, जो अक्सर होता था, तो उन्हें भी अंडा दिया जाता था। किंतु कमल को नियमित रूप से अंडा नहीं मिलता था, क्योंकि वे न तो पुत्र थीं और न ही अस्वस्थ।

सारुबाई के मन में विमल के बार बार बीमार पड़ने को लेकर एक विशेष कारण जुड़ा हुआ था। उन्होंने कमल को बताया, "एक बार मैं और विमल बैलगाड़ी से तुम्हारी मौसी रुक्माबाई शेंडे से मिलने माथनी मौदा जा रहे थे। रास्ते में अचानक बहुत तेज वर्षा होने लगी

और चारों ओर इतना अंधेरा छा गया कि हमें कुछ दिखाई देना बंद हो गया। हम दिशा समझ नहीं पाए और भटकते रहे, पर अपनी बहन के घर जाने वाला मार्ग नहीं मिला। अंत में हमने रात एक पेड़ के नीचे ही रुककर बिताने का निर्णय किया। सुबह जब उजाला हुआ, तब पता चला कि हम गाँव के बिल्कुल निकट ही थे, पर रात की कम दृश्यता के कारण पहचान नहीं पाए। उस रात पेड़ के नीचे क्या हुआ, यह तो मुझे नहीं मालूम, पर उसके बाद से ही तुम्हारी बहन विमल बार बार अस्वस्थ रहने लगी है।"

कमल उस कथा का वास्तविक अर्थ समझ नहीं पाई थीं, पर शायद उसे बिना किसी स्पष्ट व्याख्या के कल्पना के लिए खुला छोड़ देना ही उचित समझा गया। संकेत यही था कि उस पेड़ में वास करने वाली किसी दुष्ट आत्मा ने विमल को अपनी चपेट में लिया था और इसी कारण वे बार बार अस्वस्थ हो जाती थीं। उस समय समाज में अंधविश्वास गहराई से जमे हुए थे। लोग नज़र लगना, भूत, प्रेत और अदृश्य शक्तियों की बातों पर सहज विश्वास कर लेते थे और अपने प्रियजनों की बीमारी का कारण प्रायः ऐसी ही काल्पनिक शक्तियों को मान लेते थे।

जब कमल जूनियर स्कूल में थी, तो उसके स्कूल के कंपाउंड में बहुत सारे इमली के पेड़ थे। कमल को इमली और बेर खाने का बहुत शौक था। लंच ब्रेक के दौरान लक्ष्मी बाई नाम की एक बूढ़ी औरत बेर बेचने आती थी। बेर को पहले सुखाया जाता था और फिर नमक के पानी में उबाला जाता था। क्योंकि कमल रेगुलर कस्टमर थी, लक्ष्मी और उसकी बहू उसे बहुत पसंद करती थीं। कमल बहुत सारे बेर के साथ-साथ इमली भी खाती थी और उसे हमेशा खांसी रहती थी। उसके टॉन्सिल पर असर पड़ता था इसलिए उसके पिता ने क्लास टीचर से कहा था कि वह ध्यान दे कि कमल ऐसी कोई भी चीज़ न खाए जो उसके गले के लिए खराब हो। टीचर अक्सर कमल की डेस्क चेक करती थीं और उसकी डेस्क में छिपी इमली और बेर फेंक देती थीं।

विद्यालय में कमल की अनेक ईसाई सहेलियाँ थीं। उसकी एक घनिष्ठ मित्र सुझन, हिंगना की रहने वाली थी और छात्रावास में रहती थी। कमल को ईसाई धर्म के प्रति विशेष आकर्षण था और उसे उनकी सरल प्रार्थना पद्धति बहुत पसंद थी। उसी समय उज्जैन से आई एक लंबी और पहले से विवाहित छात्रा शकुंतला कक्षा में नई शामिल हुई। वह स्वभाव से संकोची थी और उसकी कोई मित्र नहीं थी. उसका विवाह गणपतराव घाडगे से हुआ था, जो नागपुर उच्च न्यायालय के पास कार्यरत थे और विद्यालय भी उसी क्षेत्र में था। विवाह के बाद भी उसे पढ़ाई जारी रखने की अनुमति मिलना उस समय के अनुसार अत्यंत प्रगतिशील और उदार

विचार का संकेत था। धीरे धीरे कमल और शकुंतला में गहरी मित्रता हो गई। बाद में जब शकुंतला नागपुर छोड़कर दिल्ली चली गईं, तब भी उनकी यह मित्रता बनी रही।

विमल कमल से बड़ी थीं और स्वभाव से अधिक मिलनसार तथा साहसी थीं। एक दिन वे मेहंदी बाग स्थित एक फोटोग्राफर के स्टूडियो में गईं और अपनी तस्वीर खिंचवाई। उन्होंने कमल को पहले कुछ नहीं बताया, पर जब वे तस्वीर लेने दोबारा गईं तो कमल भी साथ चली गईं। तस्वीर देखकर कमल ने भी आग्रह किया कि उनकी भी फोटो ली जाए। स्टूडियो में फिल्म "शादी" की अभिनेत्री खुर्शीद की एक तस्वीर लगी थी, जिसमें उन्होंने काली साड़ी के पल्ले से सिर ढका हुआ था। वह चित्र कमल को बहुत पसंद आया और उन्होंने फोटोग्राफर से उसी अंदाज में अपनी तस्वीर लेने को कहा। फोटो तो खिंच गई, पर बाद में वे स्टूडियो जाकर उसे लेने का साहस नहीं जुटा सकीं और बात आई गई हो गई। कुछ समय बाद जब उनके भाई रामकृष्ण बाहर से लौटते हुए उसी रास्ते से गुजरे, तो उनकी नजर स्टूडियो की प्रदर्शनी में रखी कमल की बड़ी तस्वीर पर पड़ी। अपनी बहन की तस्वीर इस प्रकार सजी देखकर वे चकित रह गए और तुरंत उसे हटवा दिया। वे बहुत नाराज हुए और दोनों बहनों को बिना घर में किसी से पूछे तस्वीर खिंचवाने के लिए डांटा। उन्होंने क्रोधित होकर कहा, "तुमने किसकी अनुमति से अपनी तस्वीर खिंचवाई? और फोटोग्राफर को उसे अपनी दुकान में लगाने की इजाजत क्यों दी? क्या तुम दोनों जरा भी सोचती नहीं हो?"

सेंट उर्सुला गर्ल्स हाई स्कूल के पास एक मैदान था, जहाँ नियमित रूप से क्रिकेट मैच खेले जाते थे और मैच के दिनों में वहाँ काफी भीड़ लग जाती थी। मेश्राम बहनें प्रायः तांगे से स्कूल जाया करती थीं, और केवल तांगा न मिलने पर ही रिक्शा लेती थीं। उसी क्षेत्र में एक पठान युवक था, जो कमल के प्रति आकर्षित हो गया था। वह अकसर साइकिल से उनका पीछा करता था। एक दिन जब दोनों बहनें रिक्शा से जा रही थीं, तो उसने अचानक आगे बढ़कर कमल का हाथ पकड़ लिया। इस दुस्साहस से कमल चौंक गईं, पर तुरंत संभलकर उन्होंने उसे इतनी जोर से धक्का दिया कि वह सड़क पर गिर पड़ा। दोनों बहनें घबरा गईं और घर जाने के स्थान पर सीधे पास ही स्थित अपने पिता के कार्यालय पहुँचीं। कमल रोती रहीं और उन्होंने तांगे या रिक्शे से अकेले स्कूल जाने से इंकार कर दिया। बाद में तय किया गया कि वे स्कूल बस से जाएँगी और आवश्यकता होने पर ही तांगे का उपयोग करेंगी, जबकि रिक्शे से जाना लगभग बंद कर दिया गया। उस समय, उन्नीस सौ तीस के दशक के अंतिम वर्षों में भी, रास्ते में छेड़छाड़ की घटनाएँ होती थीं।

लड़कियों को खेलकूद में भाग लेने के लिए प्रेरित करने के उद्देश्य से उनके बंगले के विशाल परिसर में एक बैडमिंटन कोर्ट बनवाया गया था। प्रत्येक रविवार को कमल की फुफेरी बहन पुण्यशीला, शांता और कुछ अन्य परिचित उनसे मिलने आती थी। उस दिन सभी मिलकर उत्साह के साथ बैडमिंटन खेलते और समय आनंदपूर्वक बिताते थे।

सन् 1942 में विद्यालयों और महाविद्यालयों के विद्यार्थियों ने जुलूस निकाले। वे विभिन्न शिक्षण संस्थानों में जाकर कक्षाएँ बंद करने की माँग करते थे और सभी छात्रों से भारत छोड़ो आंदोलन में शामिल होने का आह्वान करते थे। पी. के. साल्वे की पुत्री और कमल की सहेली निर्मला साल्वे, जो उस समय किसी विद्यालय या महाविद्यालय में पढ़ रही थीं, एक दिन कमल के कक्षा में आईं। उन्होंने कमल का हाथ पकड़कर उस स्थान पर ले गईं जहाँ छात्र आंदोलन कर रहे थे और उसे भी आंदोलन में भाग लेने के लिए प्रेरित किया। किंतु कमल और विमल ने आंदोलन में शामिल न होने का निर्णय लिया। उन्होंने तुरंत एक रिक्शा लिया और सीधे घर लौट आईं।

उन दिनों चोखामेला छात्रावास में एक कार्यक्रम आयोजित किया गया था, जिसके लिए डॉ. अंबेडकर को आमंत्रित किया गया था। समयाभाव के कारण वे उपस्थित नहीं हो सके, इसलिए उनके स्थान पर गांधीजी को बुलाया गया। जब गांधीजी वहाँ पहुँचे, तो अतिथि में इस परिवर्तन से छात्र असंतुष्ट हो गए और उन्होंने उन्हें बोलने नहीं दिया। स्थिति इतनी तनावपूर्ण हो गई कि उन्हें वहाँ से सुरक्षित बाहर ले जाना पड़ा। छात्रों ने हंगामा करते हुए छात्रावास के प्रभारी श्री मेहता पर भी आक्रमण करने का प्रयास किया। सखाराम मेश्राम और गवई ने बीच में आकर स्थिति संभालने की कोशिश की, पर उनके साथ भी दुर्व्यवहार किया गया। छात्र किसी की बात सुनने को तैयार नहीं थे। उसी मार्ग से गुजरने वाली मेश्राम बहनों को पुलिस ने सावधानी के तौर पर दूसरा रास्ता लेने की सलाह दी। छात्र डॉ. अंबेडकर के अनुयायी थे और गांधीजी को अपना आदर्श नहीं मानते थे।

नवे वस्ती की बुढाजी और उनकी पत्नी शिवरीबाई से गोविंदराव का संबंध बहुत पुराना था। छात्र जीवन में जब वे हीरामन पर आश्रित थे, तब बुढाजी परिवार ने उनकी सहायता की थी और यह आत्मीयता वर्षों तक बनी रही। बुढाजी की पाँच बेटियाँ और एक पुत्र थे, जिनके नाम गोदुबाई, राधुबाई, भागुबाई, नागुबाई, गंगुबाई और धरमदास थे। गोविंदराव ने उनकी दो बेटियों, भागुबाई और नागुबाई, का प्रवेश नागपुर के शिक्षक प्रशिक्षण संस्थान में करवाया। प्रशिक्षण पूरा करने के बाद दोनों को नगर निगम विद्यालय में अध्यापिका के रूप में नियुक्ति

मिल गई। इससे परिवार की आर्थिक स्थिति सुधर गई। बाद में नागुबाई का विवाह श्री मंडलेकर से हुआ, जो महाराष्ट्र सरकार के राजस्व विभाग में कार्यरत थे।

शिवरीबाई प्रत्येक रविवार को नियमित रूप से मंगलधाम आती थीं और स्नेहपूर्वक विमल और कमल के बाल धोती थीं। नागुबाई हर वेतन दिवस पर लड़कियों के लिए एक आना लेकर आती थीं, जिससे वे कोई टोफी खरीद लेती थीं। राशि भले ही बहुत कम थी, पर उसमें छिपा स्नेह और जिस उत्सुकता से बच्चियाँ उस छोटे से उपहार की प्रतीक्षा करती थीं, उसका महत्व बहुत बड़ा था। कमल ने जीवन के अंतिम दिनों तक उस एक आने से जुड़ी मधुर स्मृतियों को सहेज कर रखा। नागुबाई के दो पुत्र और दो पुत्रियाँ थीं, जिनके नाम श्रीकांत, अनिल, लता और कुमुद थे।

शिवरीबाई के परिवार के साथ यह आत्मीय संबंध आज भी बना हुआ है। उनकी बेटी लता बोरकर कमल के परिवार की एक स्थायी और अत्यंत प्रिय सदस्य के रूप में जुड़ी रहीं, और दोनों परिवारों के बीच स्नेह और अपनत्व का यह बंधन समय के साथ और भी गहरा होता गया।

खड़े हुए - विमल, रामकृष्ण, कमल
बैठे हुए - सारुबाई, जी टी मेश्राम

15

दिल्ली की ओर प्रस्थान

सन् 1942 में डॉ. अंबेडकर को दिल्ली में श्रम मंत्री नियुक्त किया गया। उन्होंने गोविंदराव को भी दिल्ली आने का आमंत्रण दिया। वहाँ गोविंदराव को ब्रिटिश सरकार में एस्टेट अधिकारी के पद पर नियुक्ति मिली। उन्होंने यह प्रस्ताव स्वीकार किया और अपना कार्यभार संभाल लिया। यह अत्यंत महत्वपूर्ण और जिम्मेदारी भरा पद था, क्योंकि एस्टेट अधिकारी का मुख्य कार्यालय दिल्ली में होते हुए भी उसके अधिकार क्षेत्र में दिल्ली के साथ साथ बॉम्बे, कलकत्ता और ग्रीष्मकालीन राजधानी शिमला की संपत्तियाँ भी आती थीं।

सन् 1864 में सर जॉन लॉरेंस ने शिमला को ब्रिटिश शासन की ग्रीष्मकालीन राजधानी घोषित किया था। उस समय ब्रिटिश भारत की स्थायी राजधानी कलकत्ता थी। गर्मी शुरू होते ही अप्रैल के महीने में अंग्रेज अधिकारी पूरी प्रशासनिक व्यवस्था के साथ कलकत्ता से दिल्ली के लिए ईस्ट इंडियन रेलवे मेल द्वारा प्रस्थान करते थे और अक्टूबर में गर्मी का मौसम समाप्त होने पर पुनः कलकत्ता लौट आते थे। यह रेलगाड़ी सबसे पुरानी नियमित रूप से चलने वाली ट्रेनों में गिनी जाती है और सन् 1866 में कलकत्ता तथा दिल्ली के बीच प्रारंभ हुई थी। इसका क्रमांक 1 अप और 2 डाउन था। बाद में सन् 1891 में इसकी सेवा दिल्ली से कालका तक बढ़ा दी गई। दिसंबर 1911 में दिल्ली दरबार आयोजित किया गया था वहाँ किंग जॉर्ज पंचम ने घोषणा की कि नई दिल्ली को भारत की नई राजधानी बनाया जाएगा।

सन् 1942 में प्रारंभ में गोविंदराव अकेले दिल्ली गए, वहाँ अपने पद का कार्यभार संभाला और व्यवस्थाएँ देखने के बाद परिवार को साथ लाने के लिए नागपुर लौट आए। जब परिवार के दिल्ली प्रस्थान का समय आया, तब घर का सारा सामान बाँधकर पहली मंजिल पर रख दिया गया। भूतल को खाली छोड़ दिया गया, क्योंकि सखाराम मेश्राम को वहाँ रहने के लिए कहा गया था। सारुबाई के भाई महादेव डोंगरे और उनकी भतीजी विठाबाई को पहले की तरह आउटहाउस में ही रहना था।

मद्रास से दिल्ली जाने वाली जी टी एक्सप्रेस सुबह नौ बजकर पैंतीस मिनट पर नागपुर से प्रस्थान करने वाली थी, इसलिए तांगे मँगवाए गए। महादेव डोंगरे को घर की देखभाल

सौंपकर पूरा परिवार स्टेशन के लिए निकल पड़ा। स्टेशन पहुँचने पर पता चला कि मद्रास से आने वाली ट्रेन बहुत विलंब से चल रही है और सुबह के स्थान पर शाम तक ही पहुँचेगी। तब गोविंदराव ने निर्णय लिया कि घंटों स्टेशन पर प्रतीक्षा करने के बजाय घर लौट जाना और शाम को फिर आना उचित रहेगा। परिवार वापस घर आया तो देखा कि भूतल पर रखा शेष आवश्यक सामान भी महादेव के परिवार ने हटा दिया है। घर में पानी का घड़ा तक नहीं था, इसलिए गोविंदराव ने बाहर से भोजन और पानी मँगवाने का निश्चय किया। उनके एक मुस्लिम मित्र, जो उन्हें स्टेशन छोड़ने साथ गए थे, तुरंत घर गये, बैठने के लिए कुर्सियाँ लाए और चाय तथा भोजन की व्यवस्था भी कर दी। दिन में विश्राम करने के बाद परिवार शाम को पुनः स्टेशन पहुँचा और जैसे ही ट्रेन प्लेटफॉर्म पर आई, सभी उसमें सवार हो गए। दिल्ली जाने का उत्साह उनके मन में था, क्योंकि उस शहर के बारे में बहुत कुछ सुन रखा था, पर साथ ही जन्मभूमि नागपुर और अपने परिचितों को पीछे छोड़ने का भाव मन में हल्की चिंता भी भर रहा था।

दिल्ली पहुँचने पर मेश्राम परिवार ने पाया कि यह शहर नागपुर से बिल्कुल अलग स्वरूप का है। सन् 1911 में अंग्रेजों ने भारत की नई राजधानी बसाने का निर्णय लिया था और इसके लिए ब्रिटिश वास्तुकारों तथा योजनाकारों को नियुक्त किया गया था। इन विशेषज्ञों ने पुरानी दिल्ली के इतिहास और विरासत को ध्यान में रखते हुए एक सुविचारित और सुव्यवस्थित नगर की योजना तैयार की। चौड़ी सड़कें, हरे भरे गोल चक्कर और सुंदर उद्यानों से सुसज्जित यह शहर भव्य और आकर्षक दिखाई देता था। उच्च अधिकारियों के लिए विशाल बंगले बनाए गए, जिनके आगे और पीछे विस्तृत बाग थे। साथ ही ड्राइवर, रसोइया, सफाई कर्मचारी और माली के लिए अलग आवास भी बनाए गए थे। इस नई राजधानी का औपचारिक उद्घाटन 13 फरवरी 1931 को तत्कालीन वायसराय लॉर्ड इरविन ने किया था।

जूनियर अधिकारियों के लिए नगर योजनाकारों ने चौकोर लेआउट में सुव्यवस्थित आवास बनाए, जिनके मध्य बच्चों के खेलने के लिए उद्यानों की व्यवस्था की गई थी। प्रत्येक घर, चाहे वह आकार में बड़ा हो या छोटा, एक आँगन सहित निर्मित किया गया था। दिल्ली के निवासियों की सुविधाओं का सूक्ष्म ध्यान रखते हुए पूरे नगर की योजना तैयार की गई थी। शहर की प्रत्येक सड़क के किनारे सुंदर वृक्ष लगाए गए थे और अलग अलग मार्गों पर भिन्न प्रकार के पेड़ लगाए गए थे। किसी सड़क पर अशोक के वृक्ष पंक्तिबद्ध दिखाई देते थे, तो किसी अन्य पर जामुन या नीम के पेड़ वातावरण को छाया प्रदान करते थे। कनॉट प्लेस का

निर्माण उस समय अभी शेष था, यद्यपि वहाँ की दुकानों का आवंटन पहले ही किया जा चुका था।

नए बसाए जा रहे इस शहर में विभिन्न रियासतों के महाराजाओं को भी आमंत्रित किया गया था, ताकि वे यहाँ अपने भव्य महलों का निर्माण कर सकें और राजधानी के इस नए स्वरूप का हिस्सा बन सकें।

किंग्सवे, जिसे स्वतंत्रता के बाद राजपथ और अब कर्तव्य पथ कहा जाता है, एक अत्यंत सुंदर और सीधी सड़क थी। इसके पूर्वी छोर पर इंडिया गेट स्थित था और पश्चिमी छोर पर रायसीना पहाड़ी की चोटी पर वायसराय हाउस बना था, जिसे आज राष्ट्रपति भवन के नाम से जाना जाता है। राष्ट्रपति भवन का दरबार हॉल इंडिया गेट की दिशा में स्थित है और वहाँ राष्ट्रपति की आसंदी के पीछे बुद्ध की प्रतिमा स्थापित है। यह प्रतिमा ऐसी ऊँचाई पर है जो इंडिया गेट की चोटी के लगभग समतुल्य है। वास्तव में राष्ट्रपति भवन रायसीना पहाड़ी पर होने के कारण अपनी ऊँचाई से इंडिया गेट से ऊपर है। नई दिल्ली को यूरोपीय शैली के अनुसार रूपायित किया गया था, जहाँ चौड़ी, वृक्षों से घिरी भव्य सड़कें नगर की शोभा बढ़ाती थीं। इसी सुव्यवस्थित और आकर्षक राजधानी में गोविंदराव मेश्राम सन् 1942 की गर्मियों में पहुँचे और प्रारंभ में 10, फिरोज शाह रोड पर ठहरे, जो उन्हें अस्थायी रूप से आवंटित किया गया था। शीघ्र ही संसद का सत्र आरंभ होने वाला था और विभिन्न क्षेत्रों से सदस्य आने लगे थे, इसलिए उन्हें हार्डिंग एवेन्यू के पीछे स्थित टेंट नगरी में स्थानांतरित होना पड़ा, जिसे अब तिलक मार्ग कहा जाता है। उस समय दिल्ली में नए कार्यालयों का निर्माण हो रहा था और देश के अनेक भागों से लोग सरकारी सेवाओं के लिए राजधानी में आ रहे थे। उनके निवास हेतु हजारों टेंट बनाए गए थे। यद्यपि उन्हें टेंट कहा जाता था, पर वे ईंटों से निर्मित स्थायी ढाँचे थे। मेश्राम परिवार को जो आवास मिला, उसमें तीन शयनकक्ष, एक बैठक कक्ष, रसोई, पेंट्री और शौचालय की व्यवस्था थी, जिससे वे पर्याप्त सुविधा अनुभव कर रहे थे। कुछ समय बाद वे 8, विंडसर प्लेस में चले गए, जहाँ दो वर्षों तक रहे। आज उसी स्थान पर जनपथ स्थित होटल ले मेरिडियन है। वहाँ से वे खान मार्केट के सामने 4, लोदी रोड पर स्थानांतरित हुए और सन् 1952 में गोविंदराव के सेवानिवृत्त होने तक वहीं रहे। उस समय खान मार्केट निर्माणाधीन था। वहाँ एम्पायर स्टोर्स, आनंद जनरल स्टोर्स, फकीर चंद एंड संस, बाहरीसंस, सॉवरेन डेयरीज़ तथा फल और सब्जियों की कुछ दुकानें थीं। यह छोटा किन्तु सुसज्जित बाजार था, जहाँ मेश्राम बहनें प्रायः घूमने जाया करती थीं।

दिल्ली पहुँचने पर मेश्राम बहनों ने पाया कि यहाँ के लोगों की संस्कृति, व्यवहार, पहनावा, बोलचाल और जीवन शैली नागपुर में अब तक देखे गए वातावरण से भिन्न थी। नगर का रहन सहन अधिक औपचारिक और व्यवस्थित प्रतीत होता था। अनेक लोग प्रतिदिन साइकिल से अपने कार्यस्थल जाते थे, जबकि परिवार प्रायः तांगे में बैठकर यात्रा करते थे। इस नए परिवेश ने उन्हें आरंभ में आश्चर्यचकित भी किया और धीरे धीरे आकर्षित भी किया।

अधिकांश घरों में खस की चिकें लगी होती थीं। उन पर दिन भर पानी छिड़का जाता था, जिससे भीतर का वातावरण ठंडा बना रहता था। कमरों में प्रवेश करते ही हल्की, भीनी सुगंध और सुखद शीतलता का अनुभव होता था, जो गर्मी के दिनों में विशेष राहत देती थी।

प्रायः प्रत्येक घर के आँगन या बगीचे में चंपा, मौलसरी, बेला, मोतिया, मोगरा और चमेली जैसे सुगंधित पौधे लगाए हुए थे। इन वृक्षों और लताओं पर खिलने वाले सफेद, कोमल और महकते फूल वातावरण को सुगंधित बना देते थे। उनकी मधुर खुशबू मन को शांति देती थी और तपती गर्मी में भी एक हल्की ठंडक का अनुभव कराती थी, मानो प्रकृति स्वयं घरों को सुकून प्रदान कर रही हो।

डॉ अंबेडकर और जीटी मेश्राम

गर्मियों के दिनों में खस और बेल का शरबत, आम पन्ना और, नींबू से बनी ठंडी शिकंजी तैयार की जाती थी। इन पेयों को परिवार के सदस्यों और अतिथियों के साथ स्नेहपूर्वक साझा किया जाता था।

दिल्ली आने के बाद मेश्राम परिवार की जीवन शैली में स्पष्ट परिवर्तन आया। बच्चों को अंग्रेजी कटलरी के साथ भोजन करना और पाश्चात्य शैली के व्यंजन ग्रहण करना सिखाया गया। गोविंदराव अपने बच्चों को समय समय पर दिल्ली के विभिन्न स्थलों पर ले जाते थे और उन्हें ऐतिहासिक महत्व के स्थानों से परिचित कराते थे। इतिहास से समृद्ध इस शहर में अनेक स्मारक और दर्शनीय स्थल थे, इसलिए सप्ताहांत प्रायः राजधानी के अलग अलग हिस्सों को देखने और समझने में व्यतीत किए जाते थे।

विमल ने अपनी स्कूली शिक्षा नागपुर में पूर्ण कर ली थी, इसलिए दिल्ली पहुँचने के बाद उन्होंने इंद्रप्रस्थ कॉलेज में प्रवेश लिया। कमल का दाखिला गोल मार्केट के निकट स्थित न्यू हाई स्कूल में कराया गया। उस समय वह क्षेत्र शिक्षा का प्रमुख केंद्र माना जाता था, क्योंकि आसपास अनेक प्रतिष्ठित विद्यालय स्थित थे। सेंट कोलंबा, कॉन्वेंट ऑफ जीसस एंड मैरी, सेंट थॉमस स्कूल, हारकोर्ट बटलर स्कूल, बंगाली स्कूल और न्यू हाई स्कूल सभी एक दूसरे के समीप थे। इन विद्यालयों में से अधिकांश आज भी उसी स्थान पर संचालित हो रहे हैं।

गोविंदराव के परिवार में पढ़ने की गहरी रुचि थी और सभी सदस्य अध्ययन को महत्व देते थे। दिल्ली आने के बाद रामकृष्ण दिल्ली पब्लिक लाइब्रेरी के सदस्य बन गए और नियमित रूप से घर के लिए पुस्तकें लाते थे। विमल और कमल भी अपने अपने विद्यालय और महाविद्यालय की पुस्तकालयों से पुस्तकें लेकर आती थीं। इस प्रकार घर का वातावरण सदैव पुस्तकों और अध्ययन की रुचि से भरा रहता था।

दिल्ली में निवास के दौरान सारुबाई के भाई महादेव डोंगरे, जो नागपुर में उनके आउटहाउस में रहते थे, का तबादला आमला कर दिया गया। आमला नागपुर से अधिक दूर नहीं था, किंतु वे वहाँ जाना नहीं चाहते थे। परिणामस्वरूप वे अपने परिवार सहित दिल्ली आ गए और पुनः मेश्राम परिवार के साथ रहने लगे। दिल्ली में 4, लोदी रोड स्थित मेश्राम का बंगला विस्तृत उद्यानों से घिरा हुआ था और उससे जुड़े पाँच आउटहाउस भी थे, इसलिए सभी के लिए पर्याप्त स्थान उपलब्ध था। एक आउटहाउस महादेव डोंगरे को दिया गया। दूसरे में भतीजे पांडुरंग बंसोड और पोते राजेंद्र पाटिल रहते थे। दो आउटहाउस घर के कर्मचारियों के लिए निर्धारित थे। एक अन्य आउटहाउस नागपुर से सरकारी सेवा की तलाश

में आने वाले परिचितों के लिए सुरक्षित रखा गया था। समय समय पर वहाँ श्री मून, श्री देशभ्रातार और श्री रामाराव मेश्राम जैसे लोग भी ठहरे।

डॉ अंबेडकर और जीटी मेश्राम

डॉ अंबेडकर और जीटी मेश्राम

16

घनिष्ठ संबंध

डॉ. भीमराव अंबेडकर 22, पृथ्वीराज रोड पर निवास करते थे, जो 4, लोदी रोड से बहुत निकट था। मेश्राम परिवार प्रत्येक संध्या समय लोदी गार्डन से होकर पैदल उनके घर पहुँचता था। वहाँ लॉन में सुव्यवस्थित ढंग से सोफे लगाए जाते, पेडस्टल लैंप सोच समझकर रखे जाते और साइड टेबल सजाई जातीं, ताकि खुले वातावरण में संवाद का सुसंस्कृत और शांत परिवेश बन सके। इन बैठकों में भी डॉ. अंबेडकर के पास सदैव पुस्तकें रहती थीं। कुछ वे हाथ में थामे रहते और कुछ पास रखी मेज पर सजी होतीं। वे गहन अध्ययनशील और विद्वान व्यक्तित्व थे। मेश्राम बहनें उनका अभिवादन कर कुछ समय बाहर बैठतीं और फिर भीतर स्थित पुस्तकालय में जाकर अध्ययन करने लगतीं। डॉ. अंबेडकर जानते थे कि कमल को पढ़ने का विशेष शौक है, इसलिए उन्होंने उससे कहा था कि वह उनकी पुस्तकालय में जाकर अलमारियों में रखी अंग्रेजी, हिंदी और मराठी की पुस्तकों में से अपनी पसंद की कोई भी पुस्तक चुन सकती है। बहनें अक्सर पुस्तकें घर ले जातीं और पढ़ने के बाद उन्हें लौटा कर दूसरी पुस्तकें ले आतीं। इस प्रकार वह स्थान उनके लिए एक नियमित पुस्तकालय जैसा बन गया था। उन्होंने समझ लिया था कि पुस्तकें उनकी सच्ची मित्र हैं, क्योंकि वे उन्हें नए विचारों से परिचित कराती हैं और उनके दृष्टिकोण का विस्तार करती हैं। डॉ. अंबेडकर का विश्वास था कि शिक्षा और अध्ययन से मानसिक क्षमता का विकास होता है, व्यक्ति सामाजिक अन्याय से ऊपर उठ सकता है, आर्थिक स्वावलंबन प्राप्त कर सकता है और राजनीतिक स्वतंत्रता की दिशा में आगे बढ़ सकता है। वे कहा करते थे कि व्यक्तित्व के निर्माण के लिए निरंतर ज्ञान अर्जित करना आवश्यक है और शिक्षा ही जीवन में सफलता का सुदृढ़ आधार है।

डॉ. अंबेडकर के पुस्तकालय में वेद, रामायण और महाभारत सहित विभिन्न धर्मों से संबंधित अनेक धार्मिक ग्रंथ सुरक्षित रखे थे। कमल वहाँ शांत बैठकर देर तक पढ़ती रहती थीं। उनके निजी सहायक श्री छगनलाल कमल की अध्ययनशीलता और पुस्तकों के प्रति उनकी गंभीर रुचि से अत्यंत प्रभावित थे। जब भी नई पुस्तकें आतीं, वे विशेष रूप से कमल को इसकी सूचना देते थे। डॉ. अंबेडकर स्वयं अत्यंत मनोयोग से अध्ययन करते थे और जिन

पुस्तकों को पढ़ते, उनके किनारों पर आवश्यक टिप्पणियाँ अंकित करते जाते थे। उनकी स्मरण शक्ति असाधारण थी और उन्हें अपने पुस्तकालय में प्रत्येक पुस्तक का स्थान भलीभाँति ज्ञात रहता था। यदि उन्हें कोई विशेष पुस्तक चाहिए होती, तो वे कमल को उसका नाम और अलमारी का स्थान बताते, और कमल तुरंत वह पुस्तक खोजकर उनके पास ले आती थीं।

डॉ. अंबेडकर के चार निजी सहायक थे, जिनमें श्री छगनलाल, जो गुजराती थे, श्री देवीदयाल, श्री पिल्लई और श्री मैसी शामिल थे। ये सभी कमल को भलीभाँति पहचानते थे, क्योंकि वह नियमित रूप से वहाँ आती थीं और प्रायः पुस्तकालय के एक कोने में शांत बैठकर पढ़ती रहती थीं। कमल और विमल कभी कभी उस आवासीय भाग में भी चली जाती थीं, जहाँ निजी सहायकों के परिवार रहते थे। वे श्री देवीदयाल की पत्नी उर्मिला से बातचीत करतीं और श्री छगनलाल के बच्चों के साथ स्नेहपूर्वक खेलती थीं।

डॉ. अंबेडकर को कुत्तों से विशेष लगाव था और उनके निवास पर उन्होंने आठ कुत्ते पाले थे। बंगले के मध्य भाग में उनके लिए एक बड़ा और सुव्यवस्थित केनेल बनाया गया था। पीठमपुर के राजा ने उन्हें भूरे रंग का एक कुत्ता उपहार में दिया था, जिसका नाम पीटर था। पीटर आकार में छोटा था और घर के भीतर स्वतंत्र रूप से घूमता रहता था। वह अक्सर डॉ. अंबेडकर की गोद में आकर बैठ जाता और रात्रि में उनके बिस्तर पर ही सो जाता था। ज़ुलू नाम का एक काला कुत्ता भी था, जिसके लंबे कान और चमकदार बाल थे। सीज़र नाम का एक और कुत्ता आकार में बहुत बड़ा था, कमल उसके विशाल रूप के कारण उससे थोड़ा डरती थीं। कुत्तों की देखभाल के लिए अलग कर्मचारी नियुक्त थे, जो उन्हें नियमित रूप से घुमाने ले जाते और उनकी आवश्यकताओं का ध्यान रखते थे।

डॉ. अंबेडकर और गोविंदराव के बीच घनिष्ठ मित्रता थी, इसलिए डॉ. अंबेडकर प्रायः भोजन के लिए मेश्राम परिवार के घर आते थे। सारुबाई उत्कृष्ट पाक कला में निपुण थीं और उनके हाथ का बना भोजन उन्हें अत्यंत प्रिय था। विशेष रूप से आमबटचुका भाजी उन्हें बहुत पसंद थी और सारुबाई इसे अक्सर अपने बनाए मटन व्यंजन में मिलाती थीं। गोविंदराव के घर में लहानू नाम का रसोइया था, जो सारुबाई के मार्गदर्शन में स्वादिष्ट मटन करी बनाता था, और यह व्यंजन भी डॉ. अंबेडकर को बहुत रुचिकर लगता था। जब गोविंदराव दिल्ली आए, तो वे लहानू को नागपुर से अपने साथ ले आए थे। बाद में उन्होंने लहानू को डॉ. अंबेडकर के निवास पर कार्य करने के लिए भेज दिया, ताकि सारुबाई की देखरेख में उनके स्वादानुसार भोजन तैयार किया जा सके।

रात्रिभोज के अतिथि - बैठे हुएः श्रीमती पूरनचंद, राय साहब पूरनचंद सरूबाई, डॉ. अंबेडकर, श्रीमती और श्री नीलकंठन

खड़े हुए - डीजी जाधव, कमल, विमल, राय साहब जीटी मेश्राम

डॉ. अंबेडकर को स्वयं भी भोजन बनाना अत्यंत प्रिय था। वे समय समय पर मेश्राम परिवार, श्री छगनलाल और श्री देवीदयाल को अपने हाथों से बने व्यंजन खिलाने के लिए आमंत्रित करते थे। ऐसे अवसरों पर मेश्राम बहनें रसोई में उनकी सहायता करती थीं और नियमित रसोइयों को उस दिन विश्राम करने तथा रसोई से दूर रहने के लिए कह दिया जाता था। इन पलों में रसोई एक आत्मीय और उत्साहपूर्ण वातावरण से भर उठती थी।

डॉ. अंबेडकर के जन्मदिन के अवसर पर प्रातःकाल से ही उनके निवास के बाहर उन्हें शुभकामनाएँ देने के लिए बड़ी संख्या में लोग एकत्र होने लगते थे। समय बीतने के साथ भीड़ बढ़ती जाती और पूरा दिन उनसे मिलने आने वालों का क्रम चलता रहता था। वे धैर्यपूर्वक सभी से मिलते और उनका अभिवादन स्वीकार करते थे। दिन का समापन गोविंदराव द्वारा आयोजित एक स्नेहभोज से होता था, जो डॉ. अंबेडकर के निकट मित्रों के लिए रखा जाता था। यह भोजन प्रायः लॉन के समीप बने विस्तृत ढके हुए बरामदे में आयोजित किया जाता था। इस अवसर पर श्री हरेकृष्ण, मेश्राम परिवार, श्री नीलकंठम, राय साहब पूरनचंद, श्री और श्रीमती मीरचंदानी, श्री और श्रीमती गोपालन तथा कुछ अन्य घनिष्ठ परिचित नियमित रूप से उपस्थित रहते थे।

14-04-1950 को डॉ अंबेडकर, विमल कमल, एनजी उके

डॉ. अंबेडकर अत्यंत व्यस्त रहते थे और विश्राम के लिए समय निकालना उनके स्वभाव में नहीं था। गोविंदराव ने यह जिम्मेदारी अपने ऊपर ले ली थी कि वे उन्हें समय समय पर काम से विराम लेने के लिए प्रेरित करते थे। इन बातों में डॉ. अंबेडकर उनकी सलाह मानते थे और कभी कभी दोनों परिवार साथ में चलचित्र देखने या किसी भोजनालय में भोजन करने जाते थे। वे प्रायः कनॉट प्लेस स्थित रीगल थिएटर में फिल्म देखने पहुँचते थे और बॉक्स में बैठते थे, जहाँ उनके लिए वेफर्स और आइसक्रीम परोसी जाती थी। एक फिल्म जिसने डॉ. अंबेडकर पर विशेष प्रभाव डाला, वह "कल्पना" थी, जिसे प्रसिद्ध नर्तक और नृत्य निर्देशक उदय शंकर ने निर्मित किया था। उदय शंकर विख्यात सितार वादक रवि शंकर के बड़े भाई थे। इस फिल्म में उदय शंकर, अमला शंकर और त्रावणकोर की सुप्रसिद्ध बहनें ललिता तथा पद्मिनी ने अभिनय किया था।

वे प्रायः रीगल थिएटर के ऊपर स्थित द स्टैंडर्ड रेस्टोरेंट भी जाया करते थे। वहाँ पहुँचते ही डॉ. अंबेडकर प्रायः चीज बॉल्स मंगवाते थे, जो उस स्थान पर उनका सबसे प्रिय नाश्ता था।

बैठे हुए - कमल, श्रीमती सविता अंबेडकर, डॉ अंबेडकर, विमल

खड़े हुए - एकदम दाईं ओर जीटी मेश्राम और सिद्धार्थ

वे समय समय पर कनॉट प्लेस स्थित अन्य प्रतिष्ठित भोजनालयों में भी जाते थे, जिनमें द गेलॉर्ड, वोल्गा और द यॉर्क प्रमुख थे। गेलॉर्ड उसी इमारत में स्थित था जहाँ रीगल थिएटर था, जबकि वोल्गा और द यॉर्क कनॉट प्लेस के बाहरी वृत्त में थे। इसके अतिरिक्त वे दरियागंज के मोती महल भी जाया करते थे, जहाँ उत्तर पश्चिम सीमांत क्षेत्र के व्यंजन परोसे जाते थे। वहाँ के सेवकों की वेशभूषा विशेष आकर्षण का केंद्र होती थी। वे सलवार और कुर्ता पहनते थे तथा सिर पर लंबी तुर्रे वाली पगड़ी धारण करते थे, जो उत्तर पश्चिम सीमांत प्रांत की पारंपरिक पोशाक का स्वरूप प्रस्तुत करती थी।

मेश्राम परिवार समय समय पर डॉ. अंबेडकर के साथ ओखला बैराज, कुतुब मीनार या फिरोज शाह कोटला जैसे स्थानों पर पिकनिक के लिए भी जाता था। इन अवसरों पर भोजन की पूरी व्यवस्था सुव्यवस्थित ढंग से की जाती थी। सेवक आरामदायक कुर्सियाँ, मेजें, मेजपोश, क्रॉकरी और कटलरी साथ लेकर जाते थे, ताकि खुले वातावरण में भी भोजन गरिमा और सुविधा के साथ परोसा जा सके। यह संपूर्ण आयोजन गोविंदराव स्वयं बड़े औपचारिक और योजनाबद्ध ढंग से करवाते थे, जिससे उपस्थित लोगों को किसी प्रकार की असुविधा न हो और सभी आनंदपूर्वक समय व्यतीत कर सकें।

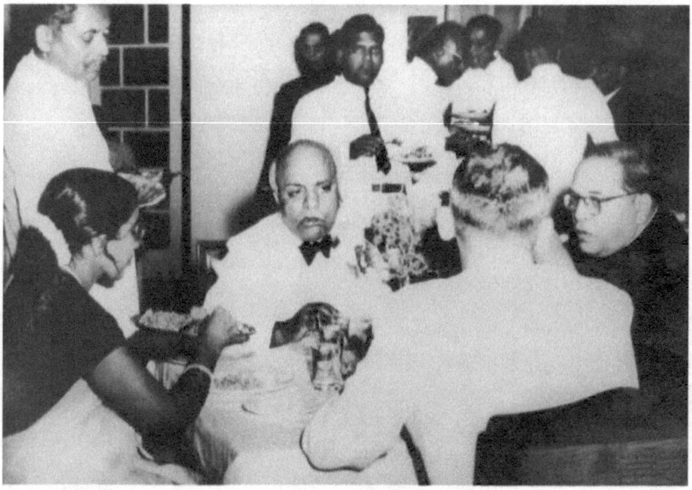

जन्मदिन के खाने पर दोस्त

लोदी एस्टेट के दक्षिण का क्षेत्र उस समय काफी हद तक वन क्षेत्र जैसा था और कुतुब मीनार नई दिल्ली की मुख्य बस्ती से बाहर एक अपेक्षाकृत सुनसान स्थान पर स्थित थी। वहाँ एक छोटा सा होटल भी था, जो अपनी शांत और एकांत स्थिति के कारण विशेष रूप से जाना जाता था। पूर्णिमा की रातों में कुतुब मीनार और उसके आसपास का परिसर अत्यंत रमणीय दिखाई देता था। डॉ. अंबेडकर को उस स्थान पर जाना और कुछ समय शांत वातावरण में बिताना प्रिय था। वे और मेश्राम परिवार प्रायः वहाँ संध्या व्यतीत करते, वहीं भोजन करते और देर रात लौटते थे। यद्यपि विमल और कमल परिवार के साथ कार में यात्रा करती थीं, फिर भी इतनी देर रात जंगल जैसे निर्जन मार्ग से लौटते समय उन्हें स्वाभाविक भय का अनुभव होता था।

कमल और विमल कई बार डॉ. अंबेडकर की अनुपस्थिति में उनके घर जाया करती थीं। वहाँ वे निजी सहायकों के परिवारों के साथ समय बितातीं और घर के कमरों में घूमते हुए छोटी मोटी व्यवस्थाएँ भी देख लेती थीं। एक अवसर पर निरीक्षण करते समय कमल की दृष्टि उनके शयनकक्ष पर पड़ी। उन्होंने देखा कि गद्दे के ऊपर हाथ से सिली और कढ़ाई की हुई एक गुदड़ी बिछी थी, जिसके ऊपर साधारण चादर डाली गई थी। कमल ने इस विषय में कभी कुछ पूछा नहीं, पर मन ही मन उन्होंने अनुमान लगाया कि संभवतः वह गुदड़ी उनकी पहली पत्नी रमाबाई के हाथों से बनी होगी।

दिल्ली में निवास के दौरान एक समय ऐसा आया जब गोविंदराव को हृदयाघात हुआ। उन्हें तत्काल विलिंगडन नर्सिंग होम में भर्ती कराया गया। परिवार अत्यंत चिंतित था। यह समाचार डॉ. अंबेडकर तक पहुँचा तो उन्होंने विशेष ध्यान देते हुए बंबई से डॉ. मावलंकर को बुलवाया, ताकि वे स्वयं आकर उनका उपचार देखें।

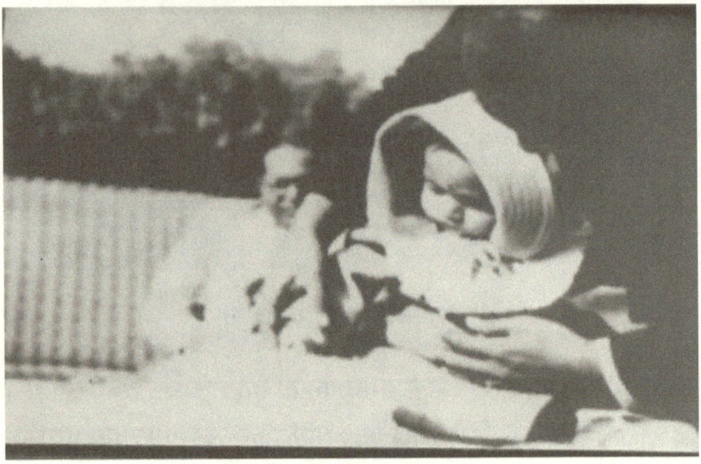

सिद्धार्थ का पहला जन्मदिन
डॉ. अम्बेडकर और राय साहब जीटी मेश्राम

कुछ समय बाद डॉ. अंबेडकर स्वयं बीमार पड़ गए। डॉ. अंबेडकर की पत्नी, माई साहेब, के बार बार आग्रह करने पर भी उन्होंने अस्पताल जाने से इंकार कर दिया। अंततः माईसाहब ने कुछ नाराज़गी के साथ गोविंदराव को फोन किया और कहा, "डॉक्टर मेरी बात नहीं सुनते, वे केवल आपकी बात मानते हैं, इसलिए आप उनसे बात कीजिए।" गोविंदराव ने उनसे शांतिपूर्वक बातचीत की और उन्हें विलिंगडन नर्सिंग होम में भर्ती होने के लिए तैयार कर लिया। संयोग से उसी समय कमल भी अपने टॉन्सिल के ऑपरेशन के लिए विलिंगडन नर्सिंग होम में भर्ती थीं। दोनों आस पास के कमरों में थे, जिससे गोविंदराव के लिए वहाँ ठहरे इन दोनों की देखभाल करना अपेक्षाकृत सरल हो गया।

रात्रिभोज

डॉ. अंबेडकर प्रायः मेश्राम परिवार के सभी पारिवारिक समारोहों में उपस्थित रहते थे। वे सिद्धार्थ और वर्षा के जन्मदिन समारोह में भी अवश्य आते थे। यह आयोजन प्रायः 4, लोदी रोड स्थित घर के विस्तृत लॉन में किया जाता था, जहाँ परिवार और निकट संबंधी एकत्र होकर सादगी और आत्मीयता के साथ उत्सव मनाते थे।

गोविंदराव किसी भी महत्वपूर्ण निर्णय से पूर्व डॉ. अंबेडकर की सलाह अवश्य लेते थे और उनकी राय जाने बिना आगे बढ़ना उचित नहीं समझते थे। उनके बीच विश्वास और सम्मान का गहरा संबंध था। इसी प्रकार डॉ. अंबेडकर भी गोविंदराव के विचारों को महत्व देते थे और उनसे सलाह लेते थे।

डॉ. अंबेडकर के पुत्र भैया साहेब, जो बंबई में रहते थे, जब भी दिल्ली आते थे तो गोविंदराव से अवश्य मिलते थे। कई बार वे उनके निवास 4, लोदी रोड पर अतिथि के रूप में ठहरते भी थे।

17

बंबई- दोबारा

एस्टेट अधिकारी के रूप में गोविंदराव के कार्यक्षेत्र में बंबई की संपत्तियाँ भी सम्मिलित थीं, इसलिए उन्हें समय समय पर आधिकारिक कार्य से वहाँ जाना पड़ता था। ग्रीष्म ऋतु में जब उनका प्रवास कुछ अधिक दिनों के लिए होता, तो परिवार भी उनके साथ चला जाता था। बंबई में मेश्राम परिवार मरीन ड्राइव स्थित "कृष्ण महल" में एस्टेट अधिकारी के लिए निर्धारित फ्लैट में ठहरता था। उसी इमारत के भूतल पर प्रसिद्ध अभिनेत्री सुरैया का निवास था, जिससे उस स्थान का वातावरण और भी रोचक प्रतीत होता था।

कृष्ण महल, मरीन ड्राइव

श्री डी. जी. जाधव गोविंदराव के घनिष्ठ मित्र थे और जब भी मेश्राम परिवार बंबई आता, तो उनसे अवश्य मिलता था। जाधव परिवार कंबाला हिल में रहता था। बंबई का जीवन दिल्ली से भिन्न था। वहाँ की महिलाएँ अधिक स्वतंत्र और आत्मनिर्भर दिखाई देती थीं, जबकि दिल्ली में महिलाओं का जीवन अपेक्षाकृत संरक्षित और सीमित था। श्री जाधव प्रायः गोविंदराव से कहते थे कि बेटियों को अवसर और स्वतंत्रता दी जानी चाहिए, ताकि वे आत्मविश्वासी और स्वावलंबी बन सकें। एक बार उन्होंने परिवार को अपने यहाँ ठहरने के लिए आमंत्रित किया

और लड़कियों को स्वतंत्र रूप से बाहर आने जाने का अभ्यास कराने की जिम्मेदारी स्वयं ली। उनकी पत्नी सरोज घर का सामान स्वयं बाजार से खरीदती थीं। इसके विपरीत दिल्ली में मेश्राम परिवार में सब्जियाँ और किराने की वस्तुएँ प्रायः रामकृष्ण या मामा महादेव डोंगरे पहाड़गंज से लाते थे। सरोज जाधव कमल को अपने साथ बाजार ले जातीं और उसे आवश्यक वस्तुएँ खरीदना सिखातीं। कभी कभी श्री जाधव दोनों बहनों को कार से किसी प्रसिद्ध स्थान पर छोड़ देते और उन्हें स्वयं घर लौटने के लिए कहते। वे बस और ट्राम के मार्ग समझाकर एक सरल नक्शा भी बना देते थे। बहनें सावधानी से निर्देशों का पालन करतीं और सुरक्षित घर पहुँच जातीं। यही वे क्षण थे जब उन्हें कुछ समय के लिए स्वतंत्र रहने और स्वयं निर्णय लेने का अनुभव प्राप्त होता था। उस समय जाधव के बच्चे अजीत, संजीवनी और सुजाता अभी छोटे थे।

मेश्राम बहनों को बंबई का वातावरण अत्यंत आकर्षक और चमकदार प्रतीत होता था। उसी इमारत में रहना जहाँ प्रसिद्ध अभिनेत्री सुरैया निवास करती थीं, उनके लिए विशेष उत्सुकता का कारण था, क्योंकि वे प्रायः फिल्म जगत के लोगों को उनसे मिलने आते देखती थीं। मरीन ड्राइव पर ठहरना और अपने सामने समुद्र की उठती गिरती लहरों को निहारना उनके लिए एक अद्‌भुत और शांत अनुभव था। वे प्रायः समुद्र तट पर लंबी सैर करतीं और खारी हवा तथा लहरों की गूँज का आनंद लेतीं। बंबई का जीवन उन्हें अधिक खुला और स्वतंत्र लगता था। फिर भी उन्हें फ्लैट में रहना उतना प्रिय नहीं था, चाहे वह कितना ही विस्तृत क्यों न हो। दिल्ली के एक मंजिला बंगले और उसके विस्तृत लॉन की खुली जगह उन्हें स्मरण आती थी और उसकी कमी वे बंबई में अनुभव करती थीं।

पीपल्स एजुकेशन सोसाइटी, बॉम्बे - अप्रैल 1947
बैठे हुए - सीताराम बोले,टी शिवराज, डॉ अंबेडकर,डीजी जाधव, जीटी मेश्राम

डॉ. अंबेडकर ने 8 जुलाई 1945 को मुंबई में पीपुल्स एजुकेशन सोसाइटी की स्थापना की थी। गोविंदराव इस संस्था के संस्थापक सदस्यों में सम्मिलित थे और इसके कार्यों में सक्रिय भूमिका निभाते थे। सोसाइटी का उद्देश्य उच्च शिक्षा के लिए एक सुदृढ़ संस्थान स्थापित करना था, इसलिए सिद्धार्थ कॉलेज के लिए उपयुक्त स्थान की खोज आरंभ की गई। गोविंदराव ने अपने निजी अनुभव और प्रभाव का उपयोग करते हुए फोर्ट क्षेत्र में स्थित अल्बर्ट और मेनकावा नामक इमारतें विशेष रूप से अनुकूल मूल्य पर प्राप्त कर लीं। इस प्रकार सन् 1946 में सिद्धार्थ कॉलेज को एक प्रमुख और प्रतिष्ठित स्थान पर स्थापित करना संभव हो सका।

18

भारत का विभाजन

सन् 1947 में भारत के विभाजन के समय दिल्ली का वातावरण अत्यंत तनावपूर्ण हो गया था। राजनीतिक और भावनात्मक दोनों स्तरों पर स्थिति अत्यधिक उग्र थी, क्योंकि असंख्य लोगों को अचानक अपने घर छोड़कर पाकिस्तान जाने के लिए विवश किया गया। पंजाब के वे हिंदू और सिख परिवार, जिनके क्षेत्र अब पाकिस्तान का हिस्सा बन गए थे, अपनी भूमि, मकान, संपत्ति और कई बार अपने परिजनों को पीछे छोड़कर दिल्ली की ओर आने लगे। अधिकांश लोगों को यह आशा थी कि दंगे शांत होने पर वे वापस लौट सकेंगे, इसलिए वे उस गहन त्रासदी के लिए तैयार नहीं थे जो उनके जीवन में घटित हुई। शहर में चारों ओर अफरा तफरी और अस्थिरता का वातावरण था। गहरा शोक और भय लोगों के चेहरों पर स्पष्ट दिखाई देता था। अनेक स्थानों पर हिंसा और रक्तपात की घटनाएँ हुईं। उन्मादी भीड़ सड़कों पर घूमती और भिन्न धर्म के लोगों को निशाना बनाती थी। हाथों में नंगी तलवारें लिए समूहों का इधर उधर दौड़ना आम दृश्य बन गया था। वह समय अत्यंत पीड़ादायक था और दिल्ली की सड़कों ने अनेक हृदयविदारक घटनाएँ देखीं। भीड़ के अनियंत्रित हो जाने से सामान्य नागरिकों का जीवन निरंतर भय के साए में बीत रहा था।

शहर में बढ़ती अशांति और उपद्रव के कारण अनेक प्रतिष्ठित व्यक्तियों को, जिन्हें भीड़ निशाना बना सकती थी, सुरक्षा व्यवस्था के साथ सुरक्षित स्थानों पर पहुँचाया गया। डॉ. अंबेडकर की सुरक्षा को लेकर भी गंभीर चिंता थी, इसलिए उन्हें अपने निवास से हटाकर जनपथ स्थित वेस्टर्न कोर्ट में ठहरने के लिए कहा गया। उस कठिन समय में किसी पर सहज विश्वास करना संभव नहीं था। इसलिए गोविंदराव ने यह दायित्व स्वयं लिया कि उनके लिए भोजन की व्यवस्था विश्वसनीय रूप से की जाए। सारुबाई अपने हाथों से भोजन तैयार करतीं और गोविंदराव उसे सुरक्षा कर्मियों के साथ वेस्टर्न कोर्ट तक पहुँचाते थे। उन दिनों बाबासाहेब किसी अन्य स्रोत से आया हुआ भोजन स्वीकार नहीं करते थे। परिस्थिति इतनी विषम थी कि पहाड़गंज जाकर सब्जियाँ खरीदना भी संभव नहीं रह गया था। ऐसे में सारुबाई घर के पीछे

उगाई गई सब्जियों और वहीं पाले गए मुर्गों से भोजन तैयार करती थीं, ताकि सब कुछ सुरक्षित और विश्वसनीय बना रहे।

दिल्ली के पुनर्वास मंत्रालय में एस्टेट अधिकारी के रूप में गोविंदराव पर पाकिस्तान से आने वाले शरणार्थियों के पुनर्वास और आवास की व्यवस्था का महत्वपूर्ण दायित्व था। विभाजन के बाद लाखों लोग दिल्ली पहुँचे थे, जिनके लिए अनेक पुनर्वास कॉलोनियाँ और अस्थायी आश्रय स्थल तैयार किए गए। दूसरी ओर जो लोग पाकिस्तान जाने के लिए विवश थे, उन्हें भी सुरक्षित शिविरों में रखा जाता था, क्योंकि उनके मूल निवास क्षेत्रों में हिंसा की घटनाएँ हो रही थीं। ऐसी परिस्थिति में गोविंदराव को दिन रात शहर के विभिन्न भागों में जाना पड़ता था। वे प्रत्येक पुनर्वास शिविर का निरीक्षण करते, यह सुनिश्चित करते कि विस्थापित परिवारों को पर्याप्त स्थान, सुरक्षा और स्वच्छता की सुविधा मिल रही है। वातावरण में गहरा आक्रोश और अविश्वास था, इसलिए उनकी अपनी सुरक्षा भी एक गंभीर विषय थी। उन्हें सैन्य सुरक्षा प्रदान की गई थी और वे प्रायः सुरक्षा दल के साथ ही यात्रा करते थे। शिविरों के अतिरिक्त उन्हें उन मोहल्लों में भी जाना पड़ता था, जहाँ कुछ लोग अपने घरों में फँसे हुए थे और उन्हें सुरक्षित निकालकर शिविरों तक पहुँचाना आवश्यक था, ताकि आगे की व्यवस्था की जा सके। यह कार्य अत्यंत जोखिमपूर्ण था। भीड़ कई बार ऐसे प्रयासों में बाधा डालने का प्रयास करती थी, इसलिए प्रत्येक अभियान को सावधानीपूर्वक योजना बनाकर पूरा किया जाता था।

विभाजन के उन अस्थिर दिनों में लोदी एस्टेट का इलाका विशेष सतर्कता के दायरे में रखा गया था। वहाँ स्थित सौ बंगले देश के महत्वपूर्ण पदों पर आसीन व्यक्तियों के निवास थे, इसलिए सुरक्षा व्यवस्था अत्यंत कड़ी थी। मेश्राम परिवार का मकान और स्वास्थ्य मंत्री राजकुमारी अमृत कौर का मकान साथ लगा था। आसपास के अन्य निवासी भी मंत्री, वरिष्ठ सैन्य अधिकारी तथा विभिन्न रियासतों के राजा और महाराजा थे। वातावरण में व्याप्त अनिश्चितता को देखते हुए सारुबाई को निर्देश दिया गया था कि वे बेटियों सहित हर समय तैयार रहें, ताकि आवश्यकता पड़ते ही तुरंत घर खाली किया जा सके। आशंका यह रहती थी कि यदि उग्र भीड़ इस क्षेत्र तक पहुँच गई, तो स्थिति नियंत्रण से बाहर हो सकती है। इसी संभावना को ध्यान में रखते हुए आपातकालीन निकासी के लिए एक हेलीकॉप्टर तैयार रखा गया था, ताकि संकट की घड़ी में परिवारों को सुरक्षित स्थान पर ले जाया जा सके।

विभाजन के उस उथल पुथल भरे काल में गोविंदराव पर दायित्वों का असाधारण भार था। एक ओर वे पुनर्वास कार्यों की देखरेख कर रहे थे, दूसरी ओर अपने परिवार की सुरक्षा

को लेकर भी चिंतित थे। परिस्थिति की गंभीरता को देखते हुए उन्होंने सारुबाई से आग्रह किया कि वे बेटियों को लेकर विमान से नागपुर चली जाएँ। सारुबाई ने शांत स्वर में पूछा कि क्या वे भी साथ चलेंगे। जब गोविंदराव ने स्पष्ट किया कि पुनर्वास कार्यों के कारण उनका दिल्ली छोड़ना संभव नहीं है, तो सारुबाई ने दृढ़ता से जाने से इनकार कर दिया। उनका निर्णय था कि परिवार दिल्ली में ही रहेगा और परिस्थितियों का सामना साथ मिलकर करेगा।

घर के भीतर सतर्कता के विशेष प्रबंध किए गए थे। कमल को स्मरण है कि मिर्च पाउडर और उबलता पानी हर समय तैयार रखा जाता था, ताकि आवश्यकता पड़ने पर आत्मरक्षा की जा सके। सारुबाई, और कमल की मामी प्रतिदिन नौ गज की साड़ी पहनतीं और अपने आभूषण उसकी तहों में सुरक्षित रखतीं, जिससे आकस्मिक स्थिति में तुरंत निकलना पड़े तो विलंब न हो। एक समय ऐसा भी आया जब दंगाई भीड़ इंडिया गेट तक पहुँच गई थी। लोदी एस्टेट के निवासी दूर से नारों और चीखों की आवाज़ सुन सकते थे। भय और अनिश्चितता का वातावरण चारों ओर व्याप्त था। फिर भी क्षेत्र में कड़ी सुरक्षा व्यवस्था थी। सेना सतर्क अवस्था में तैनात थी और इसी कारण इंडिया गेट के दक्षिण स्थित इलाकों में कोई बड़ी अनहोनी नहीं हुई।

19

खुशी के पल

विभाजन की त्रासदी से जुड़े कुछ विचलित कर देने वाले प्रसंगों को यदि अलग रख दिया जाए, तो दिल्ली का जीवन अपने स्वभाव में आनंदपूर्ण और व्यवस्थित था, यद्यपि वह नागपुर और मुम्बई से भिन्न प्रतीत होता था। यहाँ का सामाजिक ढाँचा स्पष्ट रूप से विभाजित दिखाई देता था। पुरानी दिल्ली में प्रायः व्यापारी और दुकानदार समुदाय निवास करता था, जिनका जीवन पारंपरिक बाजारों के इर्द गिर्द केंद्रित था। इसके विपरीत नई दिल्ली में प्रायः कार्यालयों में कार्यरत लोग रहते थे, जिनका जीवन अधिक औपचारिक और प्रशासनिक परिवेश से जुड़ा हुआ था।

उस समय दिल्ली में उद्योग लगभग नही के बराबर थे। यह एक शांत और सुव्यवस्थित नगर था, जहाँ चौड़ी सड़कों पर साइकिल चलाते बाबू प्रातः अपने कार्यालयों की ओर जाते और संध्या को अपने सरकारी आवासों में लौट आते थे। अधिकारी वर्ग दिन भर के कार्य के बाद प्रायः शाम अपने क्लब में समय बिताता था। विभाजन से पूर्व रामकृष्ण को उच्च शिक्षा के लिए लाहौर भेजा गया था, क्योंकि वहाँ के शैक्षणिक संस्थान अपनी उत्कृष्ट शिक्षा के लिए प्रसिद्ध थे। लड़कों के लिए प्रमुख रूप से दो प्रतिष्ठित महाविद्यालय थे, फॉर्मन क्रिश्चियन कॉलेज और गवर्नमेंट कॉलेज लाहौर, जो उस समय कलकत्ता विश्वविद्यालय से संबद्ध थे। लाहौर न केवल शिक्षा का केंद्र था, बल्कि वहाँ के फिल्म स्टूडियो भी प्रसिद्ध थे, जिससे वह सांस्कृतिक और आकर्षण का एक महत्वपूर्ण केंद्र माना जाता था। अवकाश के दिनों में जब रामकृष्ण लाहौर से घर लौटते, तो वे अपनी माँ और बहनों के लिए मखमली सैंडल लेकर आते, जो उस समय विशेष रूप से आकर्षक मानी जाती थीं।

सारुबाई

नई दिल्ली के सामाजिक जीवन में मेश्राम बहनें सुसज्जित और सलीकेदार परिधान के लिए जानी जाती थीं। वे अपनी साड़ियाँ प्रायः कनॉट प्लेस स्थित उत्तम की दुकान से खरीदती थीं। सर्दियों में वे लंबे कोट पहनती थीं और शॉल का उपयोग नहीं करती थीं। उनका डॉक्टर भी कनॉट प्लेस में महाट्टा स्टूडियो के सामने क्लिनिक चलाते थे, इसलिए वहाँ उनका नियमित आना जाना रहता था।

अपने प्रारंभिक जीवन में अभावों का सामना करने वाली सारुबाई अब अत्यंत सुसंस्कृत और सुसज्जित रूप में जीवन व्यतीत करने लगी। वे प्रायः पैठनी साड़ी और मखमली सैंडल पहनती थीं तथा सोने के आभूषणों और पैरों में पायल से सुसज्जित रहती थीं। घर के भोजन प्रबंध के लिए एक बटलर और एक रसोइया नियुक्त था। घरेलू जीवन में सलीका और गरिमा स्पष्ट दिखाई देती थी। भोजन की मेज पर सदैव लेस का मेजपोश बिछा रहता और प्रतिदिन उत्कृष्ट क्रॉकरी तथा कटलरी का उपयोग किया जाता था। गोविंदराव को औपचारिक और भव्य सत्कार का विशेष शौक था। विभिन्न व्यंजनों में दक्ष प्रसिद्ध रसोइए अनेक प्रकार के पकवान तैयार करते और बटलर पूरी व्यवस्था को सुव्यवस्थित रखने का ध्यान रखते थे।

घर पर रात्रिभोज - कमल, विमल, गोविंदराव

अपने छात्र जीवन में जिनके पास पहनने के लिए पर्याप्त वस्त्र नहीं थे, वही गोविंदराव अब एक सुव्यवस्थित और सुसज्जित जीवन जी रहे थे। उनके वस्त्रों और जूतों की देखभाल के लिए एक निजी सहायक नियुक्त था, जो अवसर के अनुसार उनके लिए पोशाक और जूते तैयार रखता था, चाहे वह कार्यालय का समय हो, क्लब की संध्या हो या कोई औपचारिक आयोजन। वे दिन में तीन बार परिधान बदलते थे और अपने सुसंस्कृत व्यक्तित्व के लिए पहचाने जाते थे। उनके पास वस्त्रों, टोपियों, घड़ियों, जूतों और वॉकिंग स्टिक का सुंदर संग्रह था। उन्हें उत्तम कलमों का भी विशेष शौक था और उनका संग्रह उल्लेखनीय था। वे अत्यंत परिश्रमी और व्यस्त रहते थे। प्रायः कार्य घर तक लाना पड़ता था, इसलिए निवास में एक अलग कक्ष को कार्यालय के रूप में व्यवस्थित किया गया था, जहाँ वे एकाग्र होकर काम करते और किसी प्रकार का व्यवधान स्वीकार नहीं करते थे।

गोविंदराव स्वभाव से अत्यंत अनुशासनप्रिय थे। जब वे घर में उपस्थित होते, तो परिवार के सदस्य भी संयम और धीमे स्वर में बातचीत करते थे। उनके व्यक्तित्व में ऐसी गंभीरता थी जो सबको सावधान रखती थी। कमल उनके विशेष स्नेह की पात्र थीं, इसलिए घर का कोई भी निजी विषय उनसे कहने के लिए प्रायः कमल को ही आगे किया जाता था। उनकी अंग्रेजी पर असाधारण पकड़ थी और पत्र लेखन तथा मसौदा तैयार करने की उनकी क्षमता प्रभावशाली मानी जाती थी।

दिल्ली के सामाजिक जीवन में गोविंदराव का दायरा व्यापक था और वे प्रायः चेम्सफोर्ड क्लब या रोशनारा क्लब में उपस्थित रहते थे। राय साहब पूरनचंद उनके निकट मित्रों में थे और इरविन रोड पर, जो अब बाबा खड़क सिंह मार्ग कहलाती है, हनुमान मंदिर के पीछे स्थित एक बंगले में निवास करते थे। दोनों परिवारों के बीच आत्मीय संबंध थे। कमल और विमल प्रायः दोपहर के समय श्री पूरनचंद के घर जातीं और सत्यबाला, प्रेमवती तथा उर्मिला के साथ समय बितातीं। वहाँ वे विविध हस्तकौशल भी सीखती थीं। निकट ही एक ब्रिटिश दंपति का निवास था। दोपहर में ब्रिटिश महिलाएँ अपने लॉन में बैठकर स्वेटर बुनती थीं। कमल को बुनाई में विशेष रुचि थी और वे नए पैटर्न और शैली सीखने के लिए उत्सुक रहती थीं। इस प्रकार सभी महिलाएँ एक दूसरे के साथ सौहार्दपूर्ण संबंध में बँध गईं। वे साथ बैठतीं, बुनाई करतीं, वार्तालाप करतीं और डिजाइन साझा करतीं। कमल ने अपनी बुनाई की कला को निखारा और सुंदर कार्डिगन, स्वेटर तथा पुलओवर तैयार करने लगीं। समय के साथ कमल बुनाई में इतनी निपुण हो गईं कि किसी के भी पहने हुए पुलओवर को देखकर उसका पैटर्न सहज ही समझ लेतीं और उसे दोहरा लेती थीं। उन्होंने क्रोशिया और कढ़ाई की कला भी सीखी। उनके हाथों से सजी अनेक बेडशीट, मेजपोश और साड़ियाँ घर की शोभा बढ़ाती थीं। पूरनचंद परिवार की सत्या का विवाह अलीगढ़ के श्री निम से अपेक्षाकृत पहले हो गया था, जबकि प्रेम का विवाह डॉ. व्यास से हुआ। उस विवाह समारोह में डॉ. अंबेडकर स्वयं उपस्थित रहे थे, जो दोनों परिवारों के निकट संबंधों का प्रमाण था।

राय साहब मेडल

दिल्ली के सामाजिक परिवेश में गोविंदराव के एक घनिष्ठ मित्र राजा अकबर अली भी थे, जिनका बाराखंभा रोड पर विशाल बंगला था। उस समय कुतुब क्षेत्र अब की भाँति विकसित नहीं था, बल्कि वनभूमि जैसा विस्तार लिए हुए था। राजा साहब के पुत्र और दामाद कभी कभी शिकार के लिए उस दिशा में जाते और लौटते समय 4, लोदी रोड स्थित मेश्राम निवास पर अवश्य रुकते थे। वे तीतर, बटेर और अन्य पक्षियों का शिकार करते थे, जो उन दिनों सामान्य माना जाता था। विभाजन के उपरांत राजा अकबर अली अपने परिवार सहित लाहौर चले गए। वहाँ बसने के कुछ समय बाद वे अस्वस्थ हो गए और उनका ऑपरेशन होना था। इस समाचार से चिंतित होकर गोविंदराव और राय साहब पूरनचंद अपने पुराने मित्र से मिलने और उनका मनोबल बढ़ाने के लिए साथ में लाहौर गए।

दिल्ली के उस ऐतिहासिक दौर में नवाबज़ादा लियाकत अली खान भी गोविंदराव के परिचितों में सम्मिलित थे। वे गवर्नर जनरल लॉर्ड माउंटबेटन की अंतरिम सरकार में वित्त मंत्री रहे और बाद में पाकिस्तान के प्रथम प्रधानमंत्री बने। उनका निवास 8, हार्डिंग एवेन्यू पर था, जिसे आज तिलक मार्ग के नाम से जाना जाता है। यह घर डॉ. अंबेडकर के निवास के निकट स्थित था और वर्तमान में पाकिस्तान के उच्चायुक्त का आधिकारिक निवास है। कमल को यह बंगला विशेष रूप से आकर्षित करता था, क्योंकि उन्हें बताया गया था कि उसके भीतर एक भूमिगत तहखाना और एक सुरंग है, जो किसी अज्ञात दिशा में जाती है। इस जानकारी ने उस भवन के प्रति उनके मन में एक रहस्यमय उत्सुकता भर दी थी। जब भी वे खान साहब से मिलने वहाँ जातीं, तो चुपचाप उस तहखाने को खोजने की कल्पना में डूब जाती थीं।

स्वतंत्रता के ऐतिहासिक क्षणों के वे प्रत्यक्ष साक्षी रहे। 14 और 15 अगस्त 1947 की मध्यरात्रि को आयोजित संसद के विशेष सत्र में मेश्राम परिवार उपस्थित था, जब पंडित जवाहरलाल नेहरू ने अपना प्रसिद्ध "ट्रिस्ट विद डेस्टिनी" भाषण दिया। कमल ने लाल किले में भारतीय राष्ट्रीय सेना के अधिकारियों, मेजर जनरल शाह नवाज़ खान, कर्नल गुरबख्श ढिल्लों और कर्नल प्रेम सहगल के मुकदमे की कार्यवाही भी देखी। इस मुकदमे में जवाहरलाल नेहरू, भूलाभाई देसाई और तेज बहादुर सप्रू बचाव पक्ष में थे, और मेश्राम परिवार को विशेष पास प्राप्त थे। कमल, उनकी माँ और बहन नियमित रूप से बिरला हाउस में गांधीजी की संध्या प्रार्थना सभा में जाती थीं। 30 जनवरी 1948 को वे वहाँ पहुँचने में देर कर गईं और घर पर ही रेडियो से यह दुखद समाचार सुना कि गांधीजी की हत्या हो गई है।

20

रामकृष्ण की शादी

समय के साथ परिस्थितियाँ बदलीं और परिवार के सामने एक नया अध्याय उपस्थित हुआ। अब तीनों बच्चों के लिए विवाह संबंधों पर विचार करने का समय आ गया था।

रामकृष्ण अपने लिए उपयुक्त जीवनसाथी की तलाश में थे। उस समय प्रायः सभी विवाह पारंपरिक ढंग से तय होते थे। लड़का और उसके माता पिता संभावित वधू तथा उसके माता पिता से मिलते थे और आपसी सहमति बनने पर विवाह की तैयारियाँ निश्चित की जाती थीं। वधू का चयन सरल प्रक्रिया नहीं थी। यह देखना आवश्यक होता था कि लड़की समान जाति की हो और उसकी आयु भी उपयुक्त हो। अनेक पारंपरिक और रूढ़िवादी हिंदू परिवार कुंडली मिलान को भी महत्व देते थे। साथ ही दोनों परिवारों की सामाजिक स्थिति और आपसी अनुकूलता पर भी विचार किया जाता था। भारत में विवाह केवल दो व्यक्तियों के बीच का संबंध नहीं माना जाता था, बल्कि दो परिवारों का जुड़ाव समझा जाता था। नई बहू से अपेक्षा की जाती थी कि वह ससुराल में रहकर परिवार की परंपराओं, रीति रिवाजों और जीवन शैली के अनुसार स्वयं को ढाल सके।

उस समय किसी अनजान परिवार के घर जाकर संभावित वधू को देखना और उसके आधार पर जीवन का निर्णय लेना अत्यंत संवेदनशील प्रक्रिया मानी जाती थी। यह ऐसा निर्णय था जो सही भी हो सकता था और गलत भी सिद्ध हो सकता था, फिर भी सामाजिक परंपरा के कारण यही प्रचलित तरीका था और इसके अतिरिक्त कोई अन्य मार्ग स्वीकार्य नहीं माना जाता था। पीछे मुड़कर देखने पर यह पद्धति कठोर प्रतीत होती है, किंतु उस समय इसे सामान्य समझा जाता था। गोविंदराव अत्यंत व्यस्त रहते थे, इसलिए रामकृष्ण ने अपने चचेरे भाई लक्ष्मण को साथ लेकर स्वयं ही उपयुक्त संबंध की तलाश प्रारंभ की। वे कुंडली मिलान में विश्वास नहीं करते थे और केवल एक योग्य तथा उपयुक्त जीवनसंगिनी की खोज में थे। इस उद्देश्य से दोनों ने नागपुर, चंद्रपुर, इंदौर और अमरावती की यात्राएँ कीं।

चंद्रपुर में वे एक प्रतिष्ठित परिवार की बेटी से मिलने पहुँचे। उस परिवार के मुखिया गोविंदराव के परिचित थे, इसलिए रामकृष्ण और लक्ष्मण का आदरपूर्वक स्वागत किया गया।

उनकी आवभगत में कोई कमी नहीं रखी गई और पूरे सम्मान के साथ उनका ध्यान रखा गया। किंतु अंततः उन्होंने अपनी बेटी से मिलने का अवसर नहीं दिया, क्योंकि वे पहले ही उसका विवाह नारायण उके से करने का निश्चय कर चुके थे, जो उस समय लंदन में अध्ययन कर रहे थे।

शिवरीबाई, जिन्होंने गोविंदराव के छात्र जीवन में उनकी देखभाल की थी, की बेटी नागुबाई नागपुर के एक निगम विद्यालय में अध्यापिका थीं। उनकी कक्षा में एक अत्यंत सुंदर छात्रा थी, जिसके विषय में उन्होंने रामकृष्ण को बताया और उसे देखने का सुझाव दिया। रामकृष्ण को हिरकणी नाम की वह युवती पसंद आई। वह बंगाल नागपुर रेलवे में कार्यरत श्री खापर्डे की पुत्री थीं। श्री खापर्डे पहले खड़गपुर में नियुक्त थे और हाल ही में उनका स्थानांतरण पुनः नागपुर में हुआ था। उनका पहला विवाह विदर्भ क्षेत्र की एक युवती से हुआ था। बाद में खड़गपुर में ही उन्हें कौतुकी से स्नेह हुआ, जो वहाँ अपने संबंधियों से मिलने आई थीं, और उन्होंने उनसे विवाह कर लिया। उनके परिवार में चार बेटियाँ, ललिता, निर्मला, हिरकणी और माया, तथा चार पुत्र, मोहन, हीरालाल, राधेश्याम और रमन थे।

नागपुर प्रवास के दौरान रामकृष्ण ने अपने माता पिता से पूर्व अनुमति लिए बिना ही हिरकणी से सगाई कर ली और फिर दिल्ली लौट आए। घर में उनकी छोटी बहन कमल ही उनके वस्त्र और अलमारी की देखरेख करती थीं। नागपुर से वापसी के बाद जब उन्होंने उनका सूटकेस खोला, तो भीतर एक नारियल, एक सुपारी और हल्दी लगी नई धोती देखकर चकित रह गईं। उन्हें तुरंत समझ में आ गया कि यह किसी शुभ संस्कार का संकेत है। वे सीधे अपनी माँ सारुबाई के पास गईं और उन्हें सब बता दिया। उसी संध्या जब रामकृष्ण कार्यालय से लौटे, तो सारुबाई ने शांत स्वर में उनसे सूटकेस में रखी वस्तुओं के विषय में पूछा। तब उन्होंने स्वीकार किया कि उन्हें हिरकणी खापर्डे पसंद आ गई हैं और उन्होंने उनसे सगाई कर ली है।

5 अप्रैल 1948 को रामकृष्ण का विवाह हिरकणी से संपन्न हुआ और उस समय की प्रथा के अनुसार उनका नाम बदलकर अरुणा रखा गया। विवाह दिल्ली में धूमधाम से आयोजित किया गया। खापर्डे परिवार के संबंधियों और मेश्राम परिवार के नागपुर से आने वाले अतिथियों के आवागमन और ठहरने का संपूर्ण व्यय गोविंदराव ने वहन किया। यह विवाह विशेष विवाह अधिनियम के अंतर्गत संपन्न हुआ और पारंपरिक हिंदू विधियाँ नहीं की गईं। विधिक प्रक्रिया पूरी करने के लिए मजिस्ट्रेट को घर पर ही आमंत्रित किया गया। आयोजन भव्य स्तर पर हुआ, किंतु उसका स्वरूप स्पष्ट रूप से आधुनिक और विधिसम्मत था।

गोविंदराव प्रगतिशील विचारों के व्यक्ति थे और वे कानूनी तथा आधुनिक पद्धतियों को अपनाने में विश्वास रखते थे। विशेष विवाह अधिनियम के अनुसार पति और पत्नी को समान अधिकार और दायित्व प्राप्त होते हैं, और पत्नी को अधीनता में रहने की अपेक्षा नहीं की जाती, बल्कि संबंध परस्पर सम्मान और समानता पर आधारित होता है।

उन्हीं दिनों डॉ. अंबेडकर ने निश्चय किया कि वे डॉ. शारदा कबीर से विवाह करेंगे। वे मधुमेह से पीड़ित थे और डॉ. शारदा कबीर उनके उपचार एवं खान पान की देखरेख करती थीं। वे उनके आहार और समय पर दवा लेने का विशेष ध्यान रखती थीं। जब उनके विवाह का समाचार सार्वजनिक हुआ, तो उनके कुछ अनुयायियों ने इसका विरोध व्यक्त किया। इसका मुख्य कारण यह था कि डॉ. शारदा कबीर ब्राह्मण परिवार से थीं और अनेक लोगों के मन में उच्च जाति के लोगों के प्रति गहरा अविश्वास था। अतीत में डॉ. अंबेडकर ने स्वयं सामाजिक भेदभाव और अपमान का सामना किया था, इसलिए उनके समर्थकों को आशंका थी कि कहीं फिर से उन्हें आहत न होना पड़े। यही कारण था कि इस विवाह को लेकर भावनाएँ तीव्र और मिश्रित थीं।

विवाह से पूर्व डॉ. अंबेडकर ने गोविंदराव से कहा कि वे अपना विवाह रामकृष्ण के विवाह के बाद ही करेंगे। उन्हें आशंका थी कि उनके कुछ अनुयायी इस निर्णय का विरोध कर सकते हैं और इससे अनावश्यक तनाव उत्पन्न हो सकता है। गोविंदराव ने उनके इस विचार को समझा और सहयोग दिया।

डॉ. अंबेडकर के विवाह के निर्णय को लेकर जहाँ अनेक स्थानों पर मतभेद थे, वहीं गोविंदराव और उनके परिवार ने इसे सम्मानपूर्वक स्वीकार किया और उनका साथ दिया। विवाह से पूर्व कमल और विमल उनके घर गईं और होने वाली वधू डॉ. शारदा कबीर को शुद्ध चाँदी का एक डिनर सेट भेंट किया। पूरा मेश्राम परिवार इस विवाह समारोह में उपस्थित रहा। यह विवाह 15 अप्रैल 1948 को विशेष विवाह अधिनियम के अंतर्गत संपन्न हुआ, जो रामकृष्ण के विवाह के लगभग दस दिन बाद था।डॉ. अंबेडकर के विवाह प्रमाणपत्र पर साक्षी के रूप में गोविंदराव ने हस्ताक्षर किए, जो उनके बीच गहरे विश्वास और आत्मीय संबंध का प्रतीक था।

विवाह के उपरांत डॉ. शारदा कबीर का नाम बदलकर सविता रखा गया।

कमल, अरुणा, विमल

21

कमल का विवाह

श्री जॉन मथाई, श्री एनवी गाडगिल, नारायण, कमल, डॉ. अम्बेडकर, श्रीमती अम्बेडकर, सरू बाई और श्री जीटी मेशराम

उस समय की पारंपरिक व्यवस्था में जब किसी संभावित दूल्हे का परिवार लड़की के घर जाता था, तो केवल परिचय और बातचीत ही नहीं होती थी, बल्कि लड़की के गुणों का एक प्रकार से प्रदर्शन भी किया जाता था। प्रायः उसकी माँ बड़े स्नेह से सिलाई, कढ़ाई और बुनाई के वे सभी नमूने सामने रखती थीं, जो बेटी ने अपने हाथों से तैयार किए होते थे, ताकि यह स्पष्ट हो सके कि वह घरेलू कार्यों में कितनी दक्ष है। उसके पकवान बनाने की क्षमता पर भी विस्तार से चर्चा होती थी। एक सुयोग्य गृहिणी के रूप में जो कौशल अपेक्षित माने जाते थे, वही उस समय सबसे अधिक मूल्यवान समझे जाते थे। कमल को सुई धागे का काम, कढ़ाई और बुनाई में विशेष रुचि थी और वे इन सबमें निपुण थीं। इसके विपरीत विमल को ऐसे कार्यों में विशेष रुचि नहीं थी। इसलिए जब कभी उनके लिए विवाह का प्रस्ताव आता, तो आवश्यकता पड़ने पर कमल के बनाए हुए कार्यों को ही विमल का बताया जाता था।

समय के साथ यह स्पष्ट होने लगा कि विमल विवाह के प्रति विशेष उत्सुक नहीं थीं। परिवार ने परिस्थिति को समझते हुए विचार किया और अंततः निर्णय लिया कि अब कमल के विवाह की व्यवस्था पर ध्यान दिया जाए। इस प्रकार छोटी बहन के लिए उपयुक्त संबंध खोजने की प्रक्रिया आरंभ हुई।

विमल और कमल

एक शाम मेश्राम बहनें डॉ. अंबेडकर के घर गई हुई थीं। वहाँ उन्होंने देखा कि निजी सहायक लंदन से आई डाक में कुछ तस्वीरें देख रहे हैं। ये उन छात्रों की तस्वीरें थीं जिन्हें छात्रवृत्ति पर लंदन पढ़ने भेजा गया था। उत्सुकतावश दोनों बहनों ने भी वे तस्वीरें देखीं और साथ लिखे नाम पढ़ने लगीं। तस्वीरें देखते हुए कमल अचानक हँस पड़ीं और बोलीं, "इस लड़के से कौन शादी करेगा?" जिस युवक की ओर वे संकेत कर रही थीं, वे कुरूड गाँव के नारायण उके थे, जिन्हें ब्रिटिश भारतीय सरकार ने योग्यता के आधार पर इंजीनियरिंग की पढ़ाई के लिए यूनाइटेड किंगडम भेजा था।

जनवरी 1949 में सखाराम मेश्राम ने गोविंदराव को एक पत्र लिखा। उसमें उन्होंने लिखा, "काका, आपकी इच्छा के अनुसार मैंने एक युवक देखा है। यदि आप उचित समझें तो उसे अपनी छोटी बेटी कमल के लिए विचार कर सकते हैं। उसका नाम नारायण है और वह शीघ्र ही दिल्ली आने वाला है। कृपया उससे मिलकर ही आगे का निर्णय कीजिए।"

कुछ ही समय बाद नागपुर के तीन युवक, जो अभी हाल में इंग्लैंड से अपनी पढ़ाई पूरी करके लौटे थे, दिल्ली पहुँचे। तय हुआ कि वे एक निश्चित दिन मेश्राम परिवार से मिलने आएँगे। उस मुलाकात की तैयारी के लिए गोविंदराव ने रामकृष्ण और महादेव मामा से कहा कि वे उस दिन अवकाश लेकर आवश्यक नाश्ते और सत्कार की व्यवस्था कर लें तथा मेहमानों के स्वागत के लिए घर पर उपस्थित रहें।

नागपुर से आने वाले मेहमानों के निर्धारित दिन से एक दिन पहले ही एक अप्रत्याशित घटना घटित हुई। उस समय कमल घर के पीछे लॉन में अपनी ममेरी बहन के साथ खेल रही थीं, तभी दरवाज़े की घंटी बजी। उत्सुकतावश वे ड्राइंग रूम की ओर गईं और सामने के बरामदे में तीन सजे धजे, सूट पहने हुए सज्जनों को खड़ा देखकर ठिठक गईं। एक क्षण में उन्हें समझ आ गया कि यही वे युवक होंगे, जिनके आने की सूचना अगले दिन के लिए थी। वे एक दिन पहले ही पहुँच गए थे। कमल अचानक घबरा गईं। उन्हें समझ नहीं आ रहा था कि पिताजी को कैसे बताया जाए। वे तुरंत भीतर भागीं और उस कमरे में पहुँचीं जहाँ उनकी माँ सारुबाई और विमल बैठी थीं। उन्होंने हड़बड़ाते हुए सूचना दी कि मेहमान आ गए हैं। स्थिति को समझते हुए सारुबाई ने शांत स्वर में कहा, "तुम्हें पसीना आ रहा है, पहले जाकर चेहरा धो लो और तुरंत तैयार हो जाओ।"

घंटी दोबारा बजी क्योंकि मेहमान बाहर इंतज़ार कर रहे थे और उनकी ठीक से अगवानी नहीं हो पाई थी। बाहर से आवाज़ आई, "क्या कोई घर पर है?" तब महादेव मामा के बेटे रमेश को पीछे से बुलाकर दरवाज़ा खोलने और मेहमानों को अंदर लाने को कहा गया। सारुबाई ने कमल से कहा कि वह तुरंत अपने पिता को फोन करके बता दे कि मेहमान एक दिन पहले ही आ गए हैं। ड्राइंग रूम में ही फोन था और मेहमान वहाँ बैठ चुके थे। कोई और रास्ता नहीं था, इसलिए कमल वहीं गई, फोन मिलाया और बस इतना कहा, "बाबा, वे आ गए हैं।"

कमल के इतना कहते ही उसके पिता समझ गए कि कौन आया है और उन्होंने जवाब दिया कि वे तुरंत दफ़्तर से निकल रहे हैं। इधर घर में मेहमान कुछ असहज हो रहे थे, क्योंकि अभी तक उनकी ठीक से खातिरदारी नहीं हो पाई थी। थोड़ी देर बाद उन्होंने रमेश से पूछा, "रमेश बाबू, हमें और कितनी देर इंतज़ार करना होगा?"

रमेश जब अंदर जाकर सारुबाई से पूछने लगा कि मेहमानों को क्या जवाब दिया जाए, तब कमल ने उससे कहा, "उनसे कह दो कि बाबा रास्ते में हैं और थोड़ी ही देर में पहुँचने वाले हैं, इसलिए वे उनके आने तक इंतज़ार करें।"

गोविंदराव का कार्यालय पुराने सचिवालय में था। कमल से बात होते ही वे तुरंत घर के लिए निकल पड़े और थोड़ी ही देर में पहुँच गए। घर आते ही उन्होंने दोनों लड़कियों को ड्राइंग रूम में मेहमानों से मिलने के लिए बुलाया। उससे पहले विमल ने खिड़की से झाँककर

उन तीनों को देखा और ध्यान दिया कि उनमें जो सबसे अधिक बातचीत कर रहा था, वही नारायण उके था।

वे तीनों कुछ दिन दिल्ली में ठहरने वाले थे, इसलिए गोविंदराव ने उनके रहने की व्यवस्था कॉन्स्टिट्यूशन क्लब में कर दी। उन्होंने उन्हें तीन बार डॉ. अंबेडकर से भी मिलवाया। इन दिनों वे रोज़ मेश्राम परिवार के घर आते थे। कमल और विमल ने उन्हें दिल्ली घुमाया और यहाँ के ऐतिहासिक स्थल भी दिखाए। कमल जानबूझकर नारायण से दूरी बनाए रखती थीं। एक दिन नारायण ने सीधे उनसे पूछ लिया कि वे उनसे बात क्यों नहीं कर रहीं। तब कमल ने साफ शब्दों में कहा, "मुझे बताया गया है कि तुम्हारी शादी चंद्रपुर में तुम्हारे एक दोस्त की बहन से तय हो चुकी है।"

नारायण ने शांत स्वर में कहा, "ओह, तो यह वजह है? हाँ, विदेश जाने से पहले मेरे दोस्त ने सच में अपनी बहन से मेरी शादी की बात की थी। वह चाहता था कि मैं उससे विवाह कर लूँ। लेकिन मुझे तीन साल के लिए बाहर जाना था और मैं नहीं चाहता था कि कोई लड़की मेरे लौटने का इंतज़ार करे। इसलिए मैंने उससे साफ कह दिया था कि वह अपनी बहन के लिए कोई अच्छा रिश्ता ढूँढ ले और मेरा इंतज़ार न करे।"

गलतफहमी दूर होने के बाद कमल ने नारायण से सामान्य रूप से बात करना शुरू कर दिया। कुछ दिनों बाद सब लोग फिरोज शाह कोटला पिकनिक के लिए गए। वहाँ एक जगह पानी भरा हुआ था और युवक उसके ऊपर से कूदने लगे। कमल चुपचाप नारायण के पास गईं और बोलीं, "तुम मत कूदो, उन्हें जाने दो।" उनके इस सरल वाक्य में अपनापन झलक रहा था। अब उन्हें नारायण उके अच्छे लगने लगे थे। वे चांदा ज़िले के कुरूड गाँव के रहने वाले थे और हाल ही में इंग्लैंड से इंजीनियरिंग की पढ़ाई पूरी करके लौटे थे। उस समय कई संपन्न भारतीय अपने बेटों को इंग्लैंड पढ़ने भेजते थे और ऐसे लोगों को सम्मान से "इंग्लैंड रिटर्नड"कहा जाता था। किंतु नारायण किसी धनी परिवार से नहीं थे। वे एक साधारण कृषक परिवार से आए थे। उन्होंने अपनी योग्यता के आधार पर ब्रिटिश सरकार की छात्रवृत्ति प्राप्त की थी और उसी के सहारे विदेश में शिक्षा पूरी की थी।

जब गोविंदराव ने डॉ. अंबेडकर से परामर्श किया कि कमल के लिए कौन सा युवक उपयुक्त रहेगा, तो उन्होंने स्पष्ट कहा, "उके सबसे अच्छा विकल्प है।" मेश्राम परिवार को भी नारायण का स्वभाव पसंद आया। वे विनम्र थे, सहज हास्यभाव रखते थे और व्यवहार में सरल थे। कमल मेश्राम और नारायण उके का संबंध तय हो गया। चूँकि उस समय नारायण के

माता पिता दिल्ली में उपस्थित नहीं थे, इसलिए डॉ. अंबेडकर और उनकी पत्नी ने 1, हार्डिंग एवेन्यू स्थित अपने निवास पर उनके अभिभावक बनकर सगाई की रस्म पूरी करवाई।

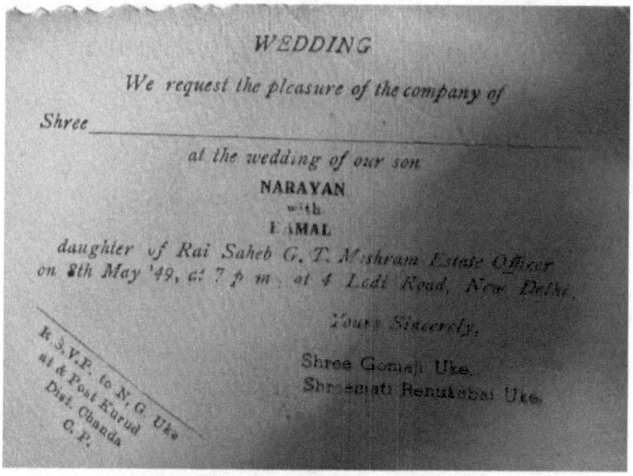

WEDDING

We request the pleasure of the company of

Shree ______________________

at the wedding of our son

NARAYAN

with

KAMAL

daughter of Rai Saheb G. T. Meshram Estate Officer on 8th May '49, at 7 p. m. at 4 Lodi Road, New Delhi.

Yours Sincerely,

Shree Gomaji Uke.

Shreemati Renukabai Uke.

R. S. V. P. to N. G. Uke at & Post Kurud Dist. Chanda C. P.

सगाई के बाद नारायण अपने गाँव लौटे ताकि अपने माता पिता को इस संबंध के बारे में स्वयं बता सकें। वे कुरूड गाँव गए और अपने माता पिता गोमाजी उके और रेणुका उके को साथ लेकर दिल्ली आए, ताकि वे कमल मेश्राम और उनके परिवार से मिल सकें। उके दंपति मेश्राम परिवार के घर पर ही ठहरे। मेश्राम बहनों ने आदरपूर्वक उन्हें दिल्ली घुमाया और शहर की प्रमुख ऐतिहासिक जगहें दिखाईं। वे सब मिलकर डॉ. अंबेडकर के घर भी गए। भेंट समाप्त होने पर जब वे विदा ले रहे थे, तब गोमाजी उके आदर से झुककर डॉ. अंबेडकर के चरण स्पर्श करने लगे, परंतु डॉ. अंबेडकर ने तुरंत उन्हें रोक लिया और विनम्रता से कहा, "आप मुझसे बड़े हैं, कृपया मेरे सामने मत झुकिए, मैं आपको नमस्कार करता हूँ।" इस क्षण में परस्पर सम्मान और सादगी का सुंदर दृश्य उपस्थित था।

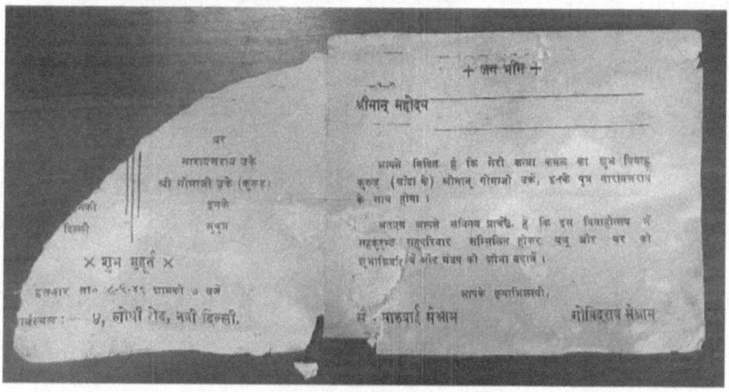

श्रीमान् महोदय

× शुभ मुहूर्त ×

४, लोधी रोड, नयी दिल्ली.

आपके कृपाभिलाषी,

विवाह का निमंत्रण पत्र

किसान होने के कारण, वे अपने खेतों को अधिक समय तक छोड़ नहीं सकते थे, गोमाजी उके और रेणुका उके ने शीघ्र ही कुरूड लौटने का निश्चय किया। वे महान नेता डॉ. अंबेडकर से मिलकर अत्यंत संतुष्ट थे और मेश्राम परिवार की आत्मीय मेहमाननवाज़ी से प्रभावित थे। विदा होते समय उन्होंने इच्छा व्यक्त की कि उनके अन्य बच्चे भी दिल्ली आकर विवाह समारोह में सम्मिलित हों। स्नेह के प्रतीक के रूप में उन्होंने कमल को एक साड़ी और एक अंगूठी भेंट की और आशीर्वाद देकर अपने गाँव वापस लौट गए।

4, लोदी रोड

उस वर्ष की गर्मियों में, 8 मई 1949 को, कमल और नारायण का विवाह 4, लोदी रोड स्थित निवास पर संपन्न हुआ। यह घर खान मार्केट के ठीक सामने था।

कुरूड से बारात आई और मेश्राम परिवार के रिश्तेदार भी नागपुर से दिल्ली पहुँचे।

जब कुरूड और नागपुर से आए अतिथि दिल्ली स्टेशन पहुँचे, तो उनका उत्साहपूर्वक स्वागत किया गया। उन्हें शान नगर, जहाँ बारात के ठहरने की व्यवस्था की गई थी, ले जाने के लिए मोटर गाड़ियाँ पहले से तैयार खड़ी थीं. बारात काफी बड़ी थी, क्योंकि हर गाड़ी में केवल दो अतिथि बैठाए गए थे, जिससे पूरे आयोजन में विशेष गरिमा दिखाई दे रही थी। नारायण नास्तिक थे और गोविंदराव विधिक प्रक्रिया में विश्वास रखते थे, इसलिए विवाह स्पेशल मैरिज एक्ट के अंतर्गत संपन्न हुआ। मजिस्ट्रेट स्वयं 4, लोदी रोड स्थित घर पर आए और वहीं विवाह का पंजीकरण किया गया। विवाह प्रमाणपत्र पर हस्ताक्षर करने के लिए तीन गवाह उपस्थित थे, जिनमें डॉ. बी. आर. अंबेडकर, मिस्टर जॉन मथाई केन्द्रीय वित्त मंत्री, और मिस्टर एन. वी. गाडगिल केन्द्रीय आवास और पावर मंत्री शामिल थे।

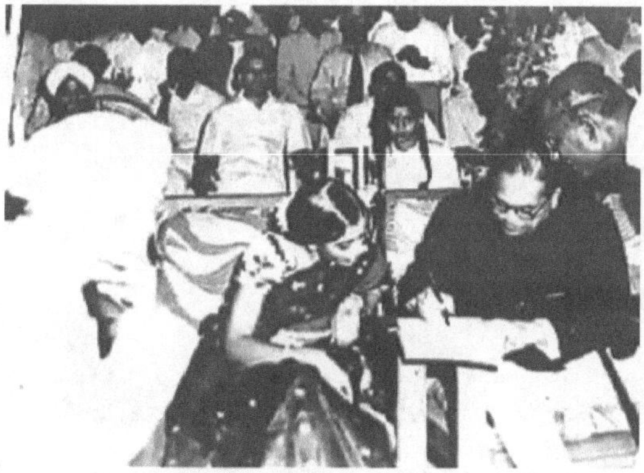

मैरिज सर्टिफिकेट पर हस्ताक्षर करते डॉ अंबेडकर

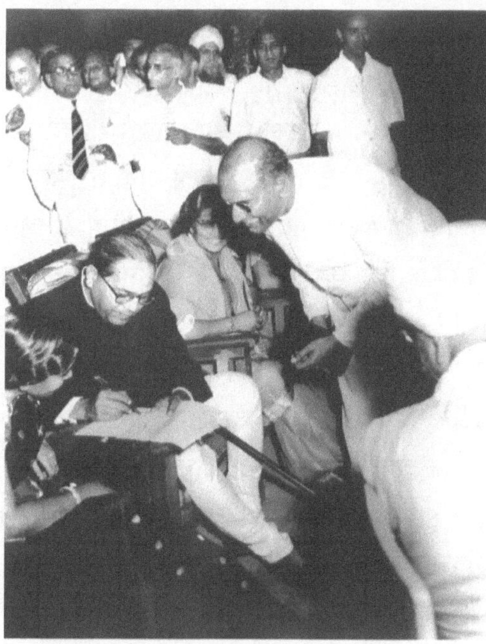

मैरिज सर्टिफिकेट पर हस्ताक्षर करते डॉ अंबेडकर

विवाह को औपचारिक स्वरूप देने के लिए माला बदलने और मंगलसूत्र बांधने जैसी सरल, गैर धार्मिक रस्में निभाई गईं। इन प्रतीकात्मक विधियों ने समारोह को आत्मीयता प्रदान की, जबकि पूरा विवाह विधिक प्रक्रिया के अंतर्गत सादगी और गरिमा के साथ संपन्न हुआ।

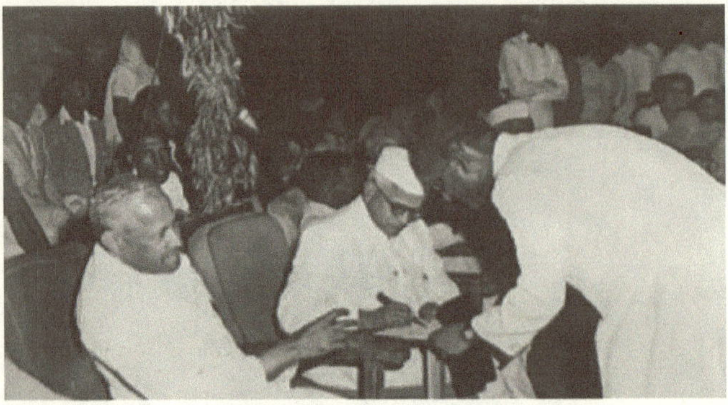

विवाह प्रमाण पत्र पर हस्ताक्षर करते श्री जॉन मथाई, श्री एनवी गाडगिल और राय साहब जीटी मेश्राम

शादी के बाद जो भोजन परोसा गया, वह बहुत शानदार था। पूरा खाना मांसाहारी था। मटन यहीं का था, लेकिन पॉमफ्रेट मछली और अल्फांसो आम खास तौर पर मुम्बई से हवाई जहाज़ से मंगवाए गए थे। उन दिनों शादियों में आम तौर पर मांसाहारी भोजन नहीं परोसा जाता था, लेकिन मेश्राम परिवार ने मटन और मछली दोनों परोसी। दिल्ली और नागपुर से आए मेहमानों के स्वाद का ध्यान रखा गया। नागपुर के लोगों के लिए ज़्यादा मसाले वाला मटन और दिल्ली के लोगों के लिए कम मसाले वाला खाना बनाया गया। भोजन की तैयारी दिल्ली के मशहूर होटलों ने की थी। शादी का इंतज़ाम इतना अच्छा था कि कई सालों तक लोग उसकी चर्चा करते रहे। बारात का पूरा ध्यान रखा गया। मेहमानों को दिल्ली घुमाने के लिए बस का इंतज़ाम किया गया और अगले दिन उन्हें आगरा ले जाकर ताजमहल दिखाया गया। कुरूड से नारायण के काका रामनाथ उके, उनके भाई जनार्दन, विठोबा और ताराचंद उके, पिंपलगांव से बहन सुलकाबाई के पति टिकवडू लांडगे, मौसेरे भाई धोंडू भाऊ और जनार्दन के दामाद दिनकर रामटेके आए थे। उसी शाम दिल्ली में एक और बड़ी शादी थी, जो मशहूर वैज्ञानिक डॉ. शांति स्वरूप भटनागर की बेटी की थी। डॉ. अंबेडकर दोनों शादियों में जाना चाहते थे, इसलिए तय किया गया कि कमल और नारायण की शादी पहले होगी, ताकि वे उसमें शामिल होकर दूसरी शादी में भी जा सकें।

यहाँ एक दिलचस्प घटना का ज़िक्र करना उचित होगा। सब लोग पंगत में बैठकर खा रहे थे और वेटर दूसरी बार मटन परोसने आए। वे बार बार पूछ रहे थे, "मीट? मीट? मीट?" लेकिन महाराष्ट्र से आए ज़्यादातर बाराती और घराती विनम्रता से मना करते जा रहे थे। वेटर हैरान थे कि इतना अच्छा खाना होने के बाद भी लोग दूसरी बार क्यों नहीं ले रहे हैं।

परोसने वाले सभी उत्तर भारतीय थे और वे सचमुच हैरान थे कि आखिर कोई भी एक और बार मटन क्यों नहीं लेना चाहता था।

कुछ देर बाद एक मराठी व्यक्ति को समझ आया कि असली वजह क्या थी। मेहमानों को लगा कि उन्हें मीट नहीं, बल्कि मीठ पूछा जा रहा है। मराठी में नमक को मीठ कहते हैं, जबकि मांस को आम तौर पर मटन कहा जाता है। भाषा के इस छोटे से फर्क ने ही पूरा भ्रम पैदा कर दिया था।

यह विवाह इसलिए भी यादगार बन गया क्योंकि दिल्ली के एक जाने माने नागरिक की बेटी की शादी थी। इस विवाह की तस्वीरें इलस्ट्रेटेड वीकली ऑफ इंडिया में भी प्रकाशित हुईं। कमल ने बनारस की शुद्ध सुनहरी तारों से बनी टिशू साड़ी पहनी थी, जो उन पर बहुत सुंदर लग रही थी, और नारायण ने इंग्लैंड का हल्के रंग का फॉर्मल सूट पहना था, जिससे उनका व्यक्तित्व सादगी और गरिमा के साथ निखर रहा था।

एन जी उके और कमल

22

शादी के बाद का जीवन

महाराष्ट्र में विवाह की रस्में पूरी होने के बाद एक रिवाज निभाया जाता है, जिसमें दुल्हन के मायके वाले उसे दूल्हे के घर छोड़ने जाते हैं, ताकि अपनी बेटी को विदा करके उसके नए घर में बसते हुए देख सकें। इसे फिरती बारात कहा जाता है। कमल की शादी के बाद भी यही परंपरा निभाई गई। नारायण और कमल, कमल की माँ और कुछ रिश्तेदार, वैनगंगा नदी के किनारे बसे छोटे से गाँव कुरूड के लिए रवाना हुए। नागपुर के आगे का इलाका कमल ने पहले कभी नहीं देखा था और वह दिल्ली और नागपुर से बिल्कुल अलग था। सबसे पहले वे दिल्ली से नागपुर ब्रॉड गेज ट्रेन से पहुँचे। नागपुर से उन्हें नैरो गेज ट्रेन से नागभीड़ जाना पड़ा, जहाँ कुछ घंटों तक इंतज़ार करना था। फिर दूसरी नैरो गेज ट्रेन से वडसा पहुँचे। वडसा स्टेशन पर दुल्हन के स्वागत के लिए सजी हुई बैलगाड़ियाँ तैयार खड़ी थीं। सभी फिरती बाराती उन्हीं बैलगाड़ियों में बैठे। बैलों के सींगों पर पीतल की घंटियाँ सजी थीं और उनके गलों में भी घंटियाँ बंधी थीं। गाड़ियों में गद्दे बिछे थे ताकि सफर आराम से हो सके। कुरूड विदर्भ के एक पिछड़े इलाके में था, जिसे झाड़ी क्षेत्र कहा जाता था। वहाँ पक्की सड़कें नहीं थीं।आने जाने का एकमात्र साधन बैलगाड़ी ही थी।

जब दुल्हन कमल कुरूड पहुँचीं, तो उन्होंने देखा कि घर काफ़ी बड़ा और सजा हुआ था। मुख्य गेट बहुत चौड़ा था और उस पर सुंदर डिजाइन वाला मेहराब बना था। गेट के अंदर दोनों ओर बैठने की जगह थी, जैसे किसी बड़े वाड़े में बैठक होती है। गेट के ऊपर दो कमरे बने थे और सामने की ओर खुलने वाली एक सुंदर गैलरी थी, जिसमें नक्काशीदार रेलिंग लगी थी। अंदर जाने पर एक बड़ा खुला आँगन था। एक तरफ़ गाय और बैल बंधे थे। गोमाजी उके किसान थे, वे बैलों की इज़्ज़त करते थे और उनकी अच्छी देखभाल की व्यवस्था भी की थी।सामने एक बड़ा हॉल था और पीछे एक लंबा कमरा था। घर सच में वाड़ा कहलाने लायक था, खुला और विस्तृत।

दुल्हन और बारात के स्वागत के लिए गाँव के प्रवेश पर एक पारंपरिक द्वार बनाया गया था। घर के मुख्य गेट के सामने भी एक और सजाया हुआ द्वार था, जिसे केले के पेड़ों और

गेंदे की मालाओं से सजाया गया था। गाँव के प्रवेश से लेकर घर तक की सड़क रंगीन झंडियों और फूलों से सजी थी। घर के आगे और पीछे शामियाना लगाया गया था। जैसे ही कमल घर की ओर बढ़ीं, लाउडस्पीकर पर फिल्म झूला का गीत बजने लगा, "मैं तो दिल्ली से दुल्हन लाया रे"। सचमुच नारायण अपनी दुल्हन को दिल्ली से कुरूड लाए थे और उनके स्वागत में पूरे मन से सुंदर इंतज़ाम किए गए थे।

रस्मों और पारंपरिक स्वागत के बाद मेहमानों ने भोजन किया और कुछ समय विश्राम किया। फिरती बारात के अधिकतर लोग शहर से आए थे और उन्होंने पहले कभी गाँव का जीवन नहीं देखा था, इसलिए उन्हें खेत, खुली ज़मीन, तालाब और सुंदर वैनगंगा नदी दिखाई गई। नारायण कुरूड के सबसे होशियार और पढ़े लिखे युवक माने जाते थे। उन्होंने न केवल अपने गाँव, बल्कि पूरे चांदा ज़िले का नाम रोशन किया था, इसलिए उनकी बहुत इज़्ज़त थी। अब जब वे लंदन से पढ़ाई पूरी करके लौटे थे और दिल्ली से दुल्हन लाए थे, तो आसपास के गाँवों में उत्सुकता स्वाभाविक थी। इसी कारण पड़ोस के कई गाँवों से लोग नई दुल्हन को देखने और नारायण का स्वागत करने कुरूड आए।

कमल को विवाह में बहुत सुंदर साड़ियाँ और काफ़ी आभूषण उपहार में मिले थे। इसलिए उनकी सास ने उनसे कहा कि वे दिन भर में कुछ कुछ समय बाद अपनी साड़ी और गहने बदलती रहें, ताकि गाँव से आए लोग उनके सभी कपड़े और आभूषण देख सकें। यह भी स्वागत और मान सम्मान दिखाने का एक तरीका माना जाता था।

दुल्हन और दूल्हे के कुरूड पहुँचने के अगले दिन पूरे गाँव को दोपहर के भोजन पर बुलाया गया। गोमाजी उके को साहूकार कहा जाता था और वे गाँव के सरपंच भी थे, इसलिए गाँव में उनकी बहुत इज़्ज़त और मान था।

जिन लोगों की यह मान्यता थी कि वे किसी दूसरे के हाथ का बना भोजन नहीं खाएँगे, उनके घरों में सीधा भेजा गया। सीधा में कच्चा सामान दिया जाता था, जिसे वे अपने घर में स्वयं पकाते थे। इस तरह वे भी उके परिवार की मेहमाननवाज़ी में शामिल हो सके और सम्मान के साथ भोजन का आनंद ले सके।

नारायण के दो बड़े भाई थे और उनकी पत्नियाँ द्रौपदी और पार्वती घर की बड़ी बहुएँ थीं। शहर से आए मेहमानों की देखभाल और खाने पीने का सारा इंतज़ाम वही संभाल रही थीं। वे कमल की माँ सारुबाई से पूछती थीं कि शहर के लोगों के स्वाद के अनुसार खाना कैसे बनाया जाए। गाँव में रोज़ का मुख्य भोजन चावल और दाल होता था, जिसमें काफ़ी

मिर्च डाली जाती थी। मटन और मछली में भी तीखापन अधिक होता था। सारुबाई ने उन्हें कम मिर्च के साथ पुलाव और मटन करी बनाना सिखाया। उन्होंने उन्हें पूरन पोडी बनाना भी सिखाया, जो मीठी रोटी होती है और खास मौकों पर बनाई जाती है।

सभी मेहमान वहाँ का ताज़ा और स्वादिष्ट आम्बिल पीकर बहुत खुश थे। यह गर्मियों में शरीर को ठंडक देने वाला पारंपरिक पेय था, जिसे बड़े स्नेह से परोसा गया और सबने उसका आनंद लिया।

कुरूड में तीन दिन रुककर और उके परिवार की आत्मीय मेहमाननवाज़ी का आनंद लेने के बाद, नागपुर से आई कमल की रिश्तेदार महिलाएँ और परिजन लौटने लगे। कमल के साथ आई हर महिला को साड़ी भेंट की गई और बच्चों को नए वस्त्र दिए गए। सबके सम्मान का पूरा ध्यान रखा गया। जब सभी महिलाएँ नागपुर के लिए रवाना हो गईं, तब कमल की माँ सारुबाई अपनी बेटी के साथ कुछ समय के लिए गाँव में ही ठहर गईं।

कमल बहुत सुंदर और गोरी थीं। गाँव के लोगों ने उन्हें देखकर आपस में कहना शुरू कर दिया कि नारायण ने शायद किसी ब्राह्मण लड़की से विवाह किया है। उस समय लोगों के मन में यह धारणा गहरी थी कि गोरा रंग और सुंदरता केवल ऊँची जाति की ब्राह्मण लड़कियों से जुड़ी होती है।

कुरूड में कुछ दिन बिताने के बाद कमल और नारायण को शिमला जाना था, लेकिन उसी समय विमल इलाज के लिए डॉ. मावलंकर के पास मुम्बई गई हुई थीं। उन्होंने आग्रह किया कि वे शिमला जाने के बजाय मुम्बई आ जाएँ। उनकी बात मान ली गई और दोनों मुम्बई पहुँच गए। मई 1949 में वे चर्चगेट के पास स्थित एस्टोरिया होटल में ठहरे, जहाँ उनके लिए एक कमरा तय किया गया था। यह एक सुखद संयोग था कि पूरे अड़सठ वर्ष बाद, 2 जून 2017 को, उज्ज्वल और विभा की बेटी तथा कमल और नारायण की पोती शायरी का विवाह मुम्बई में हुआ। परिवार के ठहरने की व्यवस्था जिस होटल में की गई, वहाँ पहुँचकर कमल को वह स्थान कुछ जाना पहचाना लगा। जब उन्होंने होटल का नाम देखा, तो वे भावुक हो उठीं, क्योंकि वही एस्टोरिया होटल था जहाँ वे 1949 में ठहरी थीं। समय जैसे एक सुंदर घेरा पूरा कर चुका था।

उज्ज्वल को यह जानकर बहुत खुशी हुई कि एक अनोखे संयोग से उसने अपने परिवार के ठहरने की व्यवस्था उसी होटल में की थी, जहाँ उसके माता पिता अपनी शादी के बाद ठहरे थे।

23

सेवा निवृत्ति

सन् 1942 में जब गोविंदराव ब्रिटिश इंडिया गवर्नमेंट सर्विस में एस्टेट ऑफिसर के पद पर नियुक्त हुए, तब उन्होंने अपने दायित्वों को अत्यंत कुशलता और निष्ठा के साथ निभाया। उनके उत्कृष्ट कार्य और समर्पण को देखते हुए ब्रिटिश गवर्नमेंट ऑफ इंडिया ने उन्हें राय साहेब की उपाधि प्रदान की। यह सम्मान अपनी कार्यकुशलता, ईमानदारी और अडिग चरित्र के लिए विशेष रूप से उन्हें दिया गया था। सन् 1952 में सेवा निवृत्ति के बाद अनेक प्रतिष्ठित औद्योगिक घरानों ने उन्हें अपने संस्थानों में उच्च पद संभालने का प्रस्ताव दिया। थापर् ग्रुप ने भी उन्हें बुलाया था क्योंकि उनके गुणों और दक्षता की ख्याति दूर तक फैली हुई थी।

जीटी मेश्राम की सेवानिवृति

8 जुलाई 1945 को बाबासाहेब ने पीपल्स एजुकेशन सोसाइटी की स्थापना की थी और उस संस्था में गोविंदराव प्रारंभिक सदस्यों में सम्मिलित होने के साथ साथ ट्रस्टी की जिम्मेदारी भी निभा रहे थे। सन् 1952 में जब बाबासाहेब औरंगाबाद में मिलिंद महाविद्यालय की स्थापना की तैयारी कर रहे थे, तब उन्होंने गोविंदराव से महाविद्यालय का रजिस्ट्रार पद संभालने का आग्रह किया। उन्होंने यह दायित्व सहर्ष स्वीकार किया और औरंगाबाद पहुँच गए।

महाविद्यालय की इमारत का निर्माण कार्य और पूरी व्यवस्था की देखरेख उन्हीं के जिम्मे सौंपी गई, जिसके पूर्ण होने के बाद उन्हें औपचारिक रूप से रजिस्ट्रार का पद ग्रहण करना था। वे पूरे मनोयोग से निर्माण कार्य में जुट गए। उनके कुशल प्रबंधन और सटीक योजना के कारण इमारत अत्यंत कम समय में तैयार हो गई और अंत में केवल गुंबद का निर्माण शेष रह गया था।

मिलिंद विद्यालय, औरंगाबाद की साइट

एक दिन जब गोविंदराव निर्माणाधीन गुंबद का कार्य देखने के लिए सीढ़ियाँ चढ़ रहे थे, तभी उन्हें दूसरा हृदयाघात हुआ। उस समय औरंगाबाद अपेक्षाकृत छोटा नगर था और वहाँ चिकित्सा सुविधाएँ सीमित थीं। यह समाचार मिलते ही कमल और नारायण, जो उस समय हीराकुड में थे, तुरंत उनकी सेवा और देखभाल के लिए औरंगाबाद पहुँचे। आवश्यक दवाइयाँ मुम्बई से मँगानी पड़ीं और नारायण डॉक्टर द्वारा लिखी गई औषधियाँ लाने के लिए लगातार मुम्बई आना जाना करते रहे। जैसे ही डॉ. अंबेडकर को इस घटना की जानकारी मिली, उन्होंने अपने निजी चिकित्सक डॉ. मावलंकर को तत्काल औरंगाबाद जाने का निर्देश दिया, पर किसी कारणवश उनके पहुँचने में एक दिन का विलंब हो गया। जब तक वे वहाँ पहुँचे, तब तक परिस्थिति हाथ से निकल चुकी थी। 10 अप्रैल 1953 को मात्र 58 वर्ष की आयु में गोविंदराव का निधन हो गया। उनके अंतिम संस्कार में बड़ी संख्या में लोग उपस्थित हुए। वे प्रथम विश्व युद्ध के पूर्व सैनिक रहे थे, इसलिए सेना ने उन्हें औपचारिक सम्मान के साथ विदाई दी। बाद में सैन्य अधिकारियों ने कहा कि यदि उन्हें पहले यह ज्ञात होता कि वे प्रथम विश्व युद्ध के सैनिक थे, तो उनका उपचार सेना के अस्पताल में कराया जाता। गोविंदराव नारायण को अपने पुत्र के समान स्नेह देते थे। उनकी इच्छा थी कि अंतिम अग्नि नारायण ही दें और

उनकी कार तथा पेन का संग्रह भी नारायण को सौंप दिया जाए, किन्तु नारायण उके ने विनम्रता से कार और पेन स्वीकार नहीं किए।

गोविंदराव, जिन्हें लोग सम्मानपूर्वक राय साहब जी टी मेश्राम के नाम से जानते थे, अपने जीवन को अत्यंत सलीके और गरिमा के साथ जीने वाले व्यक्ति थे। उनका व्यक्तित्व स्वच्छ, प्रभावशाली और आकर्षक था। पहनावे और रहन सहन में उनकी पसंद अत्यंत उम्दा थी और वे घर के भीतर भी पूरे साज सज्जा और शिष्टता के साथ रहते थे। दिन के अलग अलग समय के अनुसार उनके वस्त्र और जूते सहेजकर रखने के लिए एक वैले नियुक्त था। उनके यहाँ एक बटलर और एक रसोइया भी था, जो साफ सुथरे और सुंदर मेजपोश पर उत्तम बर्तनों के साथ स्वादिष्ट व्यंजन परोसता था। उन्होंने अपने जीवन में अनेक घनिष्ठ मित्र बनाए थे और सामाजिक रूप से भी वे अत्यंत प्रिय थे। उन्होंने अपने जीवन स्तर को इतना ऊँचा और अनुशासित बना लिया था कि लोग उन्हें आदर्श मानते थे और उनके जैसा बनने का प्रयास करते थे।

अपने स्टाफ के साथ राय साहब जीटी मेश्राम

उन्होंने उन अनेक लोगों की सहर्ष सहायता की, जो नई बनी भारत सरकार में रोजगार की आशा लेकर दिल्ली पहुँचे थे। ऐसे लोगों के लिए उनका घर सच्चे अर्थों में आश्रय स्थल बन जाता था। विशेष रूप से नागपुर से आने वाले व्यक्तियों के लिए उनके द्वार सदैव खुले रहते थे। जब तक उन्हें उपयुक्त नौकरी और रहने की व्यवस्था नहीं मिल जाती, तब तक वे उनके आउटहाउस में सम्मानपूर्वक ठहर सकते थे। इस प्रकार उन्होंने केवल शब्दों से नहीं, बल्कि अपने व्यवहार और उदारता से भी लोगों का संबल बनकर उनका मार्ग प्रशस्त किया।

बैठे हुए - सारूबाई, विमल, कमल, चंदा के साथ अरुणा
खड़े हुए - सिद्दार्थ के साथ जीटी मेश्राम, वर्षा के साथ रामकृष्ण

पिता के निधन के बाद कमल गहरे शोक में डूब गई थी। उनका जाना उसके लिए ऐसा आघात था कि कई दिनों तक वह एक गिलास पानी भी नहीं पी सकी। मन और शरीर दोनों जैसे शिथिल हो गए थे। धीरे धीरे समय ने उसे संभलने की शक्ति दी, यद्यपि उस रिक्तता को भर पाना संभव नहीं था। जीवन अपनी गति से आगे बढ़ता है, इसलिए कमल और नारायण अपने साथ सारुबाई और विमल को लेकर हीराकुड लौट आए। कुछ समय बाद विमल को सेंट्रल वॉटर एंड पावर कमीशन में कार्य करने का अवसर मिल गया, जिससे परिवार को नए सिरे से स्थिरता मिली।

गोविंदराव का निधन केवल एक व्यक्ति की मृत्यु नहीं था, बल्कि सच अर्थों में एक युग का समापन था। साधारण और आर्थिक रूप से संघर्षपूर्ण परिस्थितियों में पले उस बालक ने जीवन की अनेक कठिनाइयों का सामना किया, पर अपनी अथक मेहनत, दृढ़ संकल्प और निरंतर प्रयासों के बल पर वह ऊँचाइयों तक पहुँचे। उन्होंने सम्मान और प्रतिष्ठा के उस स्तर को प्राप्त किया, जहाँ वे देश के तीन प्रमुख महानगरों तथा भारत की ग्रीष्मकालीन राजधानी के प्रशासनिक प्रबंध के लिए उत्तरदायी बने। भारत के विभाजन के बाद जब असंख्य विस्थापित लोग दिल्ली पहुँचे, तब उन्हें भूमि और संपत्ति के आवंटन की महत्वपूर्ण जिम्मेदारी सौंपी गई। उन्होंने अकेले ही इन शहरों की सम्पत्तियों का संचालन अत्यंत कुशलता और निष्पक्षता से किया और अपने कार्यकाल में पूर्णतः ईमानदार बने रहे। उनकी सत्यनिष्ठा, परिश्रम, समर्पण और उत्कृष्ट प्रशासनिक क्षमता की व्यापक सराहना हुई। सेवा निवृत्ति के वर्षों बाद भी लोग उन्हें सम्मानपूर्वक स्मरण करते हैं और उनके आदर्श व्यक्तित्व की चर्चा करते हैं।

दिल्ली छोड़ने के पश्चात रामकृष्ण नागपुर लौट गए और अपने पिता के घर में ही बस गए। उस घर का नाम बदलकर स्नेहपूर्वक मेश्राम बिल्डिंग रखा गया। नारायण ने उन्हें कोल इंडिया में रोजगार प्राप्त करने में सहयोग दिया और उनकी नियुक्ति उमरेड में हुई, जबकि उनका परिवार नागपुर में ही निवास करता रहा। मेश्राम बिल्डिंग का भूतल डॉ. मधुकर वासनिक को किराये पर दिया गया था और वे कई वर्षों तक वहीं रहे। सन् 1973 में रामकृष्ण को हृदयाघात हुआ और अस्पताल ले जाते समय उनका निधन हो गया। समय के साथ उनके दोनों पुत्रों ने अपने जीवन में उल्लेखनीय उपलब्धियाँ प्राप्त कीं। सिद्धार्थ ने अभियंत्रण की शिक्षा पूरी कर इंजीनियर्स इंडिया लिमिटेड में कार्य प्रारंभ किया, जबकि जयंत ने भारत सरकार की सेवा में प्रवेश किया। उनकी पुत्री चंदा ने स्नातकोत्तर उपाधि प्राप्त करने के बाद इंडियन इकोनॉमिक सर्विस के अधिकारी श्री पी आर डोंगरे के साथ विवाह किया। सन् 1949 में जन्मे सिद्धार्थ गोविंदराव के प्रथम और अत्यंत प्रिय पौत्र थे, जिनसे उन्हें विशेष स्नेह था।

सारुबाई ने अपने बचपन में अभाव और गरीबी का कठिन समय देखा था, किंतु राय साहब से विवाह के बाद उनका जीवन मानो रानी जैसा सम्मान और सुविधा से भर गया। पति के निधन के पश्चात उन्हें फिर से संघर्षपूर्ण परिस्थितियों का सामना करना पड़ा। विमल के सेंट्रल वॉटर एंड पावर कमीशन में कार्यरत होने के बाद सारुबाई उसी के साथ रहने लगीं, क्योंकि विमल लंबे समय तक अविवाहित रहीं। हैदराबाद में उनका जीवन पहले से बिल्कुल भिन्न था। वहाँ न तो कोई नौकर था और न ही वैसा विशाल घर, जहाँ कई सहायकों के लिए अलग कक्ष थे। वे दोनों सादगी से, अपने बल पर जीवन यापन कर रही थीं। जब मैं नौ वर्ष की थी, तब कुछ समय के लिए हैदराबाद में उनके साथ रही। मैं उन्हें स्नेह से आई कहकर पुकारती थी। वे मेरे खेलने के लिए कपड़ों की कतरनों से सुंदर गुड़िया बनाती थीं, जिनमें उनका सारा ममत्व झलकता था। बाद में हैदराबाद में ही विमल का विवाह करसनभाई पटेल से हुआ, जो उसी विभाग में कार्यरत थे। कुछ समय बाद उनका तबादला चांदा हो गया और वे अपनी माता सारुबाई तथा अपने पुत्र अजीत के साथ वहाँ रहने लगीं, जबकि उनके पति हैदराबाद में ही रहे। सन् 1966 में सारुबाई का देहांत हो गया, जिससे विमल और अजीत अकेले रह गए। विमल ने अपनी सेवा जारी रखी और छोटे से अजीत का लालन पालन पूरी निष्ठा से किया। मई 1973 में जब उन्हें अपने भाई रामकृष्ण के आकस्मिक निधन का समाचार मिला, तो उन्हें गहरा सदमा लगा और वे इस आघात को सहन नहीं कर सकीं। भाई के निधन के एक सप्ताह के भीतर ही उन्हें भी तीव्र हृदयाघात हुआ और उनका देहांत हो गया। अजीत अकेला रह गया, इसलिए कमल और नारायण उसे अपने साथ ले आए और

वह कुछ वर्षों तक उनके संरक्षण में रहा। बाद में उसके पिता कमल के संपर्क में बने रहे और कुछ वर्षों पश्चात अजीत को अपने साथ गुजरात ले गए।

इस तस्वीर में बाएं से बैठे हुए - राधाबाई कांबले, कीर्तिबाई पाटिल, सुलोचना डोंगरे, डॉ. बाबासाहेब अंबेडकर, इंदिराबाई पाटिल, डीजी जाधव और जाईबाई चौधरी

बाएं से खड़े - सुखराम कावड़े, जीटी मेशराम, प्रभावती रामटेके, ललिताबाई गजभिये (डोंगरे), राजाराम मून और आरपी पाटिल

30-09-1994

जीटी मेश्राम का 100वां जन्मदिन - 30-09-1994

किताब 3

कमल, एन जी उके
और
उनके बच्चों
की कहानी

उके परिवार 1960 सुनील, एनजी , कमल, उज्जवल
खड़े हुए - वर्षा

उज्जवल, नारायण, कमल, वर्षा और सुनील 08-05-1999

1

पुणे, दिल्ली, हीराकुड

सन् 1949 का समय था। भारत एक नया गणराज्य बना था और आज़ादी के बाद अपने भविष्य को आकार दे रहा था। देश पहली बार अपने चुने हुए प्रतिनिधियों के हाथों में था और हर भारतीय के मन में अपने राष्ट्र को आगे बढ़ाने का उत्साह था। लोग चाहते थे कि वे अपने नए देश को मजबूती से खड़ा करने में अपनी पूरी शक्ति लगा दें। पहली पंचवर्षीय योजना तैयार हो चुकी थी और देश के विकास के लिए कई नई संस्थाएँ बनाई जा रही थीं। उस समय के प्रधानमंत्री जवाहरलाल नेहरू ने योजनाबद्ध विकास की राह चुनी और खेती, उद्योग तथा पेशेवर क्षेत्रों में उच्च शिक्षा को बढ़ावा देने पर विशेष ध्यान दिया, ताकि देश आत्मनिर्भर और मजबूत बन सके।

इस नये दौर में नदियों पर बाँध और इस्पात कारखाने स्थापित किए गए और उन्हें आधुनिक भारत के मंदिर कहा गया, क्योंकि माना जाता था कि यही देश की तरक्की की मजबूत नींव बनेंगे। नारायण को अपनी पहली नियुक्ति मिलिट्री इंजीनियरिंग सर्विस में मिली और उनकी पोस्टिंग पुणे में हुई। वे और कमल दिल्ली से ट्रेन द्वारा पुणे के लिए रवाना हुए। दोनों प्रथम श्रेणी के डिब्बे में यात्रा कर रहे थे। कमल ने उस समय बहुत से आभूषण पहन रखे थे और एक सुंदर बनारसी टिशू साड़ी धारण की हुई थी, जिससे उनका व्यक्तित्व और भी आकर्षक लग रहा था। उसी डिब्बे में कुछ अन्य यात्री भी थे। बातचीत के दौरान उन्होंने नारायण से पूछा कि वे कहाँ के रहने वाले हैं। नारायण ने सहज भाव से बताया कि वे कुरूड के हैं। यह सुनकर यात्रियों ने अनुमान लगाया कि यह दंपति कोल्हापुर जिले की कुरुंदवाड़ रियासत से संबंध रखते होंगे और कमल के भव्य वस्त्रों तथा गहनों को देखकर उन्होंने उन्हें किसी शाही परिवार का सदस्य समझ लिया।

पुणे में कुछ समय बिताने के बाद नारायण का तबादला दिल्ली कैंट में हो गया। दिल्ली पहुँच कर वे दोनों कमल के माता पिता के साथ 4 लोदी रोड स्थित घर में रहने लगे। नई जगह पर जीवन फिर से व्यवस्थित होने लगा। नारायण प्रतिदिन साइकिल से दिल्ली कैंट स्थित अपने कार्यालय जाया करते थे।

कुरुड में माता-पिता के साथ वर्षा

20 अप्रैल 1950 को दरियागंज स्थित डॉ. सीता सेन के नर्सिंग होम में नारायण और कमल के घर एक बेटी ने जन्म लिया। उस समय समाज की सोच कुछ अलग थी। नारायण को यह अनुभव थोड़ा विचित्र लगा, क्योंकि जहाँ वे बधाई की अपेक्षा कर रहे थे, वहीं लोगों ने उन्हें सांत्वना देते हुए कहा, कोई बात नहीं, लक्ष्मी आई हैं। कुछ ने तो यह भी कहा कि अगली बार अवश्य बेटा होगा। नारायण स्त्री पुरुष समानता में विश्वास रखते थे, इसलिए उन्हें दिलासा नहीं, बल्कि सच्ची खुशी के शब्दों की प्रतीक्षा थी। इसी वर्ष 14 मई 1950 को रामकृष्ण मेश्राम और अरुणा के घर दूसरी संतान के रूप में चंदा का जन्म हुआ। सिद्धार्थ, चंदा और वर्षा तीनों बच्चे 4 लोदी रोड स्थित बंगले के बड़े लॉन में साथ खेलते कूदते बड़े हुए और बचपन की अनेक स्मृतियाँ वहीं सँजोईं। डॉ अंबेडकर ने मेरी माँ को मेरे लिए दो नाम सुझाए, वर्षा और विद्या। मेरी माँ ने मेरा नाम वर्षा रखा।

वैनगंगा पर कमल और वर्षा

उसी समय देश में जल स्रोतों की खोज, बड़े बाँधों के निर्माण और बिजली उत्पादन की सुव्यवस्थित योजना के लिए सेंट्रल वॉटर एंड पावर कमीशन (CW&PC) बनाया गया था। इसी संस्था में नारायण को असिस्टेंट एग्जीक्यूटिव इंजीनियर का पद मिला और उनकी नियुक्ति उड़ीसा में महानदी पर बन रहे हीराकुड बाँध परियोजना में हुई। हीराकुड उस समय केवल एक परियोजना स्थल था। निकटतम रेलवे स्टेशन झारसुगुड़ा में था और थोड़ा विकसित छोटा शहर संबलपुर लगभग पंद्रह किलोमीटर दूर स्थित था। हीराकुड न तो पूर्ण रूप से शहर था, न कस्बा और न ही साधारण गाँव। वहाँ रहना अपने आप में एक अलग अनुभव था। ऐसी परियोजनाओं में कर्मचारियों के पद के अनुसार अलग अलग आवासीय कॉलोनियाँ बनाई जाती हैं। नारायण को नदी के किनारे तीन स्तरों पर फैले विशाल बगीचे वाला एक बड़ा बंगला दिया गया। उनके पास एक जीप और काम के लिए सहायकों की एक टीम भी थी। बंगले के पीछे मुर्गियों के पालन के लिए बड़ा सा दड़बा बनाया गया था। चूँकि घर महानदी के बिल्कुल पास था, इसलिए बगीचे में अक्सर साँप दिखाई दे जाते थे। चौकीदार हमेशा एक मोटा बाँस जिसके सिरे पर लोहे की नुकीली टोपी लगी रहती थी लेकर सतर्क रहता था। घर के सभी दरवाज़े जाली वाले दोहरे बनाए गए थे, ताकि कीड़े मकोड़े या साँप भीतर प्रवेश न कर सकें।

नारायण ने लंदन में इंजीनियरिंग की पढ़ाई की थी। वहाँ उन्होंने ऐसा माहौल देखा था जहाँ पद के आधार पर लोगों के बीच दूरी नहीं बनाई जाती थी। सब एक दूसरे को उनके नाम से पुकारते थे और किसी वरिष्ठ अधिकारी के लिए सर जैसे शब्द का प्रयोग नहीं किया जाता था। वही आदत वे भारत लौटने के बाद भी निभाते रहे। कार्यस्थल पर वे सभी सहकर्मियों और अधिकारियों को नाम से संबोधित करते थे। भारत में दफ्तरों की पारंपरिक व्यवस्था और ऊँच नीच पर आधारित व्यवहार के साथ तालमेल बिठाना उन्हें कठिन लगता था। उनके वरिष्ठ अधिकारियों को उनका यह तरीका पसंद नहीं था और वे इसे उनका अहंकार समझ बैठे थे। इसी दौरान गोविंदराव अपने काम के सिलसिले में कलकत्ता जाया करते थे और वहाँ से झारसुगुड़ा होते हुए हीराकुड आकर हमसे मिलते थे। उनके घनिष्ठ मित्र कंवर सेन, जो उस समय दिल्ली में सेंट्रल वॉटर एंड पावर कमीशन के अध्यक्ष थे, ने उन्हें सलाह दी कि वे यह सुनिश्चित करें कि उनका दामाद सरकारी सेवा में ही बना रहे और निजी क्षेत्र में न जाए। उनका मानना था कि नारायण अपने स्वभाव के कारण कभी भी अधिकारियों की पारंपरिक अपेक्षाओं के अनुसार स्वयं को बदल नहीं पाएगा और निजी क्षेत्र की कठोर पदक्रम व्यवस्था में सहज नहीं रह सकेगा।

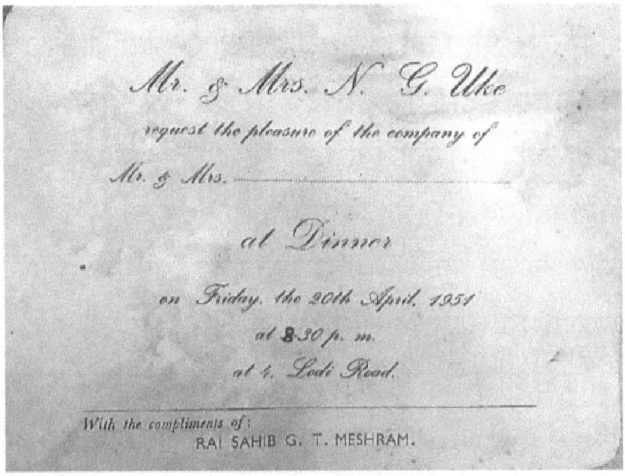

Mr. & Mrs. N. G. Uke

request the pleasure of the company of

Mr. & Mrs. ....

at Dinner

on Friday, the 20th April, 1951

at 8.30 p. m.

at 4, Lodi Road.

With the compliments of:

RAI SAHIB G. T. MESHRAM.

पहले जन्मदिन का निमंत्रण पत्र

गोविंदराव ने नारायण के उज्ज्वल भविष्य को देखते हुए उन्हें ऑस्ट्रेलिया भेजने का प्रस्ताव रखा, क्योंकि वहाँ उस समय योग्य इंजीनियरों की आवश्यकता थी और उनके लिए अच्छे अवसर उपलब्ध थे। यह उनके लिए पेशेवर रूप से बहुत लाभदायक सिद्ध हो सकता था। किंतु नारायण का मन अपने देश से गहराई से जुड़ा हुआ था। वे मानते थे कि जिस मिट्टी ने उन्हें जन्म दिया और जिन लोगों के सहयोग से वे आगे बढ़े, उनके प्रति उनका कर्तव्य है। वे अपनी शिक्षा और क्षमता का लाभ अपने ही देश को देना चाहते थे। इसी भावना के कारण उन्होंने ऑस्ट्रेलिया जाने का प्रस्ताव विनम्रतापूर्वक अस्वीकार कर दिया और भारत में रहकर ही सेवा करने का निर्णय लिया।

हीराकुड में कार्य का वातावरण उत्साह से भरा हुआ था और वहाँ रहते हुए कमल और नारायण ने एक सुखद और सक्रिय सामाजिक जीवन भी बना लिया था। 8 जनवरी 1954 को बुर्ला में उनके दूसरे बच्चे, एक पुत्र का जन्म हुआ, जिससे परिवार में नई खुशी आई। उसी समय के आसपास एक अवसर ऐसा भी आया जब प्रधानमंत्री जवाहरलाल नेहरू हीराकुड पहुँचे। उन दिनों प्रधानमंत्री के चारों ओर कड़ी सुरक्षा व्यवस्था नहीं होती थी। वे खुली जीप में यात्रा कर रहे थे और आगे की सीट पर खड़े होकर लोगों का अभिवादन कर रहे थे। वे बीच बीच में जीप से उतरकर भीड़ से मिलते और आत्मीयता से हाथ हिलाते थे। लोग उत्साह में उन पर फूल मालाएँ उछाल रहे थे। नेहरू उन मालाओं को हँसते हुए पकड़ते और फिर स्नेहपूर्वक वापस लोगों की ओर उछाल देते थे। उसी समय सुनील, जो नारायण के कंधों पर बैठा हुआ था, उन गिने चुने लोगों में से एक रहा, जिसके गले में नेहरू द्वारा उछाली गई माला सीधे आकर पड़ी थी। यह क्षण परिवार के लिए लंबे समय तक यादगार बना रहा।

जब भी गोविंदराव हीराकुड आते थे, वे कलकत्ता के रास्ते ही आते और वहाँ के कमलालय डिपार्टमेंटल स्टोर से मेरे लिए सुंदर स्मोकिंग कढ़ाई वाली फ्रॉक लेकर आते थे। मुझे उनके लाए कपड़े बहुत अच्छे लगते थे। एक बार वे मेरे लिए ऐसी गुड़िया लाए जिसकी आँखें खुलती और बंद होती थीं। वह मेरी सबसे प्यारी गुड़िया बन गई और मैं उसे हर शाम अपने साथ ऑफिसर्स क्लब ले जाती थी। एक दिन मम्मी और डैडी सुनील को प्रैम में बैठाकर क्लब जा रहे थे और मैं अपनी गुड़िया हाथ में लेकर उनके साथ चल रही थी। तभी मित्तल अंकल ने हँसते हुए कहा, "वर्षा, मुझे तुम्हारी गुड़िया बहुत पसंद है, क्या तुम मुझे दे दोगी"? कहते हैं कि मैंने एक पल सोचा और फिर सहजता से कहा, "हाँ अंकल, आप मेरी गुड़िया ले सकते हैं, लेकिन बदले में आपको प्रैम में लेटे अपना गुड्डा मुझे देना होगा" यह सुनते ही सब लोग चकित रह गए। मित्तल अंकल जोर से हँस पड़े और डैडी से बोले, "आपकी बेटी तो सच में एटम बम है।"

वर्षा का दूसरा जन्मदिन

हीराकुड के स्थानीय विद्यालय में मैंने लकड़ी की तख्ती पर कलम से लिखना सीखा। उस समय मेरी उम्र केवल चार वर्ष थी, पर बताया जाता है कि मैंने जिद पकड़ ली थी कि मुझे उसी स्कूल में पढ़ना है जहाँ हमारे पड़ोसी की बेटी शशि पढ़ती थी। बाद में जब मैं पाँच वर्ष की हुई, तो मुझे कटक के सेंट जोसेफ कॉन्वेंट में ले जाकर बोर्डिंग में दाखिला दिलाया गया। शुरू में सब कुछ नया था, पर धीरे धीरे मैं वहाँ पूरी तरह घुलमिल गई। मुझे मम्मी डैडी से दूर रहकर भी डर या घबराहट नहीं हुई और मैं आत्मविश्वास के साथ वहाँ रहने लगी।

कमल एक बहुत सुरक्षित और नियंत्रित माहौल में पली बढ़ी थीं, जहाँ उन्हें अपने निर्णय स्वयं लेने की अनुमति नहीं मिलती थी। वे स्वभाव से शांत और अंतर्मुखी थीं, इसलिए उन्हें नए मित्र बनाने में कठिनाई होती थी। फिर भी हीराकुड जैसी छोटी और जुड़ी हुई जगह में रहने का लाभ उन्हें मिला। धीरे धीरे अन्य महिलाएँ उनसे मित्रता करने लगीं। वे सब दोपहर में एक साथ बैठती थीं, अपने छोटे बच्चों के लिए स्वेटर बुनती थीं, कढ़ाई करती थीं और कपड़े सिलती थीं। एक सहेली ने उन्हें डाकघर में खाता खुलवाने में सहायता की और नियमित बचत करने की सलाह दी। दूसरी ओर नारायण का स्वभाव भिन्न था। वे आज में जीने पर विश्वास करते थे। वे भविष्य के डर से अधिक बचत करने में विश्वास नहीं करते थे। उन्होंने जीवन बीमा में निवेश किया था और भविष्य निधि में भी बचत करते थे। इसलिए उन्हें लगता था कि यह व्यवस्था उनके आने वाले समय के लिए पर्याप्त है और आगे की चिंता में वर्तमान को बोझिल बनाने की आवश्यकता नहीं है। कमल जो भी बचत करती थीं, उसे बाद में नारायण का परिवार कुरूड और उसके आसपास जमीन खरीदने में लगाता था।

नारायण के माता पिता और उनके भाई विठोबा तथा ताराचंद हीराकुड में उनसे मिलने आए। वहाँ की व्यवस्थित जीवनशैली और बनते हुए विशाल बाँध को देखकर वे बहुत प्रसन्न हुए। उन्हें यह देखकर गर्व भी हुआ कि नारायण इतने बड़े कार्य से जुड़े हुए हैं। नारायण चाहते थे कि उनके छोटे भाई ताराचंद को बेहतर अवसर मिलें, इसलिए वे उन्हें अपने साथ हीराकुड ले आए, ताकि उनकी पढ़ाई में सहायता कर सकें। कुछ समय तक ताराचंद वहीं रहे, पर बाद में वे नागपुर लौट गए और वहीं रहकर अपनी उच्च शिक्षा पूरी की।

हीराकुड में वर्षा और सुनील

नारायण की डायरी के कुछ हिस्से

शनिवार 12 मार्च 1955

उन्होंने उस घटना को इन शब्दों में लिखा:

"11 तारीख को सुबह साढ़े दस बजे एक तार आया था। मैं उसे संबलपुर से लौटने के बाद ही शाम करीब चार बजे देख सका। तार में लिखा था, पिता जी गंभीर रूप से बीमार हैं- जनार्दन। यह संदेश पढ़ते ही मैं हीराकुड से जीप द्वारा झारसुगुड़ा के लिए निकल पड़ा। वहाँ से मेल ट्रेन पकड़कर 14 तारीख की सुबह लगभग तीन बजे नागपुर होते हुए कुरूड पहुँचा। वडसा स्टेशन पर मेरी मुलाकात ताराचंद से हुई। उनके दो पेपर अभी शेष थे, इसलिए मैंने उन्हें वापस नागपुर भेज दिया। तब ताराचंद ने मुझे बताया कि पिताजी का 12 तारीख को शाम करीब चार बजे देहांत हो गया था। उनकी आयु लगभग पचासी वर्ष थी। यह केवल हमारे परिवार के लिए ही नहीं, बल्कि पूरे कुरूड के लिए बहुत बड़ा आघात था।

बाबा समाज में सबके लिए बहुत आदरणीय थे। उनके निधन पर सभी ने गहरा दुख व्यक्त किया। भले ही वे पढ़े लिखे नहीं थे, फिर भी बहुत समझदार, दूरदर्शी, भले और विचारशील थे। उनकी मदद से अनेक लोगों को लाभ मिला था

लोग कहते हैं कि कुरूड और इस पूरे इलाके में उनके जैसा व्यक्ति न पहले हुआ था और न आगे होगा। सभी ने उनकी खुलकर प्रशंसा की। मुझे इस बात का गहरा दुख है कि मैं उनके जीते जी आखरी बार उनसे मिल नहीं सका और उनसे बात भी नहीं कर पाया। उन्होंने जीवन में कई बड़ी उपलब्धियाँ हासिल की थीं। वे जो कहते थे, वह अक्सर सच साबित होता था। वे सोच में बहुत आगे थे और उनका जाना सच में बहुत बड़ा नुकसान है। 14 तारीख को उनकी देह को वैनगंगा नदी के किनारे ले जाकर अंतिम संस्कार किया गया। उसी शाम शोक सभा हुई, जिसमें परवेकर और दिनकर राव रामटेके ने उनके गुणों, उनके फैसलों और लोगों की भलाई के लिए किए गए उनके कामों को याद किया। पिछली बार जब वे हीराकुड आए थे, तब मैंने कभी उनसे थोड़ा रूखा व्यवहार किया था, जिसका मुझे गहरा पछतावा है। अब वे इस दुनिया में नहीं हैं, पर मुझे उन पर बहुत गर्व है। उनके जैसा इंसान मिलना कठिन है। यदि उन्हें पढ़ने लिखने का अवसर मिला होता, तो वे देश के प्रमुख लोगों में गिने जाते, क्योंकि उनमें वैसी योग्यता थी। अपनी बात तर्क से रखने और मनवाने की उनमें अद्भुत क्षमता थी। यह मेरे जीवन की सबसे बड़ी क्षति है। सुना है कि उन्होंने कहा था कि समाधि बनवाना व्यर्थ है और वे अपने लिए ऐसा कुछ नहीं चाहते। इसके स्थान पर वे खेत में एक कुआँ और सड़क के पास एक बगीचा बनवाना चाहते थे, ताकि राहगीरों को लाभ मिले और

लोग उन्हें याद रखें। शोक सभा में श्री पारवेकर ने कहा कि यहाँ के विद्यालय को मजबूत और पक्का बनाने की जिम्मेदारी उन्होंने ही उठाई थी। हर जाति और हर वर्ग के लोगों ने उनके निधन पर दुख व्यक्त किया। ताराचंद पिछली रात नहीं पहुँच सके थे। पिताजी रविवार 6 तारीख से अस्वस्थ थे और वे मुझे याद करते हुए यह सोचते रहते थे कि ट्रेन अब तक किस स्टेशन पर पहुँची होगी।"

6 दिसंबर 1956 को हीराकुड में नारायण और कमल अपने मित्र पानीग्रही जी के घर गए हुए थे। वे एक आईपीएस अधिकारी थे और हीराकुड बाँध परियोजना में सुरक्षा प्रमुख के रूप में काम कर रहे थे। तभी देशपांडे जी का फोन आया। उन्होंने पूछा कि क्या उन्होंने रेडियो पर खबर सुनी है। फिर उन्होंने बताया कि रेडियो पर यह समाचार चल रहा है कि डॉ अंबेडकर का निधन हो गया है। यह सुनते ही नारायण और कमल गहरे सदमे में आ गए। यह खबर उन्हें भीतर तक तोड़ गई।

नारायण की डायरी का एक हिस्सा

6 दिसंबर 1956

उन्होंने यह लिखा था:

"डॉ बाबासाहेब अंबेडकर के निधन की खबर सुनकर मुझे गहरा सदमा लगा। बताया गया कि वे सुबह मृत अवस्था में पाए गए। पिछली रात वे देर से सोए थे और तब तक सब कुछ सामान्य था। मैंने तुरंत बॉम्बे में माई और यशवंत को एक्सप्रेस लेट फीस तार भेजा। एक महान व्यक्ति, इस समय भारत के सबसे महान नेताओं में से एक, हमें छोड़कर चले गए। यह अनुसूचित जाति के लिए बहुत बड़ा आघात है। पूरा समाज जैसे बिना पिता और बिना मार्गदर्शक के हो गया है। उनका भविष्य अब अनिश्चित दिखाई देता है। एम वी दरडे ने बॉम्बे रेडियो पर बोलते हुए डॉ अंबेडकर की एक सीख याद दिलाई थी। उन्होंने कहा था कि सितारों की तरह स्वयं चमको, धरती की तरह दूसरों से रोशनी मत लो। अपने निर्णय स्वयं लो और किसी पर निर्भर मत रहो। यह अनुसूचित जाति समाज और बौद्ध धर्म दोनों के लिए अपूरणीय क्षति है। इस महान व्यक्ति को मेरा विनम्र प्रणाम।"

हीराकुड बाँध का उद्घाटन 1957 में हुआ था। इस विशाल परियोजना को पूरा करने वाले इंजीनियरों के नाम सम्मान के साथ हीराकुड बाँध के जवाहर गेट पर लिखे गए। उन नामों में नारायण का नाम भी शामिल है, जो उनके परिश्रम और योगदान की पहचान के रूप में आज भी वहाँ दर्ज है।

2

कोटा और नागार्जुनसागर 1956-1959

सन् 1956 में नारायण को सेंट्रल वॉटर एंड पावर कमीशन के टेक्निकल ट्रेनिंग सेंटर में डिप्टी डायरेक्टर बनाकर कोटा भेजा गया, जहाँ उनका कार्यकाल सीमित रहा, क्योंकि लगभग छह महीने बाद ही उन्हें नागार्जुन सागर बाँध परियोजना के टेक्निकल ट्रेनिंग सेंटर में भेज दिया गया, यह आंध्र प्रदेश में कृष्णा नदी पर बन रहा था और हैदराबाद से लगभग 154 किलोमीटर दूर था। हीराकुड के विशाल बंगले और खुले वातावरण के विपरीत यहाँ की स्थिति बिल्कुल अलग थी, क्योंकि रहने की व्यवस्था एक छोटी पहाड़ी पर की गई थी और जब वे वहाँ पहुँचे तो स्थायी मकान अभी तैयार नहीं हुए थे, इसलिए अधिकारियों को अस्थायी घरों में रहना पड़ा और उन्हीं साधारण हालात में सबने मिलकर नए प्रोजेक्ट की शुरुआत की।

नागार्जुन सागर पहुँचने पर नारायण को तीन बेडरूम, रसोई, स्नानघर और बैठक वाली एक बड़ी हटमेंट दी गई, जिसकी छत छप्पर की थी। पास में मिलर और नॉल रहते थे, जो अमेरिका से विशेषज्ञ के रूप में आए थे। उन दिनों तबादले के समय सामान बड़े स्टील के बक्सों में ले जाया जाता था। कमल के पास दो बड़े और सुंदर ट्रंक थे, जिन पर मजबूत कुंडियाँ और येल ब्रैंड के ताले लगे थे। एक शाम जब उन्हें एक रात्रिभोज में जाना था, तब कमल ने अपनी कीमती साड़ियों वाला बक्सा खोला ताकि पहनने के लिए एक साड़ी चुन सकें, पर बक्सा पूरी तरह खाली था। उनकी वे सभी महंगी साड़ियाँ, जो विवाह के समय माता पिता, मित्रों और परिचितों ने भेंट की थीं, और जिनमें शुद्ध सोने की जरी से बुनी रेशमी साड़ियाँ भी थीं, सब चोरी हो चुकी थीं।

मुझे सिकंदराबाद के सेंट ऐन हाई स्कूल में बोर्डिंग में दाखिला दिलाया गया। वहाँ मैंने तीसरी भाषा के रूप में तेलुगु पढ़ना शुरू किया। उस समय मेरी उम्र नौ वर्ष थी। स्कूल में लाइब्रेरी का एक खास समय होता था, जिसमें हमें रोज एक शब्दकोश के साथ बैठकर नए शब्द और उनके अर्थ सीखने होते थे। शुरू में यह काम थोड़ा कठिन लगता था, लेकिन धीरे

धीरे मुझे इसका आनंद आने लगा। इसी अभ्यास ने सच में मेरी शब्दावली बढ़ाने में बहुत मदद की और भाषा पर मेरी पकड़ मजबूत होती गई।

सुनील, वर्षा ,उज्वल - नागार्जुनसागर

जब हिल टॉप कॉलोनी में रहने के लिए पक्के मकान तैयार हो गए, तब नारायण को वहीं एक बड़ा बंगला मिला। ये सभी बंगले अर्धवृत्त के आकार में एक कतार में बने थे और हमारा घर उस पंक्ति का पहला मकान था। शुरुआत में आसपास सन्नाटा था और घरों के सामने की जमीन ऊबड़ खाबड़ तथा खाली पड़ी थी। उसी खुले हिस्से को आगे चलकर बगीचे में बदलना था। नारायण ने तुरंत काम शुरू करवाया। उन्होंने नदी किनारे से डंपरों में मिट्टी भरकर पहाड़ी की चोटी तक मंगवाने की व्यवस्था की। जमीन को पहले बराबर किया गया, फिर उसमें उपजाऊ मिट्टी डालकर उसे समतल और साफ बना दिया गया। उनकी पहल देखकर आसपास के घरों की महिलाओं ने भी अपनी जमीन ठीक करवाने की इच्छा जताई। धीरे धीरे पूरी कॉलोनी में सुंदर बगीचे बन गए और हर घर का बगीचा अपनी अलग सुंदरता के साथ खिल उठा।

सुनील उस समय लगभग तीन वर्ष का था। उसे धनुष बाण से खेलना बहुत पसंद था। वह अपनी पीठ पर तीरों से भरा तरकश टांगे रहता और हाथ में धनुष लेकर लॉन में घूमता रहता था। उसे गुलेल चलाने का भी शौक था। वह अपने छोटे से कल्पनालोक में अकेले ही

वीर योद्धा बन जाता था और बगीचे में इधर उधर घूमते हुए किसी भी काल्पनिक दुश्मन पर हमला करने के लिए हमेशा तैयार रहता था।

मेरे सबसे छोटे भाई उज्ज्वल का जन्म 17 दिसंबर 1957 को नागपुर के म्यूर मेमोरियल अस्पताल में हुआ। उस समय नारायण और कमल अक्सर यात्रा पर रहते थे और उज्ज्वल भी बचपन से ही उनके साथ हर जगह जाता था। वह बहुत छोटी उम्र से ही सफर का आदी हो गया था। नारायण के मित्र हँसते हुए कहा करते थे, यह बच्चा तो सड़कों पर ही बड़ा हो रहा है।

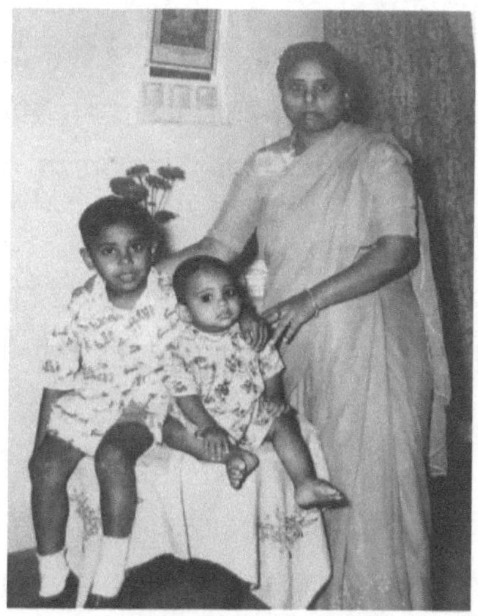

कमल, सुनील, उज्ज्वल

टेक्निकल ट्रेनिंग सेंटर में कई प्रशिक्षु थे और उनके पाठ्यक्रम के अनुसार उन्हें पढ़ाई से जुड़ी जगहों पर शैक्षणिक भ्रमण के लिए ले जाना आवश्यक होता था। उस वर्ष यह तय किया गया कि उन्हें तुंगभद्रा बाँध और कृष्णराज सागर बाँध दिखाए जाएँ, साथ ही बैंगलोर में भारत इलेक्ट्रॉनिक्स लिमिटेड, भारत अर्थ मूवर्स लिमिटेड और हिंदुस्तान एयरोनॉटिक्स लिमिटेड जैसे सरकारी संस्थानों का भी दौरा कराया जाए। इस यात्रा के दौरान उन्हें हम्पी, हालेबिड, होस्पेट, श्रवणबेलगोला और मैसूर के प्रसिद्ध वृंदावन गार्डन देखने का अवसर भी मिलने वाला था।

यह एक सड़क यात्रा थी जिसमें प्रशिक्षुओं से भरी बस निकल पड़ी थी। कार्यक्रम इस तरह बनाया गया था कि सभी मैसूर में होने वाला प्रसिद्ध दशहरा उत्सव भी देख सकें। मैसूर

का दशहरा सच में शाही अंदाज में मनाया जाता है। राजमहल रोशनी से जगमगा उठता है और पुराने समय की तरह दरबार सजाया जाता है। जैसे पहले राजा अपने राज्य का शासन चलाते थे, वैसे ही लोग राजपरिवार के सामने जाकर सम्मान प्रकट करते और अपनी भेंट अर्पित करते थे। बदले में उन्हें उपहार दिए जाते थे। बाद में राजा पारंपरिक राजसी वेशभूषा में सजे हुए हाथी के हौदे पर विराजमान होकर नगर भ्रमण करते थे और पूरा शहर इस भव्य शोभायात्रा का साक्षी बनता था।

यह सड़क यात्रा हमारे लिए सीखने और समझने का एक बहुत अच्छा अवसर साबित हुई, क्योंकि इस दौरान हमने तुंगभद्रा डैम, वृंदावन गार्डन, हम्पी और बैंगलोर को नजदीक से देखा। इन ऐतिहासिक और महत्वपूर्ण स्थानों को देखने से हमारी समझ और भी व्यापक हुई। खासकर हम्पी के खंडहरों को देखकर हमें विजयनगर साम्राज्य की समृद्ध संस्कृति और वैभव के बारे में बहुत कम उम्र में ही जानने का अवसर मिला, जो हमारे लिए एक यादगार और ज्ञानवर्धक अनुभव था।

सन् 1958 में उस समय के कैबिनेट मंत्री मोरारजी देसाई टेक्निकल ट्रेनिंग सेंटर(टी टी सी)के दौरे पर आए थे। उनके इस दौरे पर एक डॉक्यूमेंट्री फ़िल्म बनाई गई, जिसमें अधिकतर भाग में नारायण द्वारा बाँध परियोजना और टीटीसी के कार्य के बारे में दिया गया उनका व्याख्यान दिखाया गया था। उन दिनों यह नियम था कि हर सिनेमा घर में मुख्य फ़िल्म शुरू होने से पहले एक डॉक्यूमेंट्री अवश्य दिखाई जाती थी। इन फ़िल्मों में देश में हो रही प्रगति और विकास के कार्यों को प्रस्तुत किया जाता था। नारायण और उनके मित्र विशेष रूप से अपनी ही परियोजना पर बनी डॉक्यूमेंट्री देखने गए थे, और उसी के साथ उन्हें फ़िल्म हावड़ा ब्रिज भी देखने का अवसर मिल गया।

इंसान जाग उठा फिल्म के लिए पार्टी
सितारे और क्रू

नारायण स्वभाव से बहुत मिलनसार, हँसमुख और लोगों से जुड़कर रहने वाले व्यक्ति थे। सन् 1958 में जब शक्ति सामंत अपनी फ़िल्म "इंसान जाग उठा" की शूटिंग के लिए नागार्जुन सागर आए, तब वहाँ का वातावरण ही बदल गया। इस फ़िल्म में सुनील दत्त, मधुबाला, निशि, मीनू मुमताज, मदन पुरी, नासिर हुसैन, बिपिन गुप्ता सहित पूरी टीम कई दिनों तक वहीं ठहरी रही। नारायण ने उनके सम्मान में एक स्नेहभोज का आयोजन किया, जिससे सबको फ़िल्म जगत को करीब से देखने और समझने का अवसर मिला। मधुबाला के पिता, जो हमेशा उनके साथ बाहरी शूटिंग पर जाते थे, उन्हें काम के अलावा कहीं और जाने की अनुमति नहीं देते थे, इसलिए वे उस पार्टी में शामिल नहीं हो सकीं।

ऐसा माना जाता है कि नागार्जुन सागर का नाम आचार्य नागार्जुन के नाम पर रखा गया, जो दूसरी सदी में महायान बौद्ध धर्म के प्रमुख गुरु थे। उस समय यह स्थान बौद्ध शिक्षा का बड़ा केंद्र था और यहाँ अनेक बौद्ध विश्वविद्यालय और मठ स्थित थे, जहाँ चीन, गांधार, बंगाल और श्रीलंका से विद्यार्थी पढ़ने आते थे। दूसरी सदी की शुरुआत में यहाँ तीस से अधिक बौद्ध विहार थे। खुदाई के दौरान इस प्राचीन विश्वविद्यालय और बौद्ध संस्कृति से जुड़ी कई महत्वपूर्ण मूर्तियाँ, लेख और अवशेष मिले, जिनसे उसके गौरवशाली इतिहास की जानकारी मिली। जब नागार्जुन सागर बाँध बनाया जा रहा था, तब यह तय किया गया कि पुराने खंडहरों को सुरक्षित स्थान पर ले जाया जाए, क्योंकि यह पूरा क्षेत्र बनने वाले विशाल जलाशय के नीचे डूबने वाला था। अधिकांश स्मारकों और अवशेषों को निकालकर नागार्जुनकोंडा की पहाड़ी पर स्थापित किया गया, जहाँ 1966 में एक संग्रहालय बनाया गया। इस सावधानी के कारण कोई महत्वपूर्ण धरोहर नष्ट नहीं हुई और आज भी लोग उस संग्रहालय में जाकर इन ऐतिहासिक वस्तुओं को सुरक्षित और व्यवस्थित रूप में देख सकते हैं।

उन दिनों नागार्जुनसागर में मुख्य अभियंता जाफर अली थे, जिन्हें लोग नवाब साहब के रूप में भी जानते थे। जब उनकी बेटी का विवाह तय हुआ, तो हैदराबाद में होने वाले उस भव्य समारोह में अधिकारियों को भी आमंत्रित किया गया। शादी का आयोजन अत्यंत शानो शौकत से किया गया था। एक बड़े कक्ष में दुल्हन को दहेज में दी जाने वाली लगभग दो सौ साड़ियाँ सलीके से सजाकर रखी गई थीं, ताकि सब उन्हें देख सकें। एक अन्य कमरे में काँच के दरवाजों वाली अलमारियाँ थीं, जिन पर ताले लगे थे और वे कीमती आभूषणों से भरी हुई थीं। यह सब दहेज का खुला प्रदर्शन था, जो उस समय के रईसों की जीवन शैली को दर्शाता था। वह दौर अमीर घरानों, महाराजाओं और नवाबों के ठाठ बाट और पुरानी शान का समय था, जब संपन्नता और दिखावे को गौरव की तरह प्रस्तुत किया जाता था।

3

बिहार
1959-1965

नागार्जुनसागर में लगभग तीन वर्ष बिताने के बाद नारायण का तबादला बिहार के भुरकुंडा कर दिया गया। उस समय आजादी के बाद के शुरुआती वर्ष थे और नई सरकार देश की प्रशासनिक व्यवस्था को मजबूत और व्यवस्थित बनाने में लगी थी। सामान्य प्रशासन के लिए इंडियन एडमिनिस्ट्रेटिव सर्विस पहले से कार्यरत थी, इसलिए यह विचार किया गया कि तकनीकी योग्यता रखने वाले अधिकारियों के लिए भी एक अलग व्यवस्था हो, ताकि वे सरकार और उसकी औद्योगिक इकाइयों में उच्च और मध्य स्तर के प्रबंधन पद संभाल सकें। इसी उद्देश्य से 1957 में इंडस्ट्रियल मैनेजमेंट पूल की स्थापना की गई, जिसमें दो सौ अधिकारियों के पद स्वीकृत थे। 1959 में परीक्षा और चयन प्रक्रिया पूरी होने के बाद एक सौ तीस अधिकारी इस सेवा में शामिल किए गए। नारायण ने भी इस नई सेवा को चुना और उनका चयन हो गया। इसके बाद वे देश में किसी भी सरकारी निगम या औद्योगिक इकाई में नियुक्ति पाने के योग्य हो गए।

इंडस्ट्रियल मैनेजमेंट पूल से नारायण की पहली नियुक्ति नेशनल कोल डेवलपमेंट कॉर्पोरेशन में हुई, जिसका मुख्य कार्यालय रांची में स्थित था। उन्हें बिहार राज्य के करनपुरा क्षेत्र में स्थित भुरकुंडा कोलियरी में पदस्थ किया गया। यह क्षेत्र कोयला उत्पादन के लिए महत्वपूर्ण माना जाता था और वहाँ की जिम्मेदारी संभालना उनके लिए एक नई चुनौती और अवसर दोनों था।

बिहार वह भूमि है जो लगभग ढाई हजार वर्ष पहले बौद्ध धर्म का प्रमुख केंद्र रही थी। यहीं बोधगया में गौतम बुद्ध को ज्ञान प्राप्त हुआ और वैशाली में महावीर का जन्म हुआ। समय बीतने के साथ बौद्ध धर्म की वह पुरानी महिमा मंद पड़ गई और नालंदा तथा विक्रमशिला जैसे महान शिक्षाकेंद्र आज केवल खंडहरों और स्मृतियों में रह गए। कभी यही प्रदेश प्राचीन मगध साम्राज्य का हृदय था, जिसका विस्तार अफगानिस्तान से बांग्लादेश तक और कश्मीर से विंध्य पर्वत के दक्षिण तक फैला हुआ था। तीसरी सदी ईसा पूर्व से चौथी सदी ईस्वी तक

इस क्षेत्र ने भारतीय इतिहास की दिशा तय की। अशोक, बिंबिसार, अजातशत्रु, नंद वंश के शासक, चंद्रगुप्त मौर्य, समुद्रगुप्त, गुप्त और पाल शासकों ने इसी धरती से शासन किया। यह वही समृद्ध भूमि थी जहाँ से साम्राज्य उठे और पूरे देश पर अपनी छाप छोड़ गए। सम्राट अशोक ने देश भर में शिलालेख और स्तूप बनवाए, जिन पर बुद्ध के संदेश अंकित थे। पत्थरों पर उकेरे गए इन लेखों में शासन के नियम, नैतिक उपदेश और प्रजा के लिए आचरण की बातें लिखी गई थीं। सचमुच, बिहार का इतिहास अत्यंत गौरवपूर्ण और समृद्ध रहा है।

कोलियरी में जीवन, बाँध परियोजनाओं से बिल्कुल अलग था। यह पूरा इलाका कोयला क्षेत्र था, इसलिए चारों ओर कोयले की धूल फैली रहती थी। सप्ताह में एक बार बड़ा डंपर आता और हर घर के पीछे आँगन में कच्चे कोयले का ढेर गिरा देता। यही कोयला घर के चूल्हे में ईंधन के रूप में इस्तेमाल होना था। तय मात्रा में कोयला डालने के बाद मजदूरों का दूसरा दल आता और उस ढेर को आग लगा देता। कच्चा कोयला सीधे खदान से आता था, इसलिए उसे पूरी रात जलने दिया जाता था। सुबह तक वह जलकर नरम कोक में बदल जाता था, जिसे रसोई में आसानी से ईंधन के रूप में उपयोग किया जा सकता था।

घर का पिछला आँगन बहुत बड़ा था, इसलिए गर्मियों में हम सब लोग खुले आकाश के नीचे तारों की छाँव में सोते थे। उन शांत रातों में नारायण हमें आकाश की ओर देखकर अलग अलग नक्षत्रों की पहचान कराते थे। वे हमें ग्रेट बेयर, नॉर्थ स्टार, ग्रेट ओरियन, लिटिल ओरियन, मिल्की वे और कई अन्य तारामंडलों के बारे में समझाते थे।

हर शाम लगभग चार बजे एक मिठाई बेचने वाला कॉलोनी में आ जाता था। वह अपने कंधों पर एक लंबा डंडा रखता था, जिसके दोनों सिरों पर कपड़े की बड़ी गठरी थैली की तरह बंधी होती थी। उन थैलों के भीतर अलग अलग बर्तन रखे होते थे। हर बर्तन में ताज़ा बनी मिठाइयाँ सजी रहती थीं, जैसे रसगुल्ले, पंतुआ, राजभोग, लवंगलता और संदेश। ये सब दूध से तैयार की गई घर जैसी ताज़ी और स्वादिष्ट मिठाइयाँ होती थीं। क्योंकि उसके पास कोई दुकान या अतिरिक्त खर्च नहीं था, इसलिए वह इन्हें उचित दाम पर बेचता था और लोग बड़े चाव से उससे मिठाई खरीदते थे।

दशहरा और दुर्गा पूजा से पहले साड़ी बेचने वाले भुरकुंडा आ जाते थे। वे बड़ी सफेद चादरों में सुंदर हथकरघा से बुनी साड़ियाँ बाँधकर लाते थे। घर पर आकर वे चादर बिछाते और एक एक साड़ी खोलकर दिखाते। क्योंकि ये साड़ियाँ बुनकर स्वयं बेचते थे, इसलिए बीच में किसी व्यापारी का हिस्सा नहीं होता था और कीमत उचित रहती थी। कमल ने ऐसे ही

विक्रेताओं से कुछ ढाकाई और जामदानी साड़ियाँ खरीदी थीं, जिनकी बुनाई बहुत नाजुक और सुंदर थी।

जब हम भुरकुंडा में रह रहे थे, तब हमारी चचेरी बहन चंद्रप्रभा अपने पति एन पी कांबले के साथ हमसे मिलने आईं। चंद्रप्रभा नारायण के बड़े भाई जनार्दन की बेटी थीं और एन पी रेलवे में कार्यरत थे। उनका विवाह प्रेम विवाह था और परिवार के कुछ लोग इससे संतुष्ट नहीं थे, क्योंकि एन पी संपन्न परिवार से नहीं थे। मेरे माता पिता विचारों से आगे बढ़े हुए थे और वे ऐसे युवाओं का साथ देते थे जिन्हें अपने घर से पूरा समर्थन नहीं मिल पाता था। नारायण ने कुरूड में अपने परिवार को पत्र लिखकर इस विवाह की अनुमति देने का आग्रह किया। उनके समझाने के बाद विवाह तो हुआ, पर बहुत साधारण ढंग से। जब चंद्रप्रभा भुरकुंडा हमसे मिलने आईं, तब कमल ने एक माँ की तरह उनका स्वागत किया और उन्हें जरी की किनारी और बूटी वाली सुंदर हरी बनारसी साड़ी, सोने का एकदानी मोतियों का हार, सोने के झुमके, नाक की लौंग, चाँदी की पायल और बिछिया भेंट कीं, जबकि एन पी के लिए सूट का कपड़ा और शर्ट का कपड़ा दिया। हम बच्चे मजाक में एन पी को नया पैसा कहकर बुलाते थे, क्योंकि 1 अप्रैल 1957 से देश में नई दशमलव मुद्रा प्रणाली लागू हुई थी और पुराने पैसे की जगह नया पैसा चलन में आया था।

जब उज्ज्वल लगभग तीन वर्ष का था, तब वह गंभीर रूप से बीमार पड़ गया और निमोनिया के कारण उसे रांची के एक नर्सिंग होम में भर्ती कराना पड़ा। उस समय हम सब बहुत चिंतित थे। उपचार के बाद जब वह धीरे धीरे ठीक हुआ, तब डॉक्टर ने कमल से कहा कि बच्चे का विशेष ध्यान रखा जाए। इसके बाद कमल उसके स्वास्थ्य को लेकर बहुत सावधान रहने लगीं और उसका हर तरह से ध्यान रखती थीं। उसके लिए गरम ऊनी सूट सिलवाया जाता था और उसे बहुत दुलार से पाला जाता था। शायद इसी कारण मैं और सुनील उसे चिढ़ाते भी थे और हल्के फुल्के मजाक करते थे। नर्सिंग होम में रहते हुए,वह पुस्तकालय से पुस्तक मँगवाता और तस्वीरें देखता। उसे अपने पास किताबें रखना अच्छा लगता था। उसकी प्रिय किताब पंच एंड जूडी थी, जिसमें ढेर सारी तस्वीरें और मजेदार चित्र बने थे। डॉक्टर ने प्यार से उसका नाम पंडित रख दिया था। वहाँ की नर्सें और डॉक्टर उससे बहुत स्नेह करते थे, क्योंकि वह शांत स्वभाव का था, डॉक्टर की बात ध्यान से सुनता था और कभी जिद या नखरे नहीं करता था।

वर्षा, उज्ज्वल, सुनील - भुरकुंडा

नारायण खदान के तकनीकी काम से सीधे जुड़े नहीं थे, वे प्रबंधन से संबंधित जिम्मेदारियाँ संभालते थे। इसलिए जब एनसीडीसी में सेंट्रल स्टोर्स विभाग की स्थापना हुई, तो उन्हें सर्विस मैनेजर बनाकर बरकाकाना भेज दिया गया। उनका कार्यालय उनके आवासीय क्वार्टर के ठीक सामने था, जिससे आना जाना बहुत आसान हो गया। बरकाकाना में रेलवे स्टेशन भी था और वह रामगढ़ छावनी के पास स्थित था। यहाँ का जीवन भुरकुंडा की तुलना में अधिक सहज और व्यवस्थित था। घर बड़ा और खुला था और पूरा वातावरण कुछ अधिक शहरी और सुविधाजनक महसूस होता था।

उज्ज्वल उस समय बहुत छोटा था और उसे घर में यह सिखाया जा रहा था कि वह किसी से भी बात करते समय तू की जगह आप कहे। उसने यह बात मन से मान ली और रोज की बातचीत में सबको आप कहकर पुकारने लगा। एक दिन हम सब पास की टाउनशिप पतरातू जाने की तैयारी कर रहे थे। तभी नारायण ने जल्दी मचाते हुए कहा, चलो बच्चों, जल्दी करो, हमें पतरातू के लिए देर हो रही है। उज्ज्वल को यह सुनकर अजीब लगा। उसे लगा कि पतरातू शब्द में तू आ रहा है, जो नहीं बोलना चाहिए। उसने तुरंत नारायण को रोका और मासूम गंभीरता से कहा कि पतरातू नहीं, पत्रा आप कहना चाहिए। उसकी यह बात सुनकर सब हँस पड़े, पर उसकी सादगी और तर्क ने सबका दिल जीत लिया।

भुरकुंडा में पढ़ाई की अच्छी व्यवस्था नहीं थी, इसलिए सुनील और मेरा दाखिला नामकुम स्थित बिशप वेस्टकॉट बॉयज़ स्कूल और बिशप वेस्टकॉट गर्ल्स स्कूल में कराया

गया, जो एक सैन्य क्षेत्र में थे। बाद में हमें हज़ारीबाग के माउंट कार्मेल हाई स्कूल भेजा गया, जहाँ से सुनील आगे चलकर सेंट ज़ेवियर्स बॉयज़ स्कूल में चले गए। हज़ारीबाग बहुत सुंदर और सुहावने मौसम वाली जगह थी, इसलिए कलकत्ता के संपन्न लोग यहाँ हवा पानी बदलने आया करते थे। वे ट्रेन से गिरिडीह पहुँचते और वहाँ से पुश पुश नाम की गाड़ी से हज़ारीबाग जाते, जिसे लोगों को धक्का देकर खींचना पड़ता था। रास्ता पहाड़ी था, बीच में नदियाँ आती थीं और कभी कभी जंगली जानवरों या डाकुओं का सामना भी हो जाता था। सन् 1885 में रवींद्रनाथ टैगोर ने भी इसी मार्ग से यात्रा की थी और अपने लेखन में इसका उल्लेख किया। हज़ारीबाग की जेल भी प्रसिद्ध रही है, जहाँ स्वतंत्रता आंदोलन के दौरान कई बड़े नेताओं को बंद रखा गया था। डॉ राजेंद्र प्रसाद को भी यहीं कैद किया गया था और जयप्रकाश नारायण को 1942 के भारत छोड़ो आंदोलन के बाद इसी जेल में रखा गया था। कहा जाता है कि वे स्थानीय लोगों द्वारा लाई गई 53 धोतियों को जोड़कर बनाई गई रस्सी की मदद से वहाँ से निकल भागे थे।

माउंट कार्मेल में पढ़ते समय मैंने कई ऐसे मित्र बनाए जो जीवन भर मेरे साथ जुड़े रहे। कोडरमा की अमिता सामन्तों दान, जो माइका खदानों के मालिक की बेटी थीं, अब बरहामपुर में रहती हैं। नीलिमा रॉय सिन्हा, जिनके पिता गिडी कोलियरी में एनसीडीसी के एक लोकप्रिय डॉक्टर थे, अब पुरुलिया में रहती हैं और वहाँ एक महाविद्यालय की प्राचार्या के पद से सेवानिवृत्त हुईं। जयश्री नायर पन्निकर, जिनके पिता रांची में एनसीडीसी के जाने माने अधिकारी थे, अब इंग्लैंड के ल्यूटन नगर में रहती हैं। सुदेशना सेन चक्रवर्ती अब कोलकाता में रहती हैं। ये मित्रताएँ मेरे जीवन की अमूल्य स्मृतियों का हिस्सा हैं।

सन् 1962 में अचानक चीन के साथ युद्ध शुरू हो गया। पूरे देश में हैरानी और अविश्वास का माहौल था, क्योंकि किसी ने सोचा भी नहीं था कि एक पड़ोसी देश भारत पर हमला कर देगा। भारत गुट निरपेक्ष नीति पर चलने वाला देश था, बुद्ध की धरती था और पंचशील के सिद्धांतों में विश्वास रखता था। चीन के साथ संबंध पहले अच्छे माने जाते थे और हिंदी चीनी भाई भाई का नारा हर जगह सुनाई देता था। जब युद्ध छिड़ा तो लोगों को लगा मानो विश्वास के साथ धोखा हुआ हो। माहौल एकदम बदल गया और जो नारा पहले अपनापन दिखाता था, वह अचानक खत्म हो गया। उन दिनों कलकत्ता और कई पूर्वी शहरों में अनेक चीनी मूल के लोग रहते थे, जिनके रेस्टोरेंट, जूते बनाने की दुकानें, चमड़े का व्यापार और दंत चिकित्सा के क्लीनिक थे। युद्ध के बाद उन्हें डर और संदेह का सामना करना पड़ा। कुछ रेस्टोरेंट ने तो जल्दी से अपने नाम बदल लिए और स्वयं को जापानी बताने लगे। जब देश के वित्त मंत्री

मोरारजी देसाई ने युद्ध के लिए सहयोग की अपील की, तो महिलाओं ने अपने पहने हुए गहने तक दान कर दिए। लोग घर घर जाकर चादर फैलाकर सहायता एकत्र करते थे और बड़ी मात्रा में धन जमा होता था। फिल्म कलाकार और प्रसिद्ध गायक खुले ट्रकों में घूमकर लोगों से योगदान की अपील करते थे और जनता दिल खोलकर दान देती थी। देश के लिए लोगों की भावनाएँ अत्यंत प्रबल थीं। यह युद्ध 20 अक्टूबर से 21 नवंबर 1962 तक चला। हिमालय के ठंडे क्षेत्रों में तैनात सैनिकों के लिए देश भर की महिलाओं ने ऊनी टोपियाँ, मफलर और स्वेटर बुनना शुरू कर दिया, ताकि हमारे जवानों को सर्दी से बचाया जा सके।

चीनी हमले की खबर से सुनील और स्कूल के दूसरे लड़के बहुत आहत और क्रोधित थे। उनके मन में गहरा दुख और रोष था। अपनी भावनाएँ व्यक्त करने के लिए उन्होंने बगीचे में एक गड्ढा खोदा और चीन के प्रधानमंत्री चाउ एन लाई तथा चेयरमैन माओ त्से तुंग की तस्वीरें उसमें दबा दीं।

बरकाकाना में रहते समय नारायण गंभीर रूप से बीमार पड़ गए। जाँच के बाद पता चला कि उनकी किडनी में पथरी है। वहाँ की चिकित्सा सुविधाएँ बहुत साधारण थीं और कई आवश्यक दवाएँ आसानी से उपलब्ध नहीं होती थीं। ऐसे में कमल को अपने मित्रों की सहायता लेनी पड़ी, जो कलकत्ता जाकर दवाएँ लाकर देते थे। दवाओं के साथ साथ जौ का पानी और रात भर भिगोई हुई कुलथी दाल का पानी नियमित रूप से दिया जाने लगा। इन घरेलू उपायों और उपचार से धीरे धीरे उनका दर्द कम होने लगा और उनकी स्थिति में सुधार आया।

नारायण अत्यंत ईमानदार अधिकारी थे और स्टोर्स विभाग के प्रमुख के रूप में कार्य कर रहे थे। वे अपने काम में सख्त और सजग रहते थे और किसी भी प्रकार के गैर कानूनी या गलत काम को होने नहीं देते थे। इसी कारण उन्होंने कई लोगों की नाराजगी भी मोल ले ली थी। उनकी साफ नीयत और कठोर रवैये से कुछ लोग असंतुष्ट थे और उनकी जान को खतरे की बातें भी फैलने लगी थीं। यहाँ तक कि यह अफवाह भी उड़ाई गई कि यदि उन्होंने ढील नहीं दी तो उनके सबसे छोटे बेटे उज्ज्वल का अपहरण कर लिया जाएगा। इन धमकियों के बावजूद नारायण अपने सिद्धांतों पर अडिग रहे और किसी दबाव में नहीं आए। जब वे किडनी की पथरी की समस्या से जूझ रहे थे, तब भी कुछ लोग मन ही मन यह सोचकर प्रसन्न हो रहे थे कि शायद वे नहीं बचेंगे और उनकी जगह किसी और अधिकारी की नियुक्ति हो जाएगी।

हमारे माता पिता को यात्रा का बहुत शौक था और वे सड़क मार्ग से ऐतिहासिक स्थानों को देखना पसंद करते थे। इसी कारण हमने परिवार के रूप में बिहार की यात्रा की, जो बुद्ध से जुड़ी कई महत्वपूर्ण जगहों से भरा हुआ है। हम बोधगया, राजगीर, नालंदा और पटना गए। इन यात्राओं ने हमें नए स्थान दिखाए, और वहाँ के वातावरण, संस्कृति और इतिहास को समझने का अवसर भी दिया। ऐसे शैक्षणिक और अनुभव से भरे भ्रमणों ने हमें उस भूमि की महत्ता को गहराई से महसूस करने में मदद की।

जब उन ऐतिहासिक स्थलों पर हमें स्थानीय इतिहास के बारे में विस्तार से बताया गया, तो हमारी समझ और भी गहरी हो गई। वहाँ की कहानियाँ, घटनाएँ और परंपराएँ सुनकर हम केवल दर्शक नहीं रहे, बल्कि उस इतिहास से जुड़ाव महसूस करने लगे। इस अनुभव ने हमारे मन पर स्थायी प्रभाव डाला और सीखने की एक गहरी छाप छोड़ दी।

4

रांची
1965

बरकाकाना में लगभग दो वर्ष बिताने के बाद नारायण का तबादला रांची में एनसीडीसी के मुख्य कार्यालय में कर दिया गया। रांची उस समय अपेक्षाकृत बड़ा और विकसित शहर था, इसलिए वहाँ का वातावरण पहले से अलग और अधिक व्यवस्थित लगा। हमें रहने के लिए कांके रोड पर स्थित गांधी नगर कॉलोनी में घर मिला, जहाँ नई जगह के साथ एक नया जीवन शुरू हुआ।

उज्ज्वल अब स्कूल जाने की उम्र में पहुँच गया था और उसका दाखिला रांची के डोरंडा स्थित सेंट जेवियर्स स्कूल में कराया गया। कभी कभी जब उसका मन स्कूल जाने का नहीं होता था, तो वह सोफे पर लेट जाता और पेट दर्द का बहाना बनाकर रोने लगता। कमल, जो उसकी सेहत को लेकर बहुत चिंतित रहती थीं, उस दिन की छुट्टी करवा देती थीं। जैसे ही बस गांधी नगर से निकलती, उज्ज्वल तुरंत उठकर खेलना शुरू कर देता। रांची में ही उसे पीलिया हो गया। डॉक्टर ने उसकी खुराक पर नियंत्रण रखने और ठीक होने के बाद कई महीनों तक तली हुई चीजें न देने की सलाह दी। कमल ने पूरी सावधानी रखी और छह महीने तक उसे तली हुई चीजें नहीं दीं। उज्ज्वल स्वभाव से बहुत अनुशासित और आज्ञाकारी था। जब पहली मंजिल पर रहने वाली पड़ोसी श्रीमती पात्रा ने जन्मदिन की दावत रखी, तो वह सुनील और मेरे साथ वहाँ गया, पर केक और तली हुई चीजें खाने से साफ मना कर दिया, जबकि वहाँ उसे रोकने के लिए माँ मौजूद भी नहीं थीं।

रांची वह स्थान है जहाँ छोटा नागपुर क्षेत्र के प्रथम स्वतंत्रता सेनानी बिरसा मुंडा की 9 जून 1900 को जेल में मुकदमे के दौरान मृत्यु हो गई थी। उस समय उनकी आयु मात्र चौबीस वर्ष थी। उन्होंने अंग्रेज़ी शासन के विरुद्ध विद्रोह किया था, क्योंकि उनका मानना था कि अंग्रेज़ों द्वारा लागू की गई भूमि और खेती संबंधी नीतियाँ पूरी तरह सरकार के हित में थीं और उनसे आदिवासी लोगों को उनकी अपनी ज़मीन से बेदखल किया जा रहा था। बिरसा

मुंडा ने अपने समुदाय के अधिकारों और सम्मान की रक्षा के लिए संघर्ष किया और वे आज भी जननायक के रूप में स्मरण किए जाते हैं।

रांची में वर्षा, उज्जवल, सुनील

छोटा नागपुर क्षेत्र के मूल निवासी मुख्य रूप से मुंडा, ओरांव, हो, संथाल और खारिया जनजातियों से संबंध रखते हैं। यह इलाका लंबे समय तक आदिवासी संस्कृति और परंपराओं का केंद्र रहा है। 15 नवंबर 2000 को झारखंड राज्य का गठन हुआ और रांची को उसकी राजधानी बनाया गया। रांची के हवाई अड्डे का नाम भी बिरसा मुंडा के सम्मान में रखा गया है, ताकि उनके संघर्ष और योगदान को सदा याद रखा जा सके।

5

बस्तर
1965

सन् 1965 में नारायण का तबादला एनसीडीसी से नेशनल मिनरल डेवलपमेंट कॉर्पोरेशन में कर दिया गया और उन्हें उस समय के मध्य प्रदेश राज्य के बस्तर जिले में स्थित बैलाडीला भेजा गया। बैलाडीला पहुँचना अपने आप में एक कठिन यात्रा थी। सबसे नजदीकी रेलवे स्टेशन रायपुर था, जो लगभग 375 किलोमीटर दूर था। वहाँ से सड़क मार्ग से जगदलपुर होते हुए बैलाडीला पहुँचना पड़ता था। जगदलपुर तक तो कुछ हद तक बस्ती और सुविधाएँ दिखाई देती थीं, पर उसके आगे का रास्ता घने जंगलों से होकर गुजरता था, जहाँ बीच में कोई आबादी नहीं थी। बैलाडीला उस समय बहुत दूरस्थ और एकांत स्थान था। रहने के लिए घरों का एक छोटा सा समूह था, जिसे चारों ओर ऊँची कँटीदार तार की बाड़ से घेरा गया था। यह पूरा इलाका जंगल से घिरा था और वहाँ जंगली सूअर और बाघ का भय बना रहता था, इसलिए सुरक्षा के लिए इस तरह की व्यवस्था की गई थी। बिजली की आपूर्ति बड़े जनरेटरों से होती थी और रात लगभग ग्यारह बजे रोशनी बंद कर दी जाती थी। निकटतम शहर जगदलपुर लगभग सौ किलोमीटर दूर था। खाने पीने की चीजों में भी बहुत सीमित विकल्प थे, इसलिए अक्सर आलू, प्याज और पाउडर वाले दूध से ही काम चलाना पड़ता था।

घरेलू काम के लिए जो स्थानीय महिलाएँ आती थीं, वे अपनी पारंपरिक जनजातीय वेशभूषा में रहती थीं। वे शरीर पर कपड़े नहीं पहनती थीं, बल्कि गले में मोतियों की कई लंबी लड़ियाँ धारण करती थीं, जो उनके शरीर को ढकने का काम करती थीं। यह उनकी पुरानी परंपरा का हिस्सा था। एनएमडीसी कॉलोनी की महिलाओं ने सद्भाव से उन्हें साड़ियाँ देकर पहनने के लिए प्रेरित करने की कोशिश की। वे महिलाएँ साड़ी ले जातीं, पहनना भी सीख लेतीं, पर अगले ही दिन फिर अपनी पारंपरिक शैली में लौट आतीं।

बस्तर के लोगों की संस्कृति से हमारा परिचय हम सबके लिए एक अनोखा और सीख देने वाला अनुभव था। स्थानीय आदिवासी समुदाय सप्ताह में एक दिन हाट लगाते थे, जहाँ आसपास के गाँवों के लोग अपना अनाज, नमक और अन्य वस्तुएँ लेकर आते थे। वहाँ लेनदेन

वस्तु के बदले वस्तु के रूप में होता था, क्योंकि यहाँ लोगों के बीच मुद्रा का चलन कम था और वे आपसी अदला बदली पर ही निर्भर रहते थे। हाट में गुड़ की ढेलियाँ भी रखी होती थीं, जिन पर लाल चींटियाँ लगी रहती थीं और जिन्हें वहाँ के लोग स्वादिष्ट व्यंजन के रूप में खाते थे। हमने वहाँ पारंपरिक मुर्गों की लड़ाई भी देखी, जिसमें मुर्गों के पंखों के पास छोटे धारदार ब्लेड बाँध दिए जाते थे।

बैलाडीला परियोजना उस समय अपने प्रारंभिक चरण में थी और तेजी से आकार ले रही थी। नारायण वहाँ सर्विस मैनेजर के रूप में कार्य कर रहे थे और भारी मशीनरी तथा उपकरणों की खरीद और उन्हें सुरक्षित पहुँचाने की जिम्मेदारी उन्हीं पर थी। इन उपकरणों को ओशकोश नाम के विशेष ट्रेलर से लाया जाता था, जो सड़कों पर अत्यंत भारी सामान ढोने के लिए बना था। रायपुर से बैलाडीला तक का मार्ग कठिन था, खासकर पहाड़ी घाटों के तीखे मोड़ और सँकरे रास्ते चुनौतीपूर्ण थे। सड़कें इतनी भारी मशीनरी के लिए उपयुक्त नहीं थीं और कई जगह घुमावदार मोड़ थे, जिन्हें पार करने के लिए विशेष कौशल और सावधानी की जरुरत थी नारायण स्वयं महत्वपूर्ण सामान को रायपुर से एस्कॉर्ट करते थे ताकि रास्ते में कोई दुर्घटना न हो। एक बार वर्षा ऋतु के दौरान वे भारी उपकरण लेकर लौट रहे थे, तभी ओशकोश ट्रेलर ने एक पुल को क्षतिग्रस्त कर दिया और वाहन का अगला हिस्सा पानी में धँस गया। स्थिति अत्यंत गंभीर थी। नारायण तुरंत बैलाडीला पहुँचे, अन्य इंजीनियरों और बचाव दल को साथ लेकर वापस स्थल पर आए और ट्रेलर को सुरक्षित निकालने का कार्य शुरू किया। तेज बारिश के बीच पूरी टीम ने रात भर कठिन परिस्थितियों में काम किया। कई तकनीकी उपाय अपनाकर अंततः ट्रेलर के अगले हिस्से को मुख्य सड़क पर लाया गया और उपकरण सुरक्षित बचा लिए गए।

एक बार हम जगदलपुर जा रहे थे। पहाड़ी घाट के रास्ते पर अचानक सड़क के किनारे एक बड़ा बाघ चलते हुए दिखाई दिया। नारायण ने तुरंत जीप की रफ्तार धीमी कर दी। कुछ देर तक हमारी जीप और वह बाघ साथ साथ चलते रहे। मैं जीप की खिड़की के पास बैठी थी और कैनवस की खिड़की ऊपर लपेटकर बंधी हुई थी, इसलिए बाघ मुझे बहुत पास दिखाई दे रहा था। उस पल मैं डरने के बजाय आश्चर्य और उत्साह से भर गई थी। हम सब उस शानदार बाघ को इतनी नजदीक से देखकर रोमांचित थे कि हमें यह भी ध्यान नहीं रहा कि वह कितना खतरनाक हो सकता है।

6

फरीदाबाद
1966-1967

कुछ समय बाद नारायण का तबादला बैलाडीला से फरीदाबाद कर दिया गया। उस समय एनएमडीसी के मुख्य कार्यालय का एक भाग, जो पहले दिल्ली में था, फरीदाबाद स्थानांतरित किया जा रहा था। सरकार ने यह निर्णय लिया था कि दिल्ली में बढ़ती भीड़ को कम किया जाए और सार्वजनिक क्षेत्र की कंपनियों के मुख्य कार्यालयों को राजधानी से बाहर स्थानांतरित किया जाए। इसी नीति के तहत कार्यालय का हिस्सा फरीदाबाद ले जाया गया और नारायण को भी वहीं नई जिम्मेदारी संभालनी पड़ी।

उके परिवार अब एक बिल्कुल अलग जीवन शैली से परिचित हो रहा था। फरीदाबाद उस समय दिल्ली का पुराना उपग्रह नगर था, जो शहर भी था और कहीं कहीं अब भी गाँव जैसा सादा माहौल रखता था। नारायण को एनआईटी, अर्थात न्यू इंडस्ट्रियल टाउनशिप, फरीदाबाद में पहली मंजिल पर टाइप पाँच का फ्लैट मिला। हमारी कॉलोनी से ओल्ड फरीदाबाद रेलवे स्टेशन अधिक दूर नहीं था। कुछ ही समय बाद हमारे फ्लैट के सामने एक केंद्रीय विद्यालय बना, जिसे तब सेंट्रल स्कूल कहा जाता था। ऐसे विद्यालय देश भर में इस उद्देश्य से खोले गए थे कि रक्षा सेवाओं और केंद्र सरकार के अधिकारियों के बच्चों को एक समान शिक्षा मिल सके, क्योंकि उनके स्थानांतरण बार बार होते रहते थे। नारायण सुनील को सेंट जेवियर्स स्कूल हजारीबाग से वापस ले आए और उसका दाखिला पास के इसी स्कूल में करा दिया। उज्ज्वल ने फरीदाबाद के सेंट जोसेफ कॉन्वेंट में अपनी पढ़ाई जारी रखी। सेंट्रल स्कूल की प्राचार्या श्रीमती के आर मित्रा और खेल शिक्षक श्री ए एन शर्मा सुनील की खेलों में सुंदर शैली और उत्कृष्ट प्रदर्शन से बहुत प्रसन्न रहते थे। सुनील को सेंट जेवियर्स हजारीबाग में बहुत अच्छी प्रशिक्षण मिली थी, जहाँ हर खेल के लिए कुशल प्रशिक्षक उपलब्ध थे।

हमारे माता पिता अपने बच्चों के व्यक्तित्व के संपूर्ण विकास को बहुत महत्व देते थे। नारायण हमें पढ़ाई के साथ साथ खेलों में भाग लेने के लिए लगातार प्रेरित करते थे। उनका

मानना था कि शरीर और मन दोनों का मजबूत होना आवश्यक है। दूसरी ओर कमल कढ़ाई और बुनाई में निपुण थीं। वे चाहती थीं कि मैं छुट्टियों में ये हुनर सीखूँ और समय का सही उपयोग करूँ। उनके आग्रह के सामने मेरे पास इन कलाओं को मन लगाकर सीखने के अलावा कोई विकल्प नहीं था। आज सोचती हूँ तो लगता है कि यह मेरे लिए अच्छा ही रहा। एक बात का मुझे संतोष है कि उन्होंने मुझ पर रसोई का काम सीखने के लिए जोर नहीं दिया। संयोग से मेरे दोनों भाई, सुनील और उज्ज्वल, खाना बनाने में बहुत कुशल निकले और उन्हें यह काम पसंद भी है।

सुनील स्वभाव से ही एक उत्कृष्ट खिलाड़ी था और उसे खेल के क्षेत्र में हमेशा प्रोत्साहन मिलता रहा। वह मैदान में पूरी लगन और ऊर्जा के साथ उतरता था। उज्ज्वल का झुकाव पढ़ाई की ओर था और वह किताबों में डूबा रहता था। नारायण एक अनुशासनप्रिय और सख्त पिता थे। वे स्पष्ट शब्दों में कहते थे कि छात्र जीवन का मुख्य उद्देश्य पढ़ाई है और ध्यान उसी पर केंद्रित रहना चाहिए। वे मुझे खास तौर पर समझाते थे कि बिंदी, काजल और फैशन जैसी बातों में समय न गँवाऊँ और अपनी ऊर्जा पढ़ाई में लगाऊँ।

नारायण हमें अक्सर बताते थे कि उन्हें अपनी पढ़ाई के दौरान हमेशा छात्रवृत्ति मिलती रही, इसलिए वे हमें भी छात्रवृत्ति पाने के लिए प्रयास करने और मेहनत करने के लिए प्रेरित करते थे। उनका विश्वास था कि लगन और अनुशासन से हर लक्ष्य पाया जा सकता है। वे दिन में दो बार रेडियो पर समाचार अवश्य सुनते थे, एक बार सुबह आठ बजे और फिर रात ठीक नौ बजे। उस समय घर में पूर्ण शांति रखना आवश्यक होता था और सभी को चुपचाप बैठना पड़ता था। यह केवल हमारे घर का नियम नहीं था, उस समय जिन परिवारों के पास रेडियो होता था, वे भी समाचार के समय इसी तरह का अनुशासन रखते थे। उके परिवार का बड़ा मर्फी रेडियो, जिसे नारायण सन् 1949 में लंदन से लाए थे, अब भी अच्छी तरह चलता था और घर का एक महत्वपूर्ण हिस्सा बना हुआ था।

दिल्ली में रहते हुए हमारे माता पिता हमें कई ऐतिहासिक स्मारक दिखाने ले जाते थे। उन स्थानों को देखकर हमने शहर के इतिहास और उसकी परंपराओं के बारे में बहुत कुछ सीखा। तभी सन् 1965 आया और पाकिस्तान के साथ युद्ध छिड़ गया। हमारा देश, जो शांति और अहिंसा में विश्वास करता था, जिसने पंचशील के सिद्धांत अपनाए थे और नेहरू, यूगोस्लाविया के जोसेफ ब्रोज़ टीटो तथा मिस्र के गमाल अब्देल नासिर के साथ मिलकर गुट निरपेक्ष आंदोलन की शुरुआत की थी, अब अपने ही पड़ोसी देश से लड़ रहा था, जो कभी इसी देश का हिस्सा था। उस समय नागरिकों को विशेष सावधानियाँ बरतने के निर्देश दिए

जाते थे। हवाई हमले की स्थिति में क्या करना है, यह सिखाने के लिए नियमित रूप से सायरन बजाकर अभ्यास कराया जाता था। अलग अलग प्रकार की सायरन ध्वनियों का अर्थ समझाया जाता था। एक विशेष ध्वनि लोगों को सुरक्षित स्थानों की ओर जाने का संकेत देती थी और दूसरी ध्वनि यह बताती थी कि खतरा टल गया है और लोग खाइयों या शरण स्थलों से बाहर आ सकते हैं।

युद्ध के दिनों में ब्लैकआउट घोषित कर दिया गया था। सभी लोगों को अपनी खिड़कियों के शीशों पर काला या भूरा कागज चिपकाना होता था, ताकि बाहर से रोशनी की एक भी किरण दिखाई न दे। रात होते ही पूरा इलाका अँधेरे में डूब जाता था। कॉलोनी के पुरुष, चाहे जवान हों या बुजुर्ग, बारी बारी से रात में जागकर पहरा देते थे और चारों ओर निगरानी करते थे। यदि किसी घर से हल्की सी भी रोशनी बाहर जाती दिखाई देती, तो पहरा दे रहे लोग तुरंत उसे ठीक करवाते थे। दरवाजे बंद रखे जाते थे और अनावश्यक रोशनी जलाने से मना किया जाता था। शाम के बाद गाड़ियों की आवाजाही लगभग बंद हो जाती थी। गाड़ियों की हेडलाइट के ऊपरी हिस्से पर काली पेंट कर दी जाती थी, ताकि रोशनी ऊपर न फैले। यदि किसी आपात स्थिति में अंधेरा होने के बाद गाड़ी चलानी पड़ती, तो बहुत सावधानी से कम रोशनी में चलाना होता था। सुनील भी रात की गश्त के लिए स्वयं आगे आया था। उसे अपने आसपास के लोगों और देश की सुरक्षा के लिए गहरी जिम्मेदारी का एहसास होता था और वह पूरे उत्साह से यह काम करता था

आखिरकार 22 सितंबर 1965 को दोनों देशों के बीच युद्धविराम समझौते पर हस्ताक्षर हुए और संघर्ष समाप्त हो गया।

उन दिनों लाल बहादुर शास्त्री देश के प्रधानमंत्री थे। उन्होंने देश को प्रेरित करने के लिए जय जवान जय किसान का नारा दिया। इस एक वाक्य में उन्होंने राष्ट्र की ताकत के दो आधारों को सम्मान दिया, एक सीमा पर देश की रक्षा करने वाला जवान और दूसरा खेत में अन्न उगाने वाला किसान। उन्होंने स्पष्ट किया कि सैनिक और किसान दोनों ही देश की मजबूती के लिए समान रूप से महत्वपूर्ण हैं, क्योंकि एक सुरक्षा देता है और दूसरा जीवन के लिए आवश्यक भोजन।

उस समय देश में अनाज की भारी कमी थी। प्रधानमंत्री लाल बहादुर शास्त्री ने सभी नागरिकों से अपील की कि वे हर सोमवार रात के भोजन में अनाज न खाएँ, ताकि देश पर पड़ा बोझ कुछ हल्का हो सके। उनकी इस अपील को लोगों ने दिल से स्वीकार किया। घरों

में स्वेच्छा से सोमवार की रात अनाज नहीं पकाया जाता था। सड़क किनारे के ढाबों से लेकर शहरों और कस्बों के रेस्टोरेंट तक, सबने इस नियम का पालन किया और सोमवार की शाम अनाज परोसा नहीं जाता था। यह किसी कानून का दबाव नहीं था, बल्कि देश के प्रति जिम्मेदारी की भावना थी। आज के समय में यह बात अविश्वसनीय लग सकती है, पर उस दौर में नागरिक अपने देश के लिए ऐसे त्याग करने को तत्पर रहते थे।

7

बुन्देलखण्ड

कुछ समय बाद नारायण का तबादला मध्य प्रदेश के पन्ना हीरा खदानों में हो गया। उस समय पन्ना रेल मार्ग से जुड़ा नहीं था, इसलिए पहले झांसी तक ट्रेन से जाना पड़ता था, जो सबसे नजदीकी रेलवे स्टेशन था। झांसी से पन्ना तक लगभग दो सौ किलोमीटर की सड़क यात्रा करनी होती थी, जो ओरछा और मऊरानीपुर से होकर गुजरती थी और खजुराहो को मुख्य मार्ग से थोड़ा हटकर छोड़ देती थी। दिल्ली से झांसी तक का रेल मार्ग बेतवा नदी और चंबल घाटी के बीहड़ों से होकर जाता था। उन दिनों इन बीहड़ों के बारे में माना जाता था कि वहाँ डाकुओं का खतरा रहता है। इसलिए जो ट्रेन शाम को नई दिल्ली से चलती, वह पूरी रात इन सुनसान और भयावह इलाकों से गुजरती हुई सुबह झांसी पहुँचती थी। नारायण, कमल और हम तीनों बच्चे साथ यात्रा कर रहे थे। उज्ज्वल ने जिद की कि वह अगले खंड में सोएगा, क्योंकि एक डिब्बे के एक हिस्से में सामान्यतः चार बर्थ होती थीं। सुबह जब हम झांसी पहुँचे, तो वह उत्साह से भरकर बताने लगा कि रात में उसने किसी रेलवे क्रॉसिंग पर घोड़े पर सवार डाकुओं को देखा था। उसकी बात में रोमांच भी था और बालसुलभ कल्पना भी।

झांसी इतिहास से जुड़ा एक महत्वपूर्ण स्थान था, इसलिए पन्ना की ओर बढ़ने से पहले हमने झांसी का किला देखा और वहाँ के अतीत को महसूस किया। इसके बाद हम पन्ना पहुँचे, जहाँ एनएमडीसी की कॉलोनी शहर से थोड़ी दूरी पर थी। वहाँ मझगाँवा और रामखेरिया नाम की खदानें थीं और हमारा घर मझगाँवा खदानों के पास था। खदानों से हीरे वाला अयस्क निकाला जाता, फिर उसे तोड़कर बारीक किया जाता था। उसके बाद छानने की प्रक्रिया होती, जिसमें कच्चे हीरे, जो देखने में साधारण पत्थरों जैसे लगते थे, हाथ से अलग किए जाते थे। यह काम अधिकतर महिलाओं को दिया जाता था, क्योंकि उनकी नजर तेज मानी जाती थी और वे पत्थरों के ढेर में से हीरे की पहचान कर लेती थीं। महिलाएँ जमीन पर एक घेरा बनाकर बैठती थीं और सामने रखे कच्चे माल को ध्यान से चुनती थीं। दो महिलाओं के पीछे एक पर्यवेक्षक खड़े रहता था जो पूरे काम पर नजर रखता था। चुने गए हीरों को आगे वर्गीकरण और कटाई तथा चमकाने के लिए सूरत भेज दिया जाता था।

नारायण को किताबें इकट्ठा करने का बहुत शौक था और वे उन पर खूब पैसा खर्च करते थे। लंदन में छात्र रहते हुए भी, जब उनके पास छात्रवृत्ति के रूप में बहुत सीमित धन होता था, तब भी वे कुछ पैसे बचाकर किताबें खरीद लेते थे। पढ़ने का उत्साह तो बहुत था, पर देर रात पढ़ते हुए उन्हें नींद जल्दी आ जाती थी। परिवार में इस बात को लेकर एक पुराना मज़ाक चलता था। एक बार उन्होंने कहा कि वे मिखाइल शोलोकोव की किताब "एंड क्वाइट फ्लोज द डॉन" पढ़ना चाहते हैं। किताब खरीदी गई और हर शाम वह उनके सिरहाने रखी जाती, साथ में उनका चश्मा भी। वे पूछते कि सब कुछ बिस्तर के पास रख दिया है न, फिर पढ़ना शुरू करते और एक पन्ना पूरा होने से पहले ही सो जाते। कई सालों तक हम बच्चे उनकी इस आदत पर हँसते रहे और वे भी मुस्कराकर उसी गाने वाले अंदाज में कहते, एंड क्वाइट फ्लोज द डॉन।

पन्ना में गर्मियों के दिनों में खुले आकाश के नीचे सोना आम बात थी। हमें समझाया गया था कि कभी पत्थर न उलटें और पथरीली जगहों से दूर रहें, क्योंकि वहाँ बिच्छू हो सकते हैं। एक शाम मेरे दाहिने हाथ पर बिच्छू ने डंक मार दिया। उसके बाद मैं गहरी नींद में चली गई और लगभग अड़तालीस घंटे तक सोती रही। मुझे जगाने की बहुत कोशिश की गई, पर मैं नहीं जागी, परिवार के लोग बहुत चिंतित हो गए थे। जब लगभग दो दिन बाद मेरी आँख खुली, तब जाकर सबने राहत की साँस ली। उस समय की बात मुझे याद नहीं थी, पर बाद में मेरे छोटे भाई उज्ज्वल ने, जो तब नौ वर्ष का था, मुझे बताया कि उन अड़तालीस घंटों में घर में घबराहट और चिंता छाई रही थी, और मेरे जागने के बाद ही सब सो पाए थे।

पुराने समय में राजा, कवियों और लेखकों को संरक्षण देते थे और उनका सम्मान करते थे। उसी परंपरा को निभाते हुए पन्ना के पूर्व राजपरिवार द्वारा हर वर्ष तीन दिन का सांस्कृतिक कार्यक्रम आयोजित किया जाता था। इन आयोजनों में क्षेत्र के सभी प्रमुख और सम्मानित लोगों को आमंत्रित किया जाता था। एक शाम कवि सम्मेलन होता था, दूसरी शाम उर्दू शायरी का मुशायरा और तीसरी शाम प्रसिद्ध रंगमंच दलों द्वारा नाटक प्रस्तुत किए जाते थे। जब नारायण पन्ना में कार्यरत थे, तब उन्हें भी इन कार्यक्रमों में बुलाया जाता था, इसलिए हमें भी वहाँ जाने का अवसर मिलता था। एक मुशायरे में हमने मशहूर शायर फिराक गोरखपुरी और कई अन्य नामी कवियों को सुना। उसी दौरान हमें प्रसिद्ध हिंदी लेखक वृंदावन लाल वर्मा से मिलने का अवसर भी मिला। वे मध्य प्रदेश के उसी क्षेत्र के निवासी थे और उन्होंने बुंदेलखंड, ओरछा तथा मांडू के आसपास के जनजीवन और राजपरिवारों पर आधारित अनेक ऐतिहासिक उपन्यास लिखे थे। संयोग से वे नारायण के प्रिय मित्र के के राय के मामा थे, इसलिए उनसे मिलना हमारे लिए और भी विशेष अनुभव बन गया।

8

नई दिल्ली
'68 से '70

पन्ना हीरा खदानों में कार्यकाल पूरा होने के बाद नारायण का तबादला कुछ समय के लिए नई दिल्ली कर दिया गया। उन्हें लाजपत नगर स्थित रिंग रोड पर एनएमडीसी के मुख्य कार्यालय में नियुक्ति मिली।

परिवार नई दिल्ली आकर साउथ एक्सटेंशन पार्ट दो में रहने लगा। राजधानी का जीवन पहले की जगहों से बिल्कुल अलग था। साउथ एक्सटेंशन उस समय तेज़ी से उभरता हुआ बाज़ार क्षेत्र था। रिंग रोड के दोनों ओर यह इलाका फैला हुआ था और अधिकतर आकर्षक और फैशनेबल दुकानें साउथ एक्सटेंशन पार्ट वन में थीं, जो रिंग रोड के उत्तरी हिस्से में पड़ता था। इसी बीच मैंने रांची विमेंस कॉलेज से राजनीति विज्ञान में ऑनर्स के साथ स्नातक की पढ़ाई पूरी कर ली थी। उस समय मेरी उम्र अठारह वर्ष से कम थी, इसलिए दिल्ली विश्वविद्यालय में स्नातकोत्तर में प्रवेश के लिए आवेदन नहीं कर सकी, क्योंकि वहाँ न्यूनतम आयु निर्धारित थी। मुझे एक वर्ष दिल्ली विश्व विद्यालय में प्रवेश के लिए रुकना पड़ा। इस दौरान मैंने लाजपत नगर स्थित टैगोर इंटरनेशनल स्कूल में नर्सरी के बच्चों को पढ़ाना शुरू किया। यह समय मेरे लिए बहुत उत्साह भरा था। छोटे बच्चों को पढ़ाने के साथ साथ मुझे वयस्कों को बोलचाल की अंग्रेज़ी सिखाने की जिम्मेदारी भी दी गई, जिसने मेरे आत्मविश्वास को और बढ़ाया।

सुनील और उज्ज्वल का दाखिला अब एंड्रयूज गंज के केंद्रीय विद्यालय में हो गया था, जो हमारे घर से अधिक दूर नहीं था। दिल्ली का सामाजिक जीवन पहले के छोटे शहरों से बिल्कुल अलग था। यह एक बहुत बड़ा शहर था, जहाँ मित्र हमेशा पास में नहीं रहते थे। यहाँ ऐसा कोई क्लब या साझा स्थान नहीं था, जहाँ दिन के अंत में सभी परिवार एकत्र होकर मिलते जुलते हों। आस पास लोग तो थे, चेहरे भी पहचान में आने लगे थे, पर वह आत्मीयता नहीं बन पाती थी जो छोटे स्थानों में सहज ही बन जाती है। जान पहचान तो हो जाती थी, पर गहरी दोस्ती कम ही हो पाती थी।

एनजी का जन्मदिन
पीछे खड़े उज्जवल और साहिल

सन् 1970 में नारायण का चयन कोलंबो योजना के अंतर्गत एक प्रशिक्षण कार्यक्रम के लिए यूनाइटेड किंगडम जाने हेतु हुआ। वे चाहते थे कि कमल भी उनके साथ जाएँ। एक ईमानदार सरकारी अधिकारी होने के कारण उनके पास बहुत अधिक बचत नहीं थी, क्योंकि उनकी आय का बड़ा भाग हम बच्चों को उत्तम शिक्षा देने में लगाया जाता था। फिर भी उन्होंने किसी तरह यात्रा के लिए आवश्यक धन एकत्र किया और कमल उनके साथ लंदन चली गईं। वहाँ पहुँचकर वे पहले अनुसूया के घर ठहरे, जो नारायण की चचेरी बहन थीं और जिनका विवाह वी टी हिरेकर से हुआ था। हिरेकर परिवार लंदन में बस गया था और स्ट्रेथम में उनका बड़ा घर था, जहाँ उनके चार बच्चे थे। वी टी हिरेकर आॅल्डविच स्थित भारतीय उच्चायोग में कार्यरत थे। अनुसूया विधि की पढ़ाई कर रही थीं और साथ ही अपने चारों बच्चों की देखभाल भी कर रही थीं।

हमारे माता-पिता ने विशाखा, राजा, संघ पॉल और मोनिका हिरेकर के साथ बहुत अच्छा समय बिताया। बच्चों को अपने मामा अंकल और मामी आंटी का साथ बहुत पसंद आया, और उन्होंने एक-दूसरे के साथ बहुत अच्छा रिश्ता बनाया। कुछ हफ़्ते वहाँ रहने के बाद, हमारे माता-पिता बाल्हम के एक घर में शिफ्ट हो गए। मिस्टर श्याम खोब्रागडे, जो राज्यसभा के वाइस चेयरमैन बैरिस्टर खोब्रागडे के छोटे भाई थे, उस समय लंदन में रह रहे थे। उनकी एक दोस्त, जो भारतीय मूल की थीं सुश्री शांता अप्पाडू, लंदन में मशहूर और फैशनेबल स्लोन स्क्वैर में एक बुटीक चलाती थीं। कमल ने शांता के साथ समय बिताने और नए दोस्त बनाने

के लिए नौकरी कर ली। यह उसके लिए एक अच्छा अनुभव था क्योंकि ज़िंदगी में पहली बार उसने नौकरी की थी। पहली बार बस से अकेले सफ़र करने लगी थी और अजनबियों के बीच काम कर रही थी। उसने पहली बार स्वतंत्रता और अपने कमाए हुए पैसों की ख़ुशी महसूस की।

लंदन में रहते हुए उन्होंने वुल्वरहैम्पटन, बर्मिंघम और कोवेंट्री जैसे शहरों में भी कई नेताओं और समाज के प्रमुख लोगों से मुलाकात की। उसी दौरान वे कुछ दिनों की छुट्टी के लिए पेरिस भी गए। उनके इंग्लैंड से लौटने के बाद मेरी सगाई त्रिलोकी नाथ नागपाल से तय हुई, जिन्होंने बिरला इंस्टीट्यूट ऑफ टेक्नोलॉजी मेसरा से इंजीनियरिंग की पढ़ाई की थी। वे अपने कॉलेज के सर्वश्रेष्ठ छात्र रहे थे और सन् 1970 में हिंदुस्तान एयरोनॉटिक्स लिमिटेड में प्रबंधन प्रशिक्षु के रूप में चयनित हुए थे। यह विवाह अंतरजातीय था, इसलिए प्रारंभ में दोनों परिवारों ने इसका विरोध किया। पर धीरे धीरे समझ और संवाद से स्थिति बदली और अंततः दोनों परिवारों की सहमति और आशीर्वाद के साथ हमारा विवाह संपन्न हुआ।

वर्षा और त्रिलोकी की शादी
बैठे हुए - कमल उके, त्रिलोकी नागपाल, वर्षा नागपाल, लीलावती नागपाल
खड़े हुए - एनजी उके, एनडी नागपाल

यह विवाह हमारे परिवार की परंपरा के अनुसार विशेष विवाह अधिनियम के अंतर्गत संपन्न हुआ। मजिस्ट्रेट स्वयं विवाह स्थल पर आए, जो साउथ एक्सटेंशन पार्ट दो में हमारे घर के सामने वाले पार्क में सजा था। कुरूड और नागपुर से सभी रिश्तेदार इस अवसर पर पहुँचे थे और समारोह सच में भव्य और आनंदमय रहा। स्वागत और भोजन की व्यवस्था बहुत अच्छी थी, जिसकी चर्चा लंबे समय तक होती रही। सामान्यतः उत्तर भारतीय विवाहों में मांसाहारी भोजन नहीं परोसा जाता, पर क्योंकि यह धार्मिक रीति से नहीं बल्कि विधिक प्रक्रिया के अंतर्गत हुआ विवाह था, इसलिए मेहमानों के लिए शाकाहारी के साथ मांसाहारी व्यंजन भी परोसे गए।

9

किरीबुरू
1971

दिल्ली से नारायण का तबादला किरीबुरू आयरन अयस्क परियोजना में कर दिया गया, जो झारखंड और ओडिशा की सीमा पर स्थित था। उस समय सुनील और उज्ज्वल ऐसे विद्यालय में पढ़ रहे थे जहाँ छात्रावास की सुविधा उपलब्ध नहीं थी। इसलिए कमल कुछ समय तक दिल्ली में ही रुकी रहीं, जब तक दोनों का दाखिला दिल्ली कैंट स्थित स्कूल में नहीं हो गया, जहाँ छात्रावास की सुविधा भी थी।

किरीबुरू में नारायण क्रेन लोडर और डंपर ऑपरेटरों की नियुक्ति के लिए चयन साक्षात्कार ले रहे थे। उम्मीदवारों में एक व्यक्ति ऐसा भी था, जो नई दिल्ली स्थित मुख्य कार्यालय में किसी प्रभावशाली अधिकारी का रिश्तेदार था। साक्षात्कार के दिन नारायण को बार बार फोन आए और उस विशेष उम्मीदवार को चुनने के लिए दबाव डाला गया। जब सभी उम्मीदवारों का मूल्यांकन किया गया, तो वह व्यक्ति योग्यता के आधार पर सातवें स्थान पर था। नारायण ने स्पष्ट रूप से नई दिल्ली में उस प्रभावशाली अधिकारी को सूचित किया कि कम रैंकिंग के कारण वे उसे नियुक्त नहीं कर सकते। वे चयन केवल योग्यता और निष्पक्षता के आधार पर करेंगे।

उन्हें साफ शब्दों में चेतावनी दी गई, उके, यदि तुम उसे नहीं चुनोगे तो तुम्हारे पदोन्नति पर असर पड़ेगा। नारायण ने पूरी शांति और दृढ़ता से उत्तर दिया कि इससे उन्हें कोई फर्क नहीं पड़ता। उन्होंने आगे कहा, यदि आप सच में चाहते हैं कि उस व्यक्ति की नियुक्ति हो, तो कृपया सात पद स्वीकृत कर दीजिए। तब मैं सुनिश्चित कर दूँगा कि उसे भी नियुक्ति मिल जाए।

नारायण कभी भी दबाव के आगे नहीं झुकते थे। सिद्धांतों के मामले में उनका रुख हमेशा स्पष्ट और दृढ़ रहता था। वे सही को सही और गलत को गलत कहने में संकोच नहीं करते थे। चाहे कितना भी बाहरी प्रभाव क्यों न हो, उन्हें अपने निर्णय से डिगाना आसान नहीं था।

10

नई दिल्ली
1972 से 1982

सन् 1972 में नारायण रक्षा उत्पादन मंत्रालय में डायरेक्टर, योजना और समन्वय के पद पर नियुक्त हुए। यह उनके करियर का एक महत्वपूर्ण चरण था। इस नई जिम्मेदारी के साथ उन्हें दक्षिण दिल्ली के नेताजी नगर में एक सरकारी फ्लैट आवंटित किया गया।

एक दिन उज्ज्वल, या शायद सुनील, घर एक छोटा सा सफेद पिल्ला लेकर आए। उसका नाम कॉन्यैक रखा गया। धीरे धीरे वह बड़ा होकर बेहद सुंदर, मजबूत और पूरी तरह सफेद रंग का बड़ा कुत्ता बन गया। कॉन्यैक को समय का अद्‌भुत अंदाज़ा था। हर शाम जब नारायण के घर लौटने का समय होता, तो वह सामने वाली बालकनी में जाकर रेलिंग पर अपने अगले पंजे टिकाकर बाहर सड़क की ओर देखता रहता। जैसे ही उसे नारायण दिखाई देते, वह तुरंत पीछे की घुमावदार सीढ़ियों की ओर दौड़ पड़ता, क्योंकि नारायण कार पार्क करके उन्हीं सीढ़ियों से ऊपर आते थे।

नारायण को अपने कार्य के सिलसिले में अक्सर मॉस्को और बुल्गारिया की यात्रा करनी पड़ती थी। उस समय मॉस्को आयरन कर्टन के पीछे माना जाता था और वहाँ का वातावरण बिल्कुल अलग था। सरकारी प्रतिनिधिमंडल सामान्यतः होटल रोसिया में ठहरता था, जो उस समय का एक विशाल और भव्य सरकारी होटल था। यह रेड स्क्वायर के निकट, क्रेमलिन और सेंट बेसिल कैथेड्रल के पास स्थित था। इक्कीस मंज़िलों और लगभग तीन हजार कमरों वाला यह होटल अपने आकार और व्यवस्था के लिए प्रसिद्ध था। नारायण को रक्षा उपकरणों से संबंधित वार्ताओं के लिए कई बार इंग्लैंड भी जाना पड़ा। उनकी ये यात्राएँ उनके काम की गंभीरता और जिम्मेदारी को दर्शाती थीं।

एक बार जब नारायण लंदन से लौट रहे थे, तो वे अपनी नातिन चैताली के लिए चलने फिरने और गाना बजाने वाली एक सुंदर गुड़िया लेकर आए। हवाई अड्डे पर सुरक्षा जांच के दौरान अचानक उस गुड़िया से संगीत बजने लगा। वहाँ मौजूद अधिकारी चौंक गए और नारायण को रोक लिया गया। कुछ क्षणों के लिए किसी को समझ नहीं आया कि आवाज

कहाँ से आ रही है। जब उनका सामान खोलकर ध्यान से देखा गया, तब पता चला कि गुड़िया के अंदर लगा संगीत वाला यंत्र हलचल से अपने आप चल पड़ा था। पूरी जाँच के बाद स्थिति स्पष्ट हुई और उन्हें आगे जाने की अनुमति मिल गई।

उस समय भारत की प्रधानमंत्री श्रीमती इंदिरा गांधी थीं और वे रक्षा मंत्रालय की जिम्मेदारी भी संभाल रही थीं। महत्वपूर्ण रणनीतिक बैठकों में वे स्वयं उपस्थित रहती थीं, और उनके साथ फील्ड मार्शल मानेकशॉ भी होते थे, जो उस समय सेना प्रमुख थे। इन अत्यंत महत्वपूर्ण बैठकों में नारायण अपने विभाग से जुड़े विषयों पर पूरी तैयारी और स्पष्टता के साथ अपनी बात रखते थे। देश में तैयार किए जा रहे रक्षा उपकरणों के बारे में वे खुलकर अपनी राय देते थे और यदि उन्हें किसी योजना में सुधार की आवश्यकता दिखाई देती, तो वे उसे बेझिझक सामने रखते थे। ऐसी ही एक बैठक में, जिसमें प्रधानमंत्री, फील्ड मार्शल और रक्षा सचिव उपस्थित थे, नारायण ने अवाडी स्थित आयुध कारखाने में बने विजयंत टैंक की व्यवहार्यता और उसकी तैयारी के स्तर पर विस्तार से अपने विचार रखे। उनकी बातों में तथ्य और आत्मविश्वास था, और अंत में सभी उनके तर्कों से सहमत हो गए।

उनके कार्यकाल के दौरान प्रगति मैदान में रक्षा उत्पादन का एक विशेष मंडप तैयार किया गया। हर वर्ष 14 नवंबर से 27 नवंबर तक दिल्ली के प्रगती मैदान में इंडिया इंटरनेशनल ट्रेड फेयर आयोजित होता था और यह रक्षा उत्पादन मंडप उसमें प्रमुख आकर्षण बन गया। देश विदेश से आने वाले प्रतिनिधि, विभिन्न राज्यों के आगंतुक और दिल्ली के स्थानीय लोग बड़ी रुचि के साथ इसे देखने आते थे।

नारायण रक्षा उत्पादन मंत्रालय से सेवानिवृत्त हुए तो उनके अनुभव और ईमानदारी को देखते हुए उन्हें कई महत्वपूर्ण पदों के प्रस्ताव मिले। विभिन्न संस्थानों और संगठनों ने चाहा कि वे अपनी सेवाएँ आगे भी दें, पर उन्होंने कोई भी प्रस्ताव स्वीकार नहीं किया। उनका मन अब पद या प्रतिष्ठा में नहीं था। वे शेष जीवन अपने लोगों और समाज की सेवा में लगाना चाहते थे। उनके लिए यही सबसे बड़ा संतोष और सच्ची उपलब्धि थी।

11

परिवार

नारायण के उन दूरदराज और पिछड़े इलाकों में तबादलों के दौरान, जहाँ जीवन की मूलभूत सुविधाएँ भी सीमित थीं, कमल हर समय उनके साथ रहीं। उन्होंने बिना शिकायत हर कठिनाई को स्वीकार किया और अच्छे बुरे हर दौर में उनका साथ निभाया। वे केवल जीवनसंगिनी नहीं थीं, बल्कि उनकी सबसे भरोसेमंद सलाहकार भी थीं। जब भी कोई चुनौती सामने आती, वे उन्हें हिम्मत से आगे बढ़ने के लिए प्रेरित करतीं। हम बच्चों के लिए वह समय एक अनोखी सीख लेकर आया। देश के अलग अलग हिस्सों में रहते हुए हमने विभिन्न भाषाएँ, बोलियाँ, भोजन, पहनावा और रहन सहन के तरीके करीब से देखे। लोक नृत्य, संगीत, पारंपरिक वाद्ययंत्र और अलग अलग समुदायों का इतिहास और संस्कृति हमें सीधे अनुभव से समझने का अवसर मिला। इन अनुभवों ने हमें विविधता की सुंदरता को पहचानना सिखाया। हमने सहनशीलता, सम्मान और लोगों के विश्वास, धर्म तथा परंपराओं को समझने और स्वीकार करने का भाव सीखा। यही हमारी सबसे बड़ी पूंजी बनी।

मैंने अपने माता पिता की उम्मीदों पर खरा उतरने की पूरी कोशिश की और विश्वविद्यालय में सर्वोच्च स्थान प्राप्त कर स्वर्ण पदक हासिल किया। राजनीति विज्ञान ऑनर्स में मैं प्रथम श्रेणी में विश्वविद्यालय में प्रथम आई। यह उपलब्धि मेरे लिए ही नहीं, मेरे माता पिता के लिए भी गर्व का क्षण थी। इसी आधार पर मुझे दिल्ली विश्वविद्यालय से स्नातकोत्तर की पढ़ाई के लिए भारत सरकार की राष्ट्रीय मेधा छात्रवृत्ति मिली। इससे मुझे आगे बढ़ने का आत्मविश्वास और सहारा मिला। इससे पहले मैट्रिक में भी मैं प्रथम श्रेणी में उत्तीर्ण हुई थी, लेकिन उस समय मुझे कोई छात्रवृत्ति नहीं मिली थी।

मैंने स्टेट बैंक ऑफ इंडिया में प्रोबेशनरी ऑफिसर के चयन के लिए आयोजित देशव्यापी परीक्षा में भाग लिया था। लिखित परीक्षा के बाद समूह चर्चा और साक्षात्कार हुए, और अंततः सन् 1975 में मेरा चयन प्रोबेशनरी ऑफिसर के रूप में हुआ। यह मेरे जीवन का एक महत्वपूर्ण मोड़ था। मैंने स्टेट बैंक ऑफ इंडिया में लगभग तीस वर्षों तक विभिन्न पदों पर कार्य किया। अपने कार्यकाल के दौरान मैंने जहाँ तक संभव हुआ, लोगों की सहायता

करने की कोशिश की, क्योंकि मेरे लिए नौकरी केवल पद नहीं, बल्कि जिम्मेदारी थी। अब जीवन के इस चरण में मैं लेखन से जुड़ी हूँ। मेरी एक पुस्तक प्रकाशित हो चुकी है। मैं अपनी यात्राओं, सामाजिक विषयों और बचपन की सरल स्मृतियों पर ब्लॉग लिखती हूँ। साथ ही बच्चों के लिए भी पुस्तकें लिखती हूँ, जिससे अपने अनुभवों और सीख को नई पीढ़ी तक पहुँचा सकूँ।

सुनील ने दिल्ली के प्रतिष्ठित सेंट स्टीफंस कॉलेज से अंग्रेज़ी ऑनर्स की पढ़ाई की और उसके बाद दिल्ली विश्वविद्यालय से विधि की डिग्री प्राप्त की। आगे चलकर उन्होंने अन्नामलाई विश्वविद्यालय से लोक प्रशासन में परास्नातक किया। उन्होंने भारतीय लोक प्रशासन संस्थान और पंजाब विश्वविद्यालय से लोक विकास प्रशासन में उच्च अध्ययन किया। इसके साथ ही भारतीय प्रबंधन संस्थान अहमदाबाद, आईबीएस हैदराबाद और सिरैक्यूज़ विश्वविद्यालय, न्यूयॉर्क से व्यवसाय प्रशासन से जुड़े प्रमाणपत्र पाठ्यक्रम भी पूरे किए।

सन् 1979 की सिविल सेवा परीक्षा में उनका चयन भारतीय राजस्व सेवा में, भारतीय सीमा शुल्क और केंद्रीय उत्पाद शुल्क शाखा में समूह ए अधिकारी के रूप में हुआ। सेवा के मात्र तीन वर्षों के भीतर ही उन्होंने कर चोरी करने वालों और सोने की तस्करी में लिप्त लोगों के विरुद्ध कई बड़ी कार्रवाई की। बड़े कर घोटालों का पता लगाने और तस्करों को पकड़ने के लिए विभाग ने उन्हें तीन बार सम्मानित किया। ये तीनों सम्मान उन्हें सन् 1985 में विज्ञान भवन में आयोजित एक ही समारोह में उस समय के वित्त मंत्री विश्वनाथ प्रताप सिंह से प्राप्त हुए, जो बाद में भारत के प्रधानमंत्री बने। सुनील ने दिल्ली के दस प्रसिद्ध स्वर्ण व्यापारियों के लाइसेंस एक महीने के लिए निलंबित कर दिए थे, क्योंकि वे कर चोरी में संलिप्त पाए गए थे। वे पद या प्रतिष्ठा से प्रभावित नहीं होते थे और नियमों के पालन में कठोर थे। इसी कारण वे तस्करों और कर चोरी करने वालों के लिए सख्त अधिकारी के रूप में जाने जाते रहे।

सन् 1991 में उनके उत्कृष्ट सेवा रिकॉर्ड के कारण उन्हें दो बैच के पचहत्तर वरिष्ठ अधिकारियों से आगे बढ़ाकर पदोन्नति दी गई। उनका कार्य निष्पादन लगातार उत्कृष्ट रहा था, इसलिए उन्हें अचानक पदोन्नत कर नागपुर में केंद्रीय उत्पाद शुल्क के उप कलेक्टर के रूप में नियुक्त किया गया। बाद में निदेशालय एंटी एवेजन में उप निदेशक रहते हुए उन्होंने मारुति उद्योग लिमिटेड के विरुद्ध एक बड़े कर चोरी मामले में कार्रवाई की। मात्र चार महीनों के भीतर उनका तबादला पेट्रोलियम और प्राकृतिक गैस मंत्रालय में उप सचिव के रूप में हुआ और बाद में वे निदेशक बने। वहाँ उनके कार्य की सचिव द्वारा अत्यधिक सराहना की गई और उन्हें तीन प्रशंसा पत्र प्रदान किए गए। आज देश के सभी पेट्रोल पंपों पर सार्वजनिक

शौचालय की अनिवार्यता लागू होने का श्रेय भी सुनील को जाता है। सन् 1996 में वे अपने बैच के सबसे कम आयु के अधिकारी थे जिन्हें गणतंत्र दिवस पर विशिष्ट सेवा रिकॉर्ड के लिए राष्ट्रपति पुरस्कार से सम्मानित किया गया, जो सेवा का सर्वोच्च सम्मान माना जाता है। सन् 1993 और 1994 में भी उनके नाम की सिफारिश की गई थी, पर उस समय आवश्यक पंद्रह वर्ष की सेवा पूरी न होने के कारण यह सम्मान प्रदान नहीं किया गया था।

सन् 1998 से 2007 तक सुनील अनुसंधान और विश्लेषण विंग (रॉ) के साथ जुड़े रहे। इस अवधि के कार्य का विवरण सार्वजनिक नहीं किया जा सकता, क्योंकि वह गोपनीय दायरे में आता है। फिर भी यह कहा जा सकता है कि वहाँ भी उन्होंने अत्यंत दक्षता और समर्पण के साथ काम किया और उनके उत्कृष्ट योगदान के लिए संगठन प्रमुख द्वारा उन्हें प्रशंसा पत्र प्रदान किए गए। उन्होंने ऑपरेशन विजय 1999 और ऑपरेशन पराक्रम 2001 से 2002 के दौरान सक्रिय भूमिका निभाई। अपने दायित्वों को और प्रभावी ढंग से निभाने के लिए उन्होंने वैंकूवर, कनाडा स्थित रॉयल कैनेडियन माउंटेड पुलिस से नारकोटिक्स से संबंधित प्रशिक्षण प्राप्त किया और इज़राइल में मोसाद से खुफिया कार्य की विशेष प्रशिक्षण भी ली।

सन् 2007 में केंद्रीय उत्पाद शुल्क आयुक्त के रूप में कार्य करते हुए सुनील ने भारत में तंबाकू क्षेत्र से जुड़े कर चोरी के सबसे बड़े मामलों में से एक का खुलासा किया। यह कार्रवाई अत्यंत महत्वपूर्ण मानी गई, क्योंकि इससे राजस्व की बड़ी हानि को रोका गया और कर व्यवस्था को सुदृढ़ बनाने में मदद मिली। उनके इस साहसिक और प्रभावी कदम के लिए बोर्ड के अध्यक्ष ने उन्हें प्रशंसा प्रमाणपत्र प्रदान किया।

सुनील सन् 2014 में मुख्य आयुक्त सीमा शुल्क प्रिवेंटिव के पद से सेवानिवृत्त हुए। अपने कार्यकाल के दौरान उन्होंने भारत-चीन और भारत-पाकिस्तान के सीमा क्षेत्रों में तस्करी रोधी गतिविधियों की निगरानी की। जम्मू और कश्मीर, हिमाचल प्रदेश, पंजाब, हरियाणा, दिल्ली और राजस्थान जैसे राज्यों की जिम्मेदारी उनके पास थी। वे सीमाओं पर होने वाली अवैध गतिविधियों को रोकने में सक्रिय भूमिका निभाते रहे। सन् 2004 में जब राष्ट्रपति ए पी जे अब्दुल कलाम तंजानिया की आधिकारिक यात्रा पर गए थे, तब सुनील उस दौरे के दौरान मीडिया प्रभारी के रूप में नियुक्त किए गए थे और उन्होंने इस दायित्व को भी कुशलता से निभाया।

सुनील खेलों और बाहरी गतिविधियों में भी उतने ही कुशल रहे हैं। वे जूडो में ब्राउन बेल्ट धारक हैं, दिल्ली राज्य स्तर पर रजत पदक विजेता रहे और दिल्ली विश्वविद्यालय के

चैंपियन भी बने। अपने विद्यालय में उन्होंने हॉकी टीम की कप्तानी की और बास्केटबॉल, फुटबॉल तथा वॉलीबॉल में भी स्कूल का प्रतिनिधित्व किया। पूर्वी अफ्रीका में उन्होंने ज़ांज़ीबार संसद की टीम के विरुद्ध खेले गए एक फुटबॉल मैच में भारत का प्रतिनिधित्व किया था। मोहन सिंह मेमोरियल हॉकी टूर्नामेंट के दौरान उन्हें उस समय के जनरल और बाद में फील्ड मार्शल बने एस एच एफ जे मानेकशॉ के हाथों पुरस्कार भी मिला। एथलेटिक्स में भी उन्होंने उत्कृष्ट प्रदर्शन किया और स्प्रिंट, कूद तथा थ्रो की स्पर्धाओं के साथ साथ मध्यम दूरी की दौड़ों में भी पदक स्थान प्राप्त किए।

सुनील ने सन् 2011 में लंबी दूरी की दौड़, अर्थात मैराथन दौड़ना शुरू किया। तब से लेकर आज तक उन्होंने दो अल्ट्रा मैराथन, चार अंतरराष्ट्रीय हाफ मैराथन और चार पूर्ण मैराथन पूरी की हैं। इसके अलावा वे सौ से अधिक हाफ मैराथन दौड़ चुके हैं। छोटी दूरी की दौड़ों में भी उन्होंने सक्रिय भाग लिया है, जिनमें दस किलोमीटर, पाँच किलोमीटर, तीन किलोमीटर और एक मील की दौड़ें शामिल हैं।

सुनील ने पर्वत यात्राओं और साहसिक अभियानों में भी सक्रिय भाग लिया है। वे पाँच बार माउंट एवरेस्ट बेस कैंप तक की यात्रा कर चुके हैं। इसके अलावा उन्होंने अन्नपूर्णा बेस कैंप और स्टोक कांगड़ी जैसे कठिन पर्वतीय अभियानों को भी पूरा किया है। सन् 2012 में वे कैलाश मानसरोवर यात्रा में लाइजन ऑफिसर के रूप में भी शामिल हुए, जहाँ उन्होंने यात्रियों के साथ इस महत्वपूर्ण धार्मिक और पर्वतीय यात्रा को सफलतापूर्वक पूरा कराया।

सुनील साहसिक खेलों के भी शौकीन रहे हैं। उन्होंने स्काईडाइविंग, पैराग्लाइडिंग, पैरासेलिंग और व्हाइट रिवर राफ्टिंग जैसी साहसिक गतिविधियों में भाग लिया है।

उज्ज्वल ने दिल्ली के प्रतिष्ठित सेंट स्टीफंस कॉलेज से अर्थशास्त्र ऑनर्स में स्नातक किया और आगे की पढ़ाई के लिए आईआईएम अहमदाबाद में प्रवेश लिया। एमबीए के बाद उन्होंने बड़ौदा में आईपीसीएल में काम किया, फिर भारतीय रिजर्व बैंक में ग्रेड बी अधिकारी बने। सन् 1985 में उनका चयन भारतीय प्रशासनिक सेवा में हुआ। उन्होंने महाराष्ट्र कैडर में कई महत्वपूर्ण जिम्मेदारियाँ निभाईं और अंततः अतिरिक्त मुख्य सचिव के पद से सेवानिवृत्त हुए। अपने प्रशासनिक कार्यकाल में उन्होंने कई घाटे में चल रही राज्य निगम संस्थाओं को लाभ में बदलने का काम किया। महाराष्ट्र राज्य मार्ग परिवहन निगम में भी उन्होंने कर्मचारियों का मनोबल बढ़ाकर और कार्य व्यवस्था सुधारकर केवल सौ दिनों में सौ करोड़ रुपये की अतिरिक्त आय हासिल कराई। उन्होंने कंडक्टरों की भर्ती और पर्यवेक्षकों के पदोन्नति की प्रक्रिया को भी बिना भ्रष्टाचार के पारदर्शी बनाया।

समाज के वंचित और पीछे रह गए वर्गों के लिए काम करने का अवसर मिलने पर उज्ज्वल ने कई ऐसे निर्णय लिए जिन्होंने दूरगामी असर बनाया। ट्रांसजेंडर समुदाय के अधिकारों को मान्यता दिलाने में उन्होंने महत्वपूर्ण भूमिका निभाई और महाराष्ट्र राज्य की तीसरी महिला नीति में उनके अस्तित्व को स्वीकार करने के लिए एक अलग अध्याय शामिल करवाया। एकल माताओं की कठिनाइयों को समझते हुए उन्होंने यह व्यवस्था लागू करवाई कि सरकारी कागज़ों में केवल पिता का नाम अनिवार्य न रहे और आवश्यकता होने पर माँ का नाम भी दर्ज किया जा सके। ऑटिस्टिक बच्चों के साथ सामान्य स्कूलों में होने वाले भेदभाव को रोकने के लिए उन्होंने अपने अधिकारों का उपयोग करते हुए यह स्पष्ट फैसला कराया कि यदि माता पिता आवश्यक देखभाल कर रहे हों तो किसी भी बच्चे को सामान्य विद्यालय में पढ़ने से रोका नहीं जा सकता। बच्चों की सुरक्षा को ध्यान में रखते हुए उन्होंने दही हांडी के पिरामिड में छोटे बच्चों की भागीदारी पर भी रोक लगवाई। एकीकृत बाल विकास योजना के दौरान उन्होंने यह सुनिश्चित किया कि आंगनवाड़ी में बच्चों को बाज़ार का पैकेट भोजन देने के बजाय उनकी माताओं द्वारा बनाया गया ताज़ा और पौष्टिक भोजन मिले। उनके प्रयासों से महाराष्ट्र सरकार ने लंदन में वह ऐतिहासिक घर भी खरीद लिया जहाँ बीसवीं सदी की शुरुआत में डॉ. अंबेडकर छात्र के रूप में रहे थे। आज वही इमारत एक महत्वपूर्ण स्मारक और संग्रहालय के रूप में जानी जाती है।

उज्ज्वल ने नियमों का उल्लंघन करने वाले बार के खिलाफ अचानक छापे मारने की कार्रवाई शुरू की और आबकारी नियमों को तोड़ने पर कई बार उन्हें बंद भी करवाया। इन सख्त कदमों का असर यह हुआ कि बार तय समय के भीतर ही चलने लगे और नियमों का सही पालन होने लगा। इससे न केवल कानून व्यवस्था सुधरी, बल्कि बार में काम करने वाली लड़कियों और आस पास रहने वाले लोगों का जीवन भी अधिक सुरक्षित और शांत हुआ। उन्होंने प्रभावशाली बिल्डर लॉबी के दबाव से भी बिना डरे गैरकानूनी निर्माण के खिलाफ कार्रवाई की और कई अवैध निर्माण रुकवाए। ईमानदारी और साहस के साथ काम करते हुए उन्होंने अंडरवर्ल्ड के दबाव का भी सामना किया। गलत काम करने वाले उनसे डरते थे और वे सख्त और निडर अधिकारी कहलाते थे।

मुंबई जैसे बड़े और समृद्ध शहर में दूसरे राज्यों से कई युवा लड़कियों की तस्करी करके उन्हें गलत इलाकों में काम करने के लिए मजबूर किया जाता था। इस गंभीर समस्या को देखते हुए उज्ज्वल ने पश्चिम बंगाल सरकार के साथ एक समझौता किया। इस व्यवस्था का उद्देश्य तस्करी का शिकार हुई लड़कियों को सुरक्षित बचाना और बिना किसी अनावश्यक

खुलासे के उन्हें उनके घर और उनके राज्य वापस पहुँचाना था। इस पहल से इन लड़कियों के सम्मानजनक पुनर्वास का रास्ता खुला और उन्हें बिना किसी दोष के नया जीवन शुरू करने का अवसर मिला।

बहुत शक्तिशाली अंडरवर्ल्ड के दबाव के बावजूद उज्ज्वल ने बेसहारा महिलाओं के पुनर्वास के लिए निस्वार्थ भाव से काम किया। उन्होंने अकेली महिलाओं और ट्रांसजेंडर समुदाय के जीवन को आसान बनाने के लिए कई पहल कीं और बच्चों की भलाई के लिए महत्वपूर्ण योजनाएँ शुरू कराईं। समाज के प्रति उनके इस समर्पित योगदान के लिए उन्हें मदर टेरेसा मेमोरियल अवॉर्ड से सम्मानित किया गया। यह सम्मान दुनिया भर के उन लोगों को दिया जाता है जो लगातार शांति, सद्भाव और सामाजिक न्याय को बढ़ावा देते हैं और एक ऐसे समाज की दिशा में काम करते हैं जहाँ किसी भी प्रकार का भेदभाव न हो।

उज्ज्वल को मजलिस के बोर्ड ऑफ डायरेक्टर्स में शामिल किया गया है, जहाँ वे बोर्ड के एकमात्र पुरुष सदस्य हैं। मजलिस महिला वकीलों, सामाजिक कार्यकर्ताओं, शिक्षाविदों और कार्यकर्ताओं का एक समूह है, जो कानूनी सहायता, प्रतिनिधित्व और प्रशिक्षण के माध्यम से महिलाओं और बच्चों के अधिकारों की रक्षा और उनके प्रति जागरूकता फैलाने का काम करता है।

उज्ज्वल अब एक थॉट आर्किटेक्ट के रूप में काम कर रहे हैं। वे लोगों को अपनी खुद की छिपी हुई क्षमता को पहचानने और अपने विचारों तथा मान्यताओं में सकारात्मक बदलाव लाकर जीवन को बेहतर बनाने के लिए प्रेरित करते हैं। अब तक उनके कार्यक्रमों में भाग लेने वाले बीस हजार से अधिक लोगों ने अपनी सोच और जीवन में बदलाव का अनुभव किया है। पुणे में उनका एक नॉन प्रॉफिट संगठन भी है, जहाँ वे नियमित रूप से कक्षाएँ लेकर लोगों को आत्मविश्वास बढ़ाने और अपनी वास्तविक क्षमता को समझने के लिए मार्गदर्शन देते हैं।

त्रिलोकी नाथ नागपाल और मेरे दो बच्चे हैं। हमारे बेटे अनुराग ने आईटी बीएचयू से इंजीनियरिंग की पढ़ाई की और बाद में आईआईएम बैंगलोर से एमबीए किया। वे एनएएम में कस्टमर सक्सेस लीड के रूप में काम करते हैं। उनकी शादी झरना मदान से हुई है, जो पेशे से इंटीरियर डिज़ाइनर हैं। उनकी एक बेटी है जिसका नाम आरिया है। पूरा परिवार बोस्टन, अमेरिका में रहता है।

हमारी बेटी चैताली ने एडिनबर्ग विश्वविद्यालय से एमबीए किया है और वे यूके में ऑलविन कंपनी में टेक्नोलॉजी प्रोग्राम डायरेक्टर के पद पर काम करती हैं। उनकी शादी राजा हिरेकर से हुई है, जो पेशे से कॉपीराइटर हैं। उनके दो बच्चे हैं, कुणाल और आलिया। पूरा परिवार लंदन में रहता है।

सुनील ने मीना मून से विवाह किया, जो केंद्रीय विद्यालय में लाइब्रेरियन के रूप में कार्य करती थीं। उनके दो बच्चे हैं, साहिल और तान्या। तान्या का विवाह अंकित यादव से हुआ है और वे टोरंटो में कार्यरत हैं।

उज्ज्वल का विवाह पहले विमल(विभा)वाठोरे से हुआ था। उनकी दो बेटियाँ हैं। बड़ी बेटी शायरी की शादी सुमुख कोंडस्कर से हुई है और वे इंग्लैंड में रहती हैं। दूसरी बेटी प्रायोस्का की शादी एरॉन गोम्स से हुई है और वे मुंबई में रहती हैं। दोनों बेटियों अच्छे पदों पर कार्यरत है। बाद में उज्ज्वल और विभा का तलाक हो गया। इसके बाद उज्ज्वल ने अर्चना कन्हेरे से विवाह किया। उनसे उनका एक बेटा है, जिसका नाम आदर्श है। उज्ज्वल और अर्चना मुंबई में रहते हैं।

नारायण को बच्चों से बहुत स्नेह था और उनके पोते पोतियाँ उनके सबसे प्रिय साथी थे। मेरा बेटा अनुराग बचपन में सबका चहेता था, क्योंकि उज्ज्वल के बाद वह घर का पहला छोटा बच्चा था। परिवार का हर सदस्य उसकी छोटी बड़ी इच्छाएँ पूरी करता था। जब अनुराग लगभग आठ वर्ष का था और मेरे माता पिता नेताजी नगर में रहते थे, तब उनके घर के पास राज टॉकीज़ नाम का एक पुराना टिन शेड वाला सिनेमा हॉल था। वहाँ जब भी कोई फ़िल्म लगती, तो उसके संवाद हमारे फ्लैट तक साफ सुनाई देते थे। जब उस हॉल में फ़िल्म हाथी मेरे साथी दिखाई जा रही थी, तो नारायण बिना झिझक अनुराग को वह फ़िल्म दिखाने ले गए। वे चैताली के लिए अक्सर "हमें तुमसे प्यार कितना" गीत गुनगुनाते थे। धीरे धीरे वह गीत उनका और चैताली का अपना विशेष गीत बन गया। आज भी जब चैताली वह गीत सुनती है, तो भावनाओं से भर जाती है। नारायण उसे स्नेह से अपनी सबसे खूबसूरत नाती कहा करते थे।

जब उज्ज्वल की बेटी शायरी का जन्म हुआ, तो मैंने मज़ाक में उनसे पूछा, "डैडी, अब आप क्या कहेंगे?" वे मुस्कुराए और बोले, "बहुत सीधी बात है, शायरी मेरी दूसरी सबसे खूबसूरत पोती है।" शायरी के लिए वे प्यार से "शायरी आ गई..." गुनगुनाया करते थे। अपने सभी नाती पोतियों से उन्हें गहरा लगाव था। साहिल, तान्या और प्रायोस्का भी उनके बहुत

प्यारे थे और वे उनके साथ समय बिताना बेहद पसंद करते थे। वे अक्सर कहा करते थे कि अगर कोई बच्चा रोने लगे, तो उसका ध्यान किसी और चीज़ की ओर लगा देना चाहिए, ताकि वह भूल जाए कि वह किस बात पर रो रहा था। बाद में चैताली के बच्चों कुणाल और आलिया के साथ भी उनका वही स्नेह और अपनापन बना रहा और वे उनके साथ बड़े प्यार से समय बिताते थे।

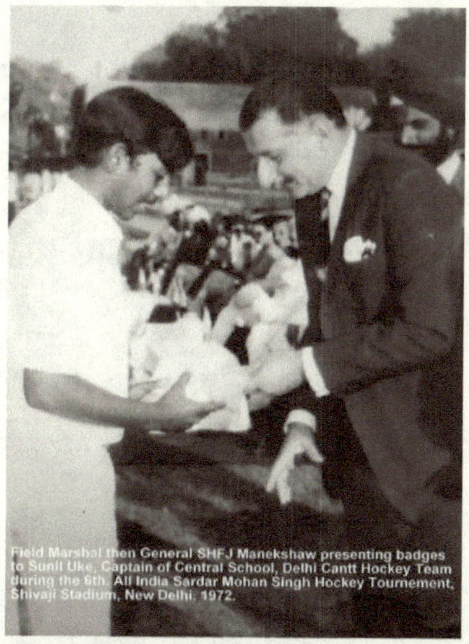

Field Marshal then General SHFJ Manekshaw presenting badges to Sunil Uke, Captain of Central School, Delhi Cantt Hockey Team during the 6th. All India Sardar Mohan Singh Hockey Tournement, Shivaji Stadium, New Delhi, 1972.

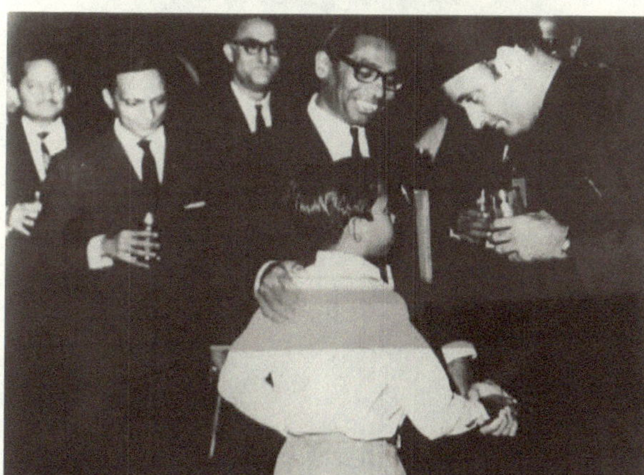

डॉ कर्ण सिंह के साथ उज्जवल और नारायण

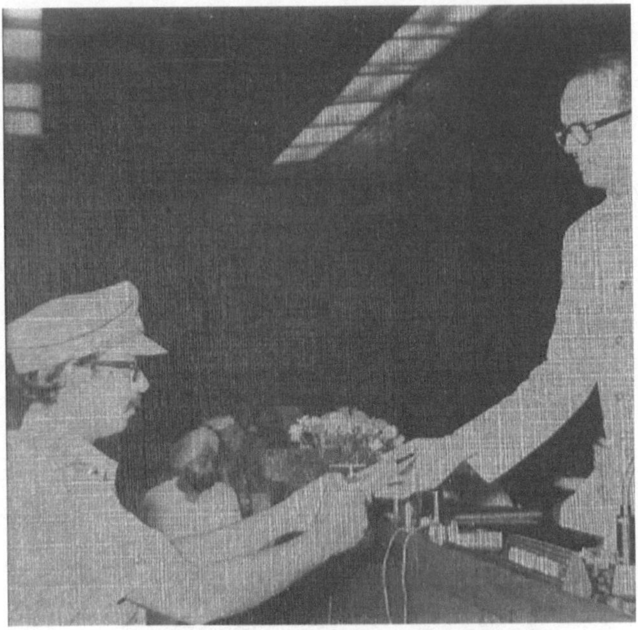

वित्त मंत्री वीपी सिंह से पुरस्कार ग्रहण करते सुनील

तंज़ानिया में राष्ट्रपति अब्दुल कलाम के साथ सुनील

राष्ट्रपति प्रणब मुखर्जी के साथ उज्जवल

मदर टेरेसा अवार्ड प्राप्त करते उज्जवल

12

संतुष्टि

कमल और नारायण की हमेशा यह इच्छा रही कि उनके तीनों बच्चे जीवन में कुछ ऐसा करें जिससे उनका नाम गर्व के साथ लिया जाए। वे चाहते थे कि हम आगे बढ़ें और दुनिया के सबसे अच्छे लोगों से बेहतर साबित हों। आमदनी सीमित होने के बावजूद उन्होंने अपनी ज़्यादातर कमाई हमारी पढ़ाई पर खर्च की और हमें अच्छे से अच्छे स्कूलों और संस्थानों में शिक्षा दिलाई। हमारे लिए शिक्षा ही उनकी सबसे बड़ी पूंजी थी, जिसमें उन्होंने पूरी निष्ठा से निवेश किया। बचपन से ही हमें यह सिखाया गया कि हमेशा बेहतर बनने की कोशिश करो, हर बात पर सवाल करना सीखो, अपनी राय निडर होकर रखो, ईमानदारी से जीवन जियो और समझदारी से निर्णय लो। ऐसे माहौल में पले बढ़े हम तीनों ने अपने विचार खुद बनाए।

नारायण अपनी बोली और शब्दों के चयन को लेकर बेहद सजग रहते थे। वे 'ओह गॉड', 'बेस्ट ऑफ़ लक', 'फॉर्च्यूनेट', 'डेस्टिनी' या 'किस्मत' जैसे शब्दों का कभी इस्तेमाल नहीं करते थे, क्योंकि वे इन धारणाओं पर विश्वास ही नहीं करते थे। उनका मानना था कि मनुष्य का जीवन उसके अपने कर्मों और निर्णयों से बनता है, किसी अदृश्य शक्ति से नहीं। इसी कारण वे हमें भी ऐसे शब्दों से दूर रहने की सलाह देते थे। "मे द डिपार्टेड सोल रेस्ट इन पीस" या "रेस्ट इन पीस" जैसे वाक्य भी उन्हें स्वीकार नहीं थे, क्योंकि उनके अनुसार आत्मा जैसी कोई चीज़ नहीं होती। वे यह भी पसंद नहीं करते थे कि किसी के मरने पर कहा जाए कि वह इस दुनिया से कहीं चला गया है। उनका कहना था कि जब कोई व्यक्ति मरता है तो बस मर जाता है, वह कहीं और नहीं जाता। वे नास्तिक थे और पुनर्जन्म, पिछले जन्म, कर्मों के फल, आत्मा या परमात्मा जैसी मान्यताओं में विश्वास नहीं रखते थे। अपने सिद्धांतों में वे पूरी तरह अडिग थे। वे अत्यंत ईमानदार व्यक्ति थे, जिन्होंने कभी झूठ नहीं बोला और न ही झूठ को सहन किया। उनकी यह साफगोई और सख्त सिद्धांत कई बार लोगों को असहज भी करती थी, पर वे कभी दबाव में नहीं आए। उन्हें यह भी बिल्कुल पसंद नहीं था कि कोई उनके पैर छुए। उन्होंने किसी को भी ऐसा करने नहीं दिया, क्योंकि उन्हें हर प्रकार की गुलामी से गहरी नफ़रत थी।

नारायण की शिक्षाओं का प्रभाव उनके तीनों बच्चों पर गहराई से पड़ा। हम सबने उनकी बातों को जीवन में अपनाने की कोशिश की। जिस तरह वे शब्दों के प्रयोग को लेकर सजग रहते थे, उसी तरह हम भी अपनी भाषा को लेकर सावधान रहते हैं। उनके संस्कारों के कारण हमारे व्यवहार में दया, संवेदनशीलता और ईमानदारी हमेशा महत्वपूर्ण रही है।

हम तीनों का यह विश्वास रहा है कि जीवन में कुछ भी असंभव नहीं होता और किसी की राह पहले से तय नहीं होती। इंसान अपने प्रयास, सोच और निर्णयों से ही अपना भविष्य बनाता है, न कि किसी लिखी हुई किस्मत से।

हमारा विश्वास है कि जीवन में लक्ष्य केवल कड़ी मेहनत, दृढ़ विश्वास, अटल इरादों और स्वयं पर भरोसे के बल पर ही प्राप्त किए जा सकते हैं।

यही नारायण और कमल तथा उनके तीनों बच्चों की जीवन यात्रा की कहानी है।

13

अंबेडकर समाज और अंबेडकर ब्रेन ट्रस्ट

नारायण दूरदर्शी सोच रखने वाले व्यक्ति थे। उनका मानना था कि शिक्षित अंबेडकरवादी समाज में अपार क्षमता है और उनमें ऐसे लोग मौजूद हैं जो ईमानदारी और दृढ़ संकल्प के साथ समाज के हित में काम करना चाहते हैं। वे यह भी मानते थे कि अंबेडकरवादियों की अपनी स्पष्ट पहचान और उद्देश्य है। उनकी समस्याएँ, रुचियाँ और लक्ष्य भी विशिष्ट हैं, जिन्हें समझकर संगठित रूप से आगे बढ़ने की आवश्यकता है।

इसलिए उन्होंने तय किया कि ऐसे लोगों की क्षमता, प्रतिभा, ऊर्जा और दूरदृष्टि को एक साथ जोड़ा जाए, जो समाज को सामूहिक नेतृत्व दे सकें। उनका उद्देश्य एक ऐसा सामाजिक मंच तैयार करना था जहाँ लोग बिना किसी राजनीतिक महत्वाकांक्षा के मिलकर समाज के हित में काम कर सकें।

नारायण का मानना था कि अंबेडकरवादी बुद्धिजीवी लोग बिखरे हुए हैं, इसलिए वे अपनी पूरी शक्ति के साथ समाज की सेवा नहीं कर पा रहे हैं। वे चाहते थे कि ऐसे सभी जागरूक और शिक्षित लोग एक साथ आएँ और मिलकर समाज को मजबूत और सफल बनाने का काम करें। उनका उद्देश्य था कि इन बुद्धिजीवियों को प्रेरित किया जाए, उनकी गतिविधियों को एक साथ जोड़ा जाए और उनके प्रयासों में समन्वय स्थापित किया जाए। वे एक ऐसे अंबेडकरवादी मंच की कल्पना करते थे जहाँ सामूहिक नेतृत्व के माध्यम से अंबेडकर ब्रेन ट्रस्ट की तरह काम करते हुए समाज को आस्था, धर्म और अंधविश्वास के गहरे जकड़न से मुक्त किया जा सके और लोगों को विवेक और मानवता की राह पर आगे बढ़ाया जा सके।

नारायण चाहते थे कि इंसानों को भगवान, भगवान पर आधारित धर्म और उनसे जुड़ी अंधविश्वासी धारणाओं से मुक्त किया जाए। उनका विश्वास था कि इन मनगढ़ंत मान्यताओं

से बाहर निकलकर ही मनुष्य सच में स्वतंत्र सोच विकसित कर सकता है। इसलिए वे चाहते थे कि दुनिया भर के जागरूक और विवेकशील लोग इस प्रयास में साथ आएँ और मिलकर ऐसा समाज बनाने में योगदान दें जो मानसिक रूप से स्वतंत्र, जागरूक और विवेकपूर्ण हो।

नारायण का मानना था कि भगवान और धर्म के नाम पर इंसानों का सबसे अधिक शोषण होता है। उनके अनुसार यही वह आधार है जिससे अंधविश्वास और मानसिक गुलामी को बढ़ावा मिलता है। वे यह भी कहते थे कि दुनिया भर में भगवान और धर्म पर आधारित विश्वासों को बनाए रखने के लिए बड़े पैमाने पर ढांचा और व्यवस्थाएँ खड़ी की जाती हैं, जिन पर बहुत धन खर्च होता है, जबकि इससे मानव समाज को वास्तविक लाभ नहीं मिलता। उनके विचार में भगवान और धर्म अक्सर लोगों के बीच विभाजन पैदा करते हैं, जबकि विज्ञान और प्रौद्योगिकी स्वभाव से धर्मनिरपेक्ष होते हैं और समाज को जोड़ने का काम करते हैं।

नारायण का मानना था कि भारतीय समाज ऐसी असमानता से प्रभावित है जिसमें सम्मान ऊपर की ओर बढ़ता जाता है और तिरस्कार नीचे की ओर। उनके अनुसार यह स्थिति इसलिए और दुखद है क्योंकि इस असमानता को धार्मिक मान्यता भी मिल गई है, जिससे समाज में भेदभाव और गहराई से जड़ जमा लेता है।

इसी कारण नारायण का सपना एक ऐसे अंबेडकरवादी समाज के निर्माण का था जो जाति और वर्ग के भेद से मुक्त हो, जहाँ सभी लोगों को बराबरी का दर्जा मिले और जो पूरी तरह धर्मनिरपेक्ष तथा जागरूक हो। वे ऐसे समाज की कल्पना करते थे जो वैज्ञानिक और तर्कसंगत सोच पर आधारित हो, जहाँ मनुष्य मानसिक गुलामी, अंधविश्वास, रूढ़िवाद और आत्मा, परमात्मा, पुनर्जन्म, धर्म, प्रार्थना तथा किसी मानी हुई अलौकिक शक्ति की पूजा से जुड़ी धारणाओं से मुक्त हो। उनके अनुसार जब समाज इन मान्यताओं से मुक्त होगा, तभी शोषण, अन्याय और असमानता के मूल स्रोत समाप्त हो सकेंगे। यह वही समाज था जिसकी कल्पना डॉ. बाबासाहेब अंबेडकर ने की थी और जो बौद्ध विचारधारा, अंबेडकरवाद और नास्तिक दृष्टि पर आधारित हो।

इस स्वप्न को साकार करने की दिशा में अंबेडकर समाज के निर्माण का प्रयास सन् 1991 में, डॉ. अंबेडकर की जन्म शताब्दी के अवसर पर शुरू किया गया। नारायण की कल्पना थी कि इस प्रयास का मुख्य आधार अंबेडकर ब्रेन ट्रस्ट बने, जो अंबेडकरवादियों और उनके विभिन्न संगठनों की गतिविधियों को प्रेरित करे, उन्हें संगठित करे, मजबूत बनाए और उनके बीच समन्वय स्थापित करे। इस तरह एक सामूहिक नेतृत्व तैयार हो सके जो

भारत में उस जागरूक और समानता आधारित समाज के निर्माण के लिए काम करे जिसकी कल्पना डॉ. अंबेडकर ने की थी।

सन् 1997 में नारायण और कमल अमेरिका और कनाडा गए ताकि वहाँ के जागरूक और प्रभावशाली लोगों से मिलकर अपने विचार और समाज के लिए बनाए गए अपने विज़न के बारे में चर्चा कर सकें। उसी यात्रा के दौरान सितंबर 1997 में नारायण ने संयुक्त राष्ट्र संगठन की जनरल असेंबली में भेदभाव के विषय पर एक पेपर प्रस्तुत किया। नारायण बाबासाहेब अंबेडकर और उनकी विचारधारा से गहराई से प्रभावित थे। वे केवल प्रशंसक नहीं बल्कि एक गंभीर चिंतक और समाज सुधार की सोच रखने वाले व्यक्ति थे। अपने सिद्धांतों के प्रति वे हमेशा दृढ़ रहे और ईमानदारी उनके व्यक्तित्व की सबसे बड़ी पहचान थी। उनकी सोच अपने समय से आगे की थी और वे एक ऐसे इंसान थे जो किसी बड़े उद्देश्य को अपने जीवन का मिशन बना लेते हैं। कई बार उन्हें अकेले ही आगे बढ़ना पड़ा, फिर भी उन्होंने कभी रुकना नहीं सीखा और अपने संकल्प और मेहनत के बल पर ऊँचाइयों तक पहुँचते रहे।

सन् 2006 में नारायण के अचानक निधन से यह बड़ा मिशन अधूरा रह गया, जिसे वे वर्षों से आगे बढ़ाने में लगे हुए थे। उनका यह प्रयास बहुत सोच समझकर बनाया गया था, ताकि समाज के जागरूक और शिक्षित लोगों को एक मंच पर लाया जा सके और वे मिलकर उन लोगों के जीवन को बेहतर बनाने के लिए काम करें जिनके साथ लंबे समय से भेदभाव होता रहा है। यह एक ऐसे व्यक्ति की सच्ची और निस्वार्थ पहल थी जो डॉ. बाबासाहेब अंबेडकर के विचारों से गहराई से प्रेरित था। नारायण को बाबासाहेब को बहुत करीब से जानने और समझने का अवसर मिला था। उन्होंने लंदन और दिल्ली दोनों जगह उनके साथ समय बिताया था और उनके विचारों तथा व्यक्तित्व से सीधे सीखने का दुर्लभ अनुभव पाया था।

नारायण अक्सर कहा करते थे कि डॉ. अंबेडकर केवल अपने समय के ही नहीं, बल्कि इतिहास के हर युग के सबसे महान विचारक और मानव मुक्ति के सच्चे अग्रदूत थे।

त्रिलोकी, वर्षा, कमल, चैताली, अनुराग

सुनील, मीना, कमल, तान्या, अंकित यादव

बैठे हुए - अर्चना, कमल, उज्जवल, आदर्श
खड़े हुए - सुमुख कोंडास्कर, शायरी, प्रायोस्का

बैठे हुए - राजा हिरेकर, एनजी उके, अनुराग, झरना, कमल
खड़े हुए - उज्जवल, अर्चना, तान्या, साहिल, मीणा, चैताली, सुनील

बैठे हुए - तान्या, चैताली, कमल, शायरी, आदर्श
खड़े हुए - अनुराग, प्रायोस्का

मीना, अर्चना, शायरी, तान्या, कमल, प्रायोस्का, चैताली, वर्षा

खड़े हुए - राजू, अंकित, सुमुख, अनुराग, उज्जवल, सुनील,
बैठे हुए - त्रिलोकी, कमल, आदर्श

अनुराग, श्री Y.L. मदान, चैताली, वर्षा, त्रिलोकी, कमल

आलिया, कुणाल, आरिया.

20-04-2025

व्यक्तियों के नाम जिस क्रम में वे पुस्तक में आते हैं

अध्याय 1	
काहो	कोंढा कोसरा से
डुकरू	काहो के परपोते
दयाल	डुकरू का बेटा
हनुवंत	डुकरु का बेटा - -पहलवान
ज़िंगरू	डुकरु का बेटा
अध्याय 3	
गोमाजी	ज़िंगरू का बेटा - किसान
डोमाजी	ज़िंगरू का बेटा - रेलवे में
रामनाथ	ज़िंगरू का बेटा - साहूकार
सवित्री गोंडाने	रामनाथ की पत्नी
अंबुबाई	ज़िंगरू की बेटी
सवित्री मेश्राम	गोमाजी की पहली पत्नी
सरजू (रेणुका) मेश्राम	गोमाजी की दूसरी पत्नी
अध्याय 4	
देवाजी खोबरागड़े	ठेकेदार, चांदा
बैरिस्टर खोबरागड़े	नारायण के मित्र, देवाजी के पुत्र

अध्याय 5	
गोमा मेश्राम	सरजू मेश्राम के पिता
सरजू-रेणुका	गोमाजी की दूसरी पत्नी
मथुरा लांडगे	रेणुका की बहन
गिरिजा डोंगरे	रेणुका की बहन
अध्याय 6	
लाडुबाई शेंडे	डोमाजी उके की बेटी - बोंडगांव
गोदुबाई कांबले	अंबुबाई की बेटी - मुलगांव
अध्याय 7	
जनार्दन	गोमाजी उके के पुत्र
पार्वती	जनार्दन उके की पत्नी
अध्याय 8	
विठोबा	गोमाजी उके के पुत्र
द्रोपदी	विठोबा उके की पत्नी
अध्याय 9	
सुल्काबाई	गोमाजी उके की बेटी
टिकवडू लांडगे	सुल्काबाई के पति
अध्याय 10	
ताराचंद	गोमाजी उके के पुत्र
सुधा स्टीफन	ताराचंद उके की पत्नी
अध्याय 11	
नागपुर में मित्र	

एन के तिरपुडे	महाराष्ट्र के उपमुख्यमंत्री - 1978
पीजी गवई	IAS, दिल्ली के उपराज्यपाल
मनोहर वानखेड़े	
एनएच कुंभारे	
सखाराम मेश्राम	नागपुर के महापौर
गाँव में दोस्त	
बिहारी कांबले	
तुकाराम पंचभाई	
दाजी मोटघरे	
तुलसीराम मेश्राम	
लंदन में दोस्त	
केआर नारायणन	1997 से 2002 तक भारत के राष्ट्रपति
वीबी कदम बीए बीटी	
वाईसी गायकवाड बीए बीटी	
मेघाजी कांबले बी.ए बीटी	
कलोटा	
एमआर बोबडे	
एसवी गायकवाड़	
बीडी खोबरागड़े	1969 से 1972 तक राज्यसभा के उपसभापति

एमए कांबले	
एमएन वानखेड़े	
डीएस जेजुरिकर	
एलआर बेहरा	
एसएम दिखले	
टी बी आवले, एमए, बीटी	

पुस्तक 2	
अध्याय 1	
तुकाराम मेश्राम	हजारी पहाड़, नागपुर
येंका एस बी पाटिल	कोतवाल और तुकाराम के मित्र
अध्याय 2	
हिरामन मेश्राम	तुकाराम मेश्राम के सौतेले पुत्र
गोविंदराव	तुकाराम मेश्राम के पुत्र
विठ्ठलराव	तुकाराम का पुत्र - डूब गए
निम्बाबाई	हिरामन मेश्राम की पत्नी
बुढाजी मेश्राम	गोमाजी की मदद की
शिवरीबाई मेश्राम	गोमाजी की मदद की
अध्याय 3	
उमा गजभिये	विठ्ठलराव मेश्राम की पत्नी
गौरीशंकर	कामठी की उमा का भाई

मंगल डोंगरे	गोविंदराव के ससुर
गंगाबाई डोंगरे	गोविंदराव की सास
अध्याय 4	
राशि डोंगरे	नाम बदलकर सारुबाई रखा गया
सीताराम मेश्राम	सारुबाई और उमा की मदद की
जयवंताबाई मेश्राम	सारुबाई और उमा की मदद की
सखुबाई मेश्राम	हिरामन की बेटी का विवाह शामजी वासनिक से हुआ
कमल वासनिक	शामजी वासनिक की दूसरी पत्नी
डॉ मधुकर वासनिक	शामजी और कमल वासनिक के पुत्र
अध्याय 5	
रामकृष्ण	गोविंदराव और सारुबाई के पुत्र
विमल	गोविंदराव और सारुबाई की बेटी
कमल	गोविंदराव और सारुबाई की बेटी
अध्याय 7	
भागुबाई ढोक	तुकाराम मेश्राम की बेटी
रेशम बाई	भागुबाई ढोक की सहेली
अध्याय 8	
जनाबाई	तुकाराम मेश्राम की बेटी, महादेव बंसोड पाटिल की दूसरी पत्नी
लक्ष्मी	महादेव बंसोड पाटिल की पहली पत्नी
नारायण पाटिल	जनाबाई का सौतेला बेटा

झेली	नारायण पाटिल की पत्नी
पांडुरंग बंसोड	महादेव और जनाबाई का बेटा
अध्याय 10	
गोविंदराव के मित्र - नागपुर	
बिपत हलवाई	
तुलाराम सखारे	सांसद
रुस्तमजी	वकील
पारिख	वकील
लाला जयनारायण	
पीके साल्वे	अधिवक्ता, हरीश साल्वे के दादा
अध्याय 13	
मिस सी.	गबन किया
श्री टी.एस	गबन किया
अध्याय 14	
निर्मला साल्वे	कमल की सहपाठी
शकुंतला घाडगे	कमल की सहपाठी
अध्याय 16	
डॉ. अम्बेडकर के पीए	
छगनलाल	
देवीदयाल	
पिल्लै	

मैसी	
अध्याय 17	
डीजी जाधव	गोविंदराव के मित्र
अध्याय 19	
राय साहब पूरनचंद	गोविंदराव के मित्र
राजा अकबर अली	गोविंदराव के मित्र
नवाबजादा लियाकत अली खान	गोविंदराव के मित्र। बाद में पाकिस्तान के प्रथम प्रधानमंत्री बने

सुनील, वर्षा, उज्ज्वल